競技スポーツのためのウエイトトレーニング
~ポイント整理で学ぶ実践・指導マニュアル~

有賀誠司・著

推薦の言葉

窪田　登

早稲田大学名誉教授・吉備国際大学学長

　19世紀末、ユージン・サンドウ（Eugen Sandow、1867-1925）によって体系化されたと言われるウェイト・トレーニングは、筋を肥大させ、筋力・パワーを高めるトレーニングとして、ボディビルディングとウェイトリフティング競技の面で発展してきた。20世紀に入ってからはリハビリテーションやパワーリフティング競技、健康・体力づくり、スポーツの競技力向上などの分野が開発され、その守備範囲がさらに拡大されていった。

　本著『競技スポーツのためのウエイトトレーニング』は、スポーツ競技力向上に焦点を合わせたウェイト・トレーニングについて詳述されたものである。世界的視野からみると、1948年の第14回ロンドン・オリンピック大会の頃から一部で注目され出したこのトレーニングが、今日ではスポーツ選手の必須のものとなっている。この間にこのトレーニングにまつわる妄説が科学的に説明されていった経緯を振り返ってみるとき、今昔の感に堪えない。

　本著の著者有賀誠司氏は、知る人ぞ知るわが国を代表するボディビルダーである。東海大学大学院修士課程体育学研究科を修了し、現在は同大学スポーツ医科学研究所助教授を勤める学究である。国内最大規模を誇る同大学のトレーニングセンターでヘッド・ストレングス・コーチとして学内30競技団体・1000名を越す選手のトレーニング指導に当たってもいる。また学外活動として、全日本柔道連盟強化スタッフ、ＮＳＣＡ（National Strength and Conditioning Association）ジャパン理事でもある。

　その彼がこの度、それまでの体験や研究成果を集約、織り成して完成したものが本著である。スポーツの競技力向上のためのウェイトトレーニングに関心のある方に広く一読されるようおすすめしたい。

石井直方

東京大学教授・NSCAジャパン理事長

　近年、さまざまなスポーツ競技でのパフォーマンスの向上にはめざましいものがあります。その要因のひとつに、科学的なトレーニング（特にストレングストレーニング）とコンディショニングの発展・普及があげられます。アメリカ合衆国では、トレーニングは「動作の動力源である筋の力学的特性やエネルギー生産機構を、目的に沿うように最も効率的につくりかえること」と明確に位置付けられています。こうした理念に基づき、ストレングス＆コンディショニング協会（NSCA）などによって、ジュニアから高齢者に至るまでの長期的視野に立ったトレーニング方法が体系づけられつつあります。

　一方、我が国では、「科学的なトレーニングやコンディショニングがどのようなものであるか」すらまだ十分に理解されていないのが実情と思われます。こうしたことへの理解が進まないかぎり、「トレーニングが競技力を向上させるか否か」などといったプリミティブな議論は無くならないでしょう。また、勝敗に偏重しすぎるジュニアスポーツが、大人のスポーツの発展を阻害している現状も改善されないでしょう。

　本書の著者である有賀誠司氏は、これまで東海大学スポーツ医科学研究所で数千名のアスリートを指導され、大きな成果をあげてこられました。その指導力は、今やわが国のトップといっても過言ではありません。ボディビル選手としての現役時代には、私自身のライバルでもありました。また、私共の共同研究者として、世界の最先端をいく研究にも従事されています。

　本書は、1）研究者として得たトレーニング理論に関する先端知識、2）現状での豊富な指導経験、3）自ら命をかけてトレーニングを行った経験、の三者が土台となっていて、その意味で有賀氏以外には書きえないものと思われます。また、我が国のトレーニング事情やその特殊性も熟知されていることから、NSCAの教科書などと比べても、さらに一歩踏み込んだ内容をもっています。多くの指導者に読まれることを祈念しています。

はじめに

　近年、我が国のスポーツ現場において、ウエイトトレーニングは選手の競技力向上や傷害予防のために必須のものと位置づけられるようになってきました。これに伴い、ウエイトトレーニングが本格的に実践される機会が増え、トレーニング施設や器具の整備も進んできています。日本のスポーツ界におけるウエイトトレーニングは、誤解や偏見が多かった過去における「普及啓蒙」の時代から、効率的に実践し、確実に結果を出すことが求められる「発展」の時代へと移り変わってきています。

　一方、ウエイトトレーニングは、スポーツ選手ばかりでなく、一般人の健康体力づくりにも効果的であることが科学的に明らかになりつつあります。特に、将来におけるさらなる高齢化の進行に伴い、ウエイトトレーニングによる高齢者の「生活の質」の改善の効果には、社会的にも大きな期待が寄せられています。

　これらのことを背景として、国内では、ウエイトトレーニングに関する正しい知識や技能を持った質の高い指導者に対するニーズが高まり、指導者養成システムや教材の整備、体育系大学におけるウエイトトレーニング教育の充実などが、強く望まれるようになってきています。

　本書は、このような国内の実状を踏まえ、スポーツ指導者や、トレーニング指導者を目指す人たちが、スポーツ選手にウエイトトレーニングを効果的に指導するために必要な基礎知識と実技を体系的に学ぶことができるテキストを作成することを目的に書かれたものです。

　本書の内容は、国内外の関連書籍を十分検討した上で、スポーツ現場の指導者に必要不可欠な基礎事項を精選し、これらを網羅するように努めました。また、従来、統一されていなかった専門用語やエクササイズテクニックについては、米国のNSCA（National Strength and Conditioning Association)の教材で用いられている用語やガイドラインにできるかぎり準拠したものとなっています。

さらに、本書では、国内の関連書籍ではあまり触れられることがなかったウエイトトレーニングのプログラム作成のための基礎事項や、パワー養成と専門的トレーニングに関する基礎知識、トレーニング施設・器具の管理運営方法について詳述したほか、指導者としてぜひとも覚えておきたい項目については、ポイントごとに整理してまとめ、理解しやすいように配慮しました。

　本書が、トレーニング指導者を目指す方の知識や技能の習得に、そして、ウエイトトレーニングの効果的な指導や選手強化に少しでもお役に立つことができたら幸いです。

　末筆ながら、推薦文の依頼にご快諾いただきました吉備国際大学の窪田登教授と東京大学の石井直方教授に深く感謝の意を表します。窪田登教授は、東京オリンピック当時から、誤解や偏見の多かったウエイトトレーニングを苦労して我が国に普及・発展させた最大の功労者であり、石井直方教授は、ボディビルの日本チャンピオンの実績を持つ、筋力トレーニングの世界的に著名な研究者です。両先生から学ばせていただいた多くの知見や、精神的な影響力なくしては、本書の執筆は不可能であったと考えております。

　また、本書の出版にあたり、多大なご配慮をいただきました体育とスポーツ出版社の鎌田勉氏、健康体力研究所の野沢秀雄先生、そして、これまでにトレーニング指導の機会を与えて下さった多くのスポーツ指導者と選手の皆さん、献身的なご協力をいただいた東海大学トレーニングセンターのスタッフに心より感謝申し上げます。

２００１年４月

　　　　　　　　　　　　　　　　　　有賀　誠司

推薦の言葉／2

はじめに／4

第1章．ウエイトトレーニングの指導にあたって ─── 9
　1．ウエイトトレーニング指導の重要性・・・・・・・・・・・・・・・・・・・・・・・・・・・・・・10
　2．ウエイトトレーニングの導入にあたって・・・・・・・・・・・・・・・・・・・・・・・・・・11
　3．ウエイトトレーニングへの正しい理解のために・・・・・・・・・・・・・・・・・・・12
　4．ウエイトトレーニングへの動機づけ・・・・・・・・・・・・・・・・・・・・・・・・・・・・・13
　5．ウエイトトレーニングの効果的指導のために・・・・・・・・・・・・・・・・・・・・・16
　6．学校の授業におけるウエイトトレーニングの指導・・・・・・・・・・・・・・・・・23
　7．ストレングスコーチの活動と養成・・・・・・・・・・・・・・・・・・・・・・・・・・・・・・・24

第2章．ウエイトトレーニングの指導に必要な知識 ─── 25
　1．ウエイトトレーニングの必要性・・・・・・・・・・・・・・・・・・・・・・・・・・・・・・・・・26
　2．ウエイトトレーニングのパフォーマンス向上への効果・・・・・・・・・・・・・27
　3．ウエイトトレーニングの傷害予防への効果・・・・・・・・・・・・・・・・・・・・・・・30
　4．ウエイトトレーニングと休養・・・・・・・・・・・・・・・・・・・・・・・・・・・・・・・・・・・34
　5．ウエイトトレーニングと食事・・・・・・・・・・・・・・・・・・・・・・・・・・・・・・・・・・・37
　6．知っておきたい筋肉についての基礎知識・・・・・・・・・・・・・・・・・・・・・・・・・40
　7．ウエイトトレーニングの基本原則・・・・・・・・・・・・・・・・・・・・・・・・・・・・・・・45

第3章．ウエイトトレーニングの施設及び器具の管理 ─── 47
　1．ウエイトトレーニング器具の基礎知識・・・・・・・・・・・・・・・・・・・・・・・・・・・48
　2．トレーニング施設と器具の整備とメンテナンス・・・・・・・・・・・・・・・・・・・51
　3．ウエイトトレーニングの安全管理・・・・・・・・・・・・・・・・・・・・・・・・・・・・・・・56

第4章．プログラム作成のための基礎知識 ─── 59
　1．プログラム作成の手順・・・60
　2．一般的ウエイトトレーニングと専門的ウエイトトレーニング・・・・・・・60
　3．ウエイトトレーニングの開始時期・・・・・・・・・・・・・・・・・・・・・・・・・・・・・・・61
　4．プログラムの変数・・・62
　5．エクササイズの種類・・・62
　6．エクササイズの配列・・・65
　7．負荷の決定・・・65
　8．目的別の負荷、回数、休息時間の決定・・・・・・・・・・・・・・・・・・・・・・・・・・・66
　9．セットの組み方・・・67
　10．セットごとの重量や回数の設定・・・・・・・・・・・・・・・・・・・・・・・・・・・・・・・・68
　11．トレーニング動作のスピードとテンポ・・・・・・・・・・・・・・・・・・・・・・・・・・70

12．トレーニング頻度の決定‥‥‥‥‥‥‥‥‥‥‥‥‥‥‥‥‥‥‥‥‥‥‥‥71
　13．トレーニングプログラムの分割‥‥‥‥‥‥‥‥‥‥‥‥‥‥‥‥‥‥‥‥72
　14．トレーニングシステムとテクニックに関する基礎事項‥‥‥‥‥‥‥‥‥73

第5章．パワーの養成と専門的ウエイトトレーニング ――――――――75
　1．パワー向上のためのウエイトトレーニングプログラムの作成と実施にあ
　　たって‥‥‥‥‥‥‥‥‥‥‥‥‥‥‥‥‥‥‥‥‥‥‥‥‥‥‥‥‥‥76
　2．専門的パワー向上のためのウエイトトレーニングプログラム作成と実施に
　　あたって‥‥‥‥‥‥‥‥‥‥‥‥‥‥‥‥‥‥‥‥‥‥‥‥‥‥‥‥‥78

第6章．初心者のプログラム作成の実際 ―――――――――――――87
　1．高校生初心者のプログラム作成のねらい‥‥‥‥‥‥‥‥‥‥‥‥‥‥‥88
　2．高校生初心者のための段階的プログラム例‥‥‥‥‥‥‥‥‥‥‥‥‥‥89

第7章．ウエイトトレーニングの長期プログラムと
　　　　各期のトレーニングの実際 ―――――――――――――――95
　1．長期プログラム作成のための基礎知識‥‥‥‥‥‥‥‥‥‥‥‥‥‥‥‥96
　2．ウエイトトレーニングの長期プログラム作成の実際‥‥‥‥‥‥‥‥‥‥98
　3．各期のウエイトトレーニングの実際‥‥‥‥‥‥‥‥‥‥‥‥‥‥‥‥101

第8章．ウエイトトレーニング効果の測定と評価 ――――――――――119
　1．ウエイトトレーニングの効果の測定と評価の意義‥‥‥‥‥‥‥‥‥‥120
　2．測定の計画にあたって‥‥‥‥‥‥‥‥‥‥‥‥‥‥‥‥‥‥‥‥‥‥121
　3．実際の測定にあたって注意すべき点‥‥‥‥‥‥‥‥‥‥‥‥‥‥‥‥122
　4．測定結果の評価とフィードバック‥‥‥‥‥‥‥‥‥‥‥‥‥‥‥‥‥122
　5．ウエイトトレーニングの効果の測定の実際‥‥‥‥‥‥‥‥‥‥‥‥‥124

第9章．ウエイトトレーニングのウォーミングアップとクーリングダウン――131
　1．ウエイトトレーニング前後のウエイトトレーニングの重要性‥‥‥‥‥132
　2．ウエイトトレーニングのウォーミングアップはダイナミックストレッチングを
　　中心に‥‥‥‥‥‥‥‥‥‥‥‥‥‥‥‥‥‥‥‥‥‥‥‥‥‥‥‥‥132
　3．ウエイトトレーニング後のクーリングダウンはスタティック
　　ストレッチングを中心に‥‥‥‥‥‥‥‥‥‥‥‥‥‥‥‥‥‥‥‥‥132
　4．ダイナミックストレッチングの実際‥‥‥‥‥‥‥‥‥‥‥‥‥‥‥‥133
　5．スタティックストレッチング‥‥‥‥‥‥‥‥‥‥‥‥‥‥‥‥‥‥‥135

第10章．エクササイズテクニック ――――――――――――――――143
　1．正しいテクニックを習得することの重要性‥‥‥‥‥‥‥‥‥‥‥‥‥144
　2．ウエイトトレーニングの実技にあたって‥‥‥‥‥‥‥‥‥‥‥‥‥‥144

3．主要エクササイズのテクニック･････････････････････151
4．スポーツ選手のための補助エクササイズ･･････････････164
　（1）胸部のエクササイズ･･････････････････････････164
　（2）上背部のエクササイズ････････････････････････168
　（3）肩部のエクササイズ･･････････････････････････173
　（4）上腕二頭筋のエクササイズ････････････････････178
　（5）上腕三頭筋のエクササイズ････････････････････179
　（6）前腕部のエクササイズ････････････････････････181
　（7）大腿四頭筋及び臀部のエクササイズ････････････183
　（8）ハムストリングスのエクササイズ･･････････････186
　（9）下腿部のエクササイズ････････････････････････187
　（10）体幹のエクササイズ･････････････････････････190
　（11）頸部のエクササイズ･････････････････････････195
5．フリーウエイトやマシンを使用しないエクササイズ･･･196
　（1）チューブによるエクササイズ･･････････････････196
　（2）体重負荷によるエクササイズ･･････････････････199
　（3）パートナーの負荷によるエクササイズ･･････････202
6．爆発的パワー向上のためのエクササイズ･････････････203
　（1）クイックリフト･･････････････････････････････203
　（2）ジャンプ系エクササイズ･･････････････････････204
　（3）メディシンボールによるエクササイズ･･････････206
7．中学生のためのエクササイズ･･･････････････････････208

付　録
　・主な筋肉名称／210
　・形態・体力測定、個人データの年間推移／212
　・主要エクササイズの1RM推定表／213
　・パーセンテージチャート／214
　・トレーニング動作のチェックシート／216

ウエイトトレーニング関連文献リスト／220

さくいん／223

第1章
ウエイトトレーニングの指導にあたって

1．ウエイトトレーニングの指導の重要性

（1）ウエイトトレーニングの成否が競技の勝敗を分ける

　スポーツ競技において高い競技力を発揮するためには、トータルなコンディショニングを計画的に実践していくことが不可欠です。コンディショニングとは、競技力を高めるために必要なあらゆる要素を改善及び調整していくことであり、体力トレーニングをはじめとして技術や戦術の練習、傷害や疾病の予防及び対処、食事や休養面の改善、メンタル面の強化、チームの運営・管理など、非常に多くの要素が含まれます。

　これらのコンディショニングの中でもウエイトトレーニングは、競技に必要なさまざまな体力要素の基盤となる筋力やパワーを効率よく養成するために役立つとともに、競技パフォーマンスに直結する専門的体力の向上や、傷害の予防及びリハビリテーションにも大変有効であり、スポーツ選手の競技力向上への貢献度が非常に高い要素といえます。ウエイトトレーニングを正しい方法で効率よく実践し、確実に効果を上げることは、各種スポーツの競技力を高めるための必須条件といえるでしょう。

（2）高校時代のウエイトトレーニングの重要性

　国内では、中学や高校期に全国大会が行われるため、各段階において目先の試合で勝つことに重点を置いた練習やトレーニングが行われることが多く、選手として引退するまでの最終目標を踏まえたウエイトトレーニングが、ジュニア期に十分行われていないのが実状です。

　筆者は、大学スポーツ選手にウエイトトレーニングを指導する立場にありますが、大学に入学してくるスポーツ選手でウエイトトレーニングの未経験者は年々少なくなってきているものの、高校時代にウエイトトレーニングのきちんとした指導を受けた経験のある選手はきわめて少ない状況です。ウエイトトレーニングを自己流で行ってきた選手の中には、間違ったフォームが身に付いてしまった選手や、ウエイトトレーニングを行うことによってかえってけがをしてしまった選手も少なくありません。正しい方法で行えば1年程度で達成できるはずのトレーニングの成果が、高校時代の3年間を費やしても達成できていない選手も多く、大学に入ってから初心者用の基本プログラムをやり直さなければならないのが実状です。

　ウエイトトレーニングは、選手の発育発達段階や将来における競技力向上の可能性を考慮すると、高校時代に本格的に開始することが理想的です。高校時代にウエイトトレーニングを実施して基礎的な筋力基盤を養っておけば、より高度な技術を身につけやすくなると共に、高校卒業後には競技パフォーマンスに直結したハイレベルな専門的トレーニングを本格的に開始することができ、選手としての最終的な競技力のピークをさらに向上させることができると考えられます。また、高校時代に正しいウエイトトレーニングやトータルなコンディショニングをきちんと実践しておけば、傷害の発生率や重大な傷害を起こす危険性を減少させることもでき、このことが将来の競技力向上に与える好影響には計り知れないものがあります。

　高校時代に正しいウエイトトレーニングを実践し、その効果を確実に得ることは、選手の潜在能力を最大限に引き出すための重要なポイントであるといえるでしょう。

（3）質の高い指導のために

　スポーツ選手のウエイトトレーニングの実践においては、できるだけムダな時間や労力を省き、

表1-1．ウエイトトレーニングの長期構想の例

中学生期：トレーニングのフォームづくり、トレーニング耐性の向上
高校生期：フォームの完成、筋力発揮の基盤となるからだづくり
　　　　　筋力バランスに配慮した基礎的筋力の養成
大学生期：基礎的筋力の完成と専門的パワーの養成
社会人期：専門的パワーの完成と維持

回り道することなく、最短で最高の効果を上げることが理想となります。このためには、選手やチームの特徴や目的に応じた適切なプログラムを作成し、これを正しいテクニックで実践していくことが必要です。

しかし、トレーニングは生身の人間が行うものである以上、必ずしも計画通りには効果が現れるとは限りません。各選手の個人的な特徴やその時々の体調によって、同じプログラムを行っても、からだの反応やトレーニング効果が異なってしまう場合が多くみられます。このような微妙な部分については、実際の経験を通じて試行錯誤したり、実践的なノウハウを蓄積していくことが必要となります。

スポーツ指導者が、専門競技の練習以外にウエイトトレーニングにも立ち会うことは大変な労力といえますが、日々のトレーニングを監督し、指導実践を積み重ねていくことによって、より質の高いトレーニング指導が可能となり、選手のトレーニング効果も向上することになると考えられます。

２．ウエイトトレーニングの導入にあたって

（１）従来の練習を調整した上で導入する

ウエイトトレーニングを新たに導入する場合、いままで行ってきた練習にそのまま付け加えるだけでは、選手の負担や疲労が増し、オーバーワークに陥ってしまう危険性があります。特に、長時間にわたる練習の後にウエイトトレーニングを行った場合には、気力もエネルギーも低下しており、十分な効果を期待することができません。また、翌日のきつい練習のことを考えて、トレーニングでは手を抜き、体力を温存しようとする選手も現れるようになります。

トレーニングを導入するにあたっては、いままでの練習内容を調整し、全体の量や強度のバランスを考慮することが必要となります。せっかくのウエイトトレーニングが、かえってケガやオーバーワークを招くことがないように配慮することが大切です。

（２）即効性を期待せず腰を据えて粘り強く継続する

指導者の中には、ウエイトトレーニングの効果を早期に、しかも過大に期待する人が少なくありません。また、期待していた効果が現れなかったために、トレーニングをやめてしまうケースもよくみられます。

オフシーズンに実施した数ヶ月のウエイトトレーニングの成果が、シーズンに入って競技の中で目に見えて顕著に現れてくるようなことは実際にはなかなかありません。もし効果が現れたとしても、それは「強くなった」というメンタル面の効果や、神経系の機能の改善によって、今まで持っていた基礎的な身体能力を活かせるようになったことによるものであると考えられます。

ウエイトトレーニングによって、筋力基盤を身につけて抜本的な身体能力の改善を図り、これが競技パフォーマンスに結びつくようになるまでには少なくとも１～２年はかかります。また、トレーニングの効果は通常、直線的ではなく、段階的・波状的に現れてきます。このため、数ヶ月の間ほとんど効果が得られなかったり、むしろ効果が低下したりすることもあります。

ウエイトトレーニングを導入したら、数年間は結果をあせらず、腰を据えてじっくりと取り組むことが重要です。

（３）選手のライフスタイルを改善させ、自己管理能力を養う

本格的なウエイトトレーニングの導入にあたっては、練習やトレーニング以外の時間の選手のライフスタイルを改善させ、自己管理能力を養うことが、ウエイトトレーニングの成功のためのカギと言っても過言ではありません。

どんなに熱心にトレーニングを行ったとしても、内容の悪い食事を摂っていたり、疲労の回復のための休養や睡眠が十分にとれていなければ、効果が上がるどころか体調の悪化にもつながってしまいます。

また、ケガや病気の予防に関する自己管理能力を向上させることも大変重要なことです。例えば、ケガが発生したら、その原因をつきとめ、フォームの修正や筋力強化、ストレッチングなどによる柔軟性の改善、正しいウォームアップやクールダウンなどの基本的なコンディショニングを行うことが大切ですが、これらの実践を怠った場合には、ケガの再発を繰り返す可能性が高くなってしまいます。

コンディショニングの多くは、練習やトレーニングの時間以外の指導者の目の届かないとこ

ろで行われることが多いため、指導者は、日頃の選手の自己管理の具体的な方法を指導するとともに、選手自身がさまざまなコンディショニングを、状況に応じて自発的に実践できるような習慣を身につけさせることが重要であると考えられます。

（4）ウエイトトレーニングの環境整備

ウエイトトレーニングの効果を高めるためには、スポーツ選手がウエイトトレーニングを実施する際のさまざまな環境を改善していくことが必要であり、具体的には以下のようなポイントに配慮するようにします。
①施設・器具の整備
②トレーニングプログラムの整備
③指導スタッフの整備
④トレーニング時間の適切な設定と練習との調整
⑤コンディショニング全般の整備（食事、休養、傷害予防など）
⑥メンタル面（動機づけ、取り組み姿勢など）の改善

3．ウエイトトレーニングへの正しい理解のために

（1）ウエイトトレーニングに対する誤解とその原因

選手のウエイトトレーニングに対するやる気を高め、全力で取り組むように導くためには、まず第一にウエイトトレーニングに対する誤解や偏見を取り除くことが必要です。ウエイトトレーニングに対する誤解には、さまざまなものがありますが、代表的なものとしては表1-3のような例があげられます。

①ウエイトトレーニングに対する断片的な理解による誤解

ウエイトトレーニングに対する誤解の最も大きな原因としては、ウエイトトレーニングのさまざまな効果の一面だけを見て、ウエイトトレーニングの全体を評価してしまうという点が挙げられます。

例えば、ウエイトトレーニングの効果として筋肥大が上げられますが、スポーツ選手の場合には、ウエイトトレーニングで筋肉を肥大させるだけでは、競技パフォーマンスの向上に役立てることはできません。むしろ、競技成績に対してマイナスになる可能性も考えられます。しかし、専門競技の特性を考慮し試合期に向けた計画的な期分けプログラムを実施することによって、筋肥大という「形態的な変化」を、競技に役立つ専門的体力の向上という「機能的な改善」へと結びつけていくことが可能になります。

スポーツ選手が高い競技力を獲得するためには、ウエイトトレーニングのきわめて多面的な効果を、競技力向上のために巧みに活用することが重要であり、ボディービルダーやウエイトリフターになるためにウエイトトレーニングを行っているのではないことを十分認識する必要があります。

②指導者自らの経験による誤解

ウエイトトレーニングに対する誤解の2つめの大きな原因としては、1）過去においては、使い勝手のよいトレーニング器具や、スポーツ選手のための正しいプログラム及びノウハウが普及していなかったこと、2）ウエイトトレーニングを実施しても納得のいく十分な効果が得られなかった体験を持っている指導者が多いこと、3）間違った方法でウエイトトレーニングを行ったことによる弊害を身をもって経験してい

表1-2．ウエイトトレーニングに積極的に取り組めない要因

1．トレーニングの意義や必要性が理解されていない
2．トレーニングへの誤解、断片的な理解
3．練習がハードで長いために導入する余裕がない
4．やらなくても活躍する選手がいる
5．選手や指導者の価値感の問題

る指導者が多いことなどが挙げられます。また、過去の一流選手たちは、ウエイトトレーニングを実施する代わりに技術練習を大量に行うことによって、ある程度のレベルの専門的体力を身につけてきており、このような経験が「ウエイトトレーニングをしなくても勝てる」という考え方につながってしまったのではないかと考えられます。

③一流選手やチームによる影響

二流選手が一流選手に追いつこうとして、一生懸命まじめにウエイトトレーニングを行ったが、ウエイトトレーニングを行っていない先天的能力にすぐれた一流選手に勝つことができなかった場合、どうしてもウエイトトレーニングをやっても勝てないというイメージが定着しがちです。過去においては、非常に多くの選手の中からふるいにかけられ、先天的な素質にすぐれた選手の場合、もともと体力基盤がある程度できており、ウエイトトレーニングを行わなくても好成績を上げたり、トップ選手になってしまうケースが多かったのです。

また、数ヶ月の契約ですぐに結果を出さなければならないプロの監督やコーチの場合、ウエイトトレーニングを行って長期的に強化するよりも、マッサージなどで日々の練習の疲労を回復させ、効率よく技術・戦術練習を行うことに重点を置くケースが多くみられます。このような例を見たり聞いたりすることによって、「プロのチームが行っていないようなウエイトトレーニングは不要だ」と理解してしまう人が少なくありません。

ウエイトトレーニングの指導にあたっては、指導者自身がこれらの誤解を解消し、ウエイトトレーニングについて、包括的に正しく理解することが大切です。また、誤解を持つ他の指導者や選手に対しては、これを直接否定してしまうと、かえって溝を深めてしまう場合があります。ウエイトトレーニングのプラス面の事例を具体的に示し、少しずつ納得してもらうように努力することが必要です。

(2) 情報の取捨選択能力を身につける

ウエイトトレーニングやコンディショニングに関する情報は、さまざまなメディアを通じて簡単に手に入るようになりましたが、中には偏った断片的な情報が入ってくる場合があり、これを鵜呑みにして実践してしまう例が多いようです。

例えば、一流選手が行っているきわめて特殊なトレーニング方法を、体力基盤が十分でない高校生がそのまま行ってしまうようなケースが非常に多くみられます。また、特殊なトレーニングを行っていた選手が活躍した場合、実施していたトレーニングの成果が勝利をもたらしたとマスコミが報道することも多く、この影響で特殊なトレーニング方法が流行してしまうことも少なくありません。「これをやるだけで強くなる」といったたぐいの情報や宣伝には、警戒しておく方が無難でしょう。

トレーニングやコンディショニングに関する情報は、今後ますます多く入ってくるようになると思われますが、スタンダードな正しい知識や技能をしっかり身に付け、指導者として有用な情報を取捨選択できる能力を身につけることが重要であると考えられます。

4．ウエイトトレーニングへの動機づけ

施設や器具、指導者などの環境を整え、適切なプログラムを提供したとしても、これを実践する

表1-3．ウエイトトレーニングに対する誤解の代表例

1 ウエイトトレーニングを行うと筋肉がつきすぎて運動の妨げになる
2 ウエイトトレーニングを行うと体が固くなり柔軟性が低下する
3 ウエイトトレーニングを行うとスピードやジャンプ力が低下したり動きが鈍くなったりする
4 ウエイトトレーニングを実践すると動きのしなやかさやキレが損なわれ、力に頼った動きになってしまう
5 ウエイトトレーニングを行うと身長が伸びなくなる

選手のやる気が低ければ十分な効果を上げることができません。選手に対するウエイトトレーニングへの動機づけは、トレーニングの成否を分ける非常に重要な要素であるといえます。

専門競技の練習は大変熱心に行うのに、ウエイトトレーニングにはあまり関心を示さない選手や、手を抜いたり与えられたプログラムをいやいやこなすだけという選手がよくみられますが、スポーツ現場においては、ウエイトトレーニングへの動機づけの方が、専門競技の練習への動機づけよりも難しいといえるでしょう。

ウエイトトレーニングへの動機づけのための具体的方法について、以下に考えてみたいと思います。

（1）ウエイトトレーニングの必要性の正しい理解

アメリカンフットボールや格闘技のように選手どうしが直接ぶつかり合うコンタクトスポーツや、スピードスケートの短距離種目のような高度なパワーが要求される競技においては、ウエイトトレーニングの必要性は比較的理解されやすいのですが、陸上長距離のようにウエイトトレーニングの効果が自覚しにくい競技や、射撃のように体力面よりも技術面やメンタル面が重視される競技などでは、ウエイトトレーニングの意義が正しく理解されていないことが多いようです。

トレーニングはなぜ必要なのか、トレーニングを行うことによってどのような効果が期待できるのかについて、選手に具体的に例を上げてわかりやすく説明し、これを繰り返し選手に伝えることが重要です。特にウエイトトレーニングを開始した初期の段階において、選手のトレーニングに対するやる気を高め、継続的に質の高いトレーニングを実践させることができれば、競技への効果が少しずつ実感できるようになり、ウエイトトレーニングに積極的に取り組めるようになっていきます。

（2）ウエイトトレーニングに対する誤解の解消

選手がウエイトトレーニングに対する誤解やネガティブなイメージを持っていると、どうしても取り組み方が消極的になってしまいがちです。ウエイトトレーニングに対する誤解を解き、実践にあたっての障壁を取り除くことが大切です。

表1－4．目標設定シート

トレーニングのための目標設定

記入日	クラブ名	ポジション・種目・階級	氏名
年　月　日	部		

1．卒業までの競技目標

2．年度の競技目標

3．年度シーズンに向けてのトレーニング目標

（1）形態面の目標　　※体重・体脂肪・各部位のサイズ等について

（2）体力面の目標

（3）一般的体力の目標値と本年度の達成値（筋力・パワー・敏捷性の指標）

種目	現在の値	目標値	達成値	達成率
パワークリーン	kg（体重の　倍）	kg（体重の　倍）	kg（体重の　倍）	％
スクワット	kg（体重の　倍）	kg（体重の　倍）	kg（体重の　倍）	％
ベンチプレス	kg（体重の　倍）	kg（体重の　倍）	kg（体重の　倍）	％
垂直跳び	cm	cm	cm	％
反復横跳び	回	回	回	％

※達成率（％）＝達成値÷目標値×100

（4）専門的体力の目標値と本年度の達成値

種目	現在の値	目標値	達成値	達成率
				％
				％
				％
				％

（5）現在の傷害部位とその克服のためのトレーニング目標

傷害部位	現状	克服のための主なトレーニングと目標

表1-5．自己評価シート

シーズン後の自己評価
～　年のシーズンを終えて～

記入日	クラブ名	ポジション・種目・階級	氏名
年　月　日			

1．年度の個人の競技力と目標の達成度について

－2　　－1　　±0　　＋1　　＋2
大きく低下　やや低下　変化なし　やや向上　大きく向上

※ライン上の該当すると思われるレベルに○をつける

2．トレーニングによる体力の変化と目標の達成度について

－2　　－1　　±0　　＋1　　＋2
大きく低下　やや低下　変化なし　やや向上　大きく向上

※ライン上の該当すると思われるレベルに○をつける

3．年度の傷害の発生と克服について（反省と課題を中心に）

（3）適切なトレーニング目標の設定

ウエイトトレーニングの実施にあたっては、具体的な目標を数値で設定すると効果的です。例えば、ベンチプレス、スクワット、パワークリーンといった主要なエクササイズについては、「体重の○倍の重量を挙げられるようにする」というような目標設定を行います。また、目標値は一定期間努力すれば到達できそうなレベルに設定し、目標値を達成した時の達成感が味わえるように配慮するようにします。

個人的なトレーニング目標は、指導者がアドバイスを加えた上で、表1-4のような目標設定シートを選手自身に作成させたり、シーズン後には、表1-5のような用紙を使用して目標が達成できたかどうかの自己評価をさせるようにすると効果的です。

（4）トレーニング効果の把握とプログラムへの反映

ウエイトトレーニングには、「きつい」「つらい」というネガティブなイメージがあり、トレーニングの実施そのものは面白みに欠けるものです。しかし、トレーニング効果が上がったときや、競技の中で効果が実感できたときには、ウエイトトレーニングの楽しさや、「やってきて良かった」という満足感を味わうことができます。また、いったん効果が現れると、その効果を低下させたくない、もっと向上させたいという意欲にもつながっていきます。

選手のやる気を高めるためには、定期的に形態や体力の測定を行い、ウエイトトレーニングの効果を選手にフィードバックし、効果を実感させるとともに、この内容をトレーニングプログラムに反映させて、効果が停滞しないようにすることが重要です。

- 効果が上がったときの喜びや達成感が高い
- 効果が上がり始めると、さらに向上させたい、効果を低下させたくない、という欲求が生じやすい

早期のトレーニング効果の体感
達成感や楽しさの経験、などが必要

表1-6．ウエイトトレーニングの楽しさの特徴

特に初心者に対しては、ウエイトトレーニングに対する動機づけを強化するために、最初の2～3ヶ月の間に初期の効果を体感させることが重要であると考えられます。例えば、最大挙上重量や最大下の重量での反復回数、体重や体脂肪、各部位のサイズなどを測定し、これらの数値の変化を選手に把握させ、トレーニングの効果を実感させるようにします。

（5）施設や器具の整備

トレーニングを行う施設や器具の内容は、意外に選手のトレーニング意欲に関わっているものです。トレーニング意欲を減退させる施設の要因としては、トレーニングルームが狭い、練習場所から遠い、清掃が行き届いていないなどがあります。また、器具に関しては、必要な器具が足りない、器具の待ち時間が長い、使い勝手が悪い、故障や破損が放置されている、プレートやダンベルなどが散乱・紛失しているなどがあげられます。これらのマイナス要因を可能な限り改善し、選手が意欲的にトレーニングでき、機能的にもすぐれた施設づくりが必要です。

（6）情報提供と啓蒙活動（教育活動）

ウエイトトレーニングや正しいライフスタイルをいくら選手にすすめても、選手がこれらの重要性を真に理解し、身をもって実感しなければ、トレーニングに全力で取り組んでくれず、長続きもしません。指導者は、機会があるごとに、選手に対してトレーニングの必要性を説明したり、動機づけに役立つ知識や資料を提供したりして、選手の取り組み姿勢を高めるように努力する必要があります。特に、各分野の専門家に話をしてもらったり、トップ選手の実例などを具体的に紹介すると効果的です。

選手がトレーニングの必要性を真に理解し、効果を実感することができれば、「やらされるト

レーニング」から脱却し、「自らすすんで行うトレーニング」へと変容させることができます。

表1-7. ウエイトトレーニングへの動機づけのために必要な事項
① ウエイトトレーニングの必要性の正しい理解
② ウエイトトレーニングに対する誤解の解消
③ 適切なトレーニング目標の設定
④ トレーニング効果の把握・実感とプログラムへの反映
⑤ 施設や器具の整備
⑥ 情報提供と啓蒙活動（教育活動）
⑦ 指導者の適切な熱意ある指導

5. ウエイトトレーニングの効果的指導のために

(1) トレーニングの記録をつける

ウエイトトレーニングを実施したら、その内容を必ず記録しておくことが大切です。トレーニング記録には、日付、トレーニング時間、トレーニングの内容（エクササイズ名、重量、回数、セット数など）、トレーニングの感想や気付いた点などを、できるだけ詳細に書き込むようにします。また、形態や体力の測定結果などはトレーニング記録にはさんだり、貼り付けたりして一緒に保存しておきます。

トレーニング内容を記録することによって、日々の体調の変化やトレーニング効果を把握できるようになり、トレーニング意欲の向上やトレーニングの継続に好影響をもたらします。また、トレーニングの記録は、その後のプログラムの作成や、効果が伸び悩んだ時に原因を究明するための重要な資料となり、調子が良かった時のトレーニングやそのときのコンディション、心理的状態などを振り返ることもできます。トレーニング記録は選手にとって大きな財産といえるでしょう。

実際の記録にあたっては、プログラムの内容に応じた記録用紙を準備し、バインダーやファイルに綴じ込んでいく方法が効果的ですが、チームに最も合った使い勝手のよい様式を検討してみるとよいでしょう。選手が各自でノートを用意し、それぞれ思い思いの方法で記録させる方法もあります。

(2) 1日の中でいつ行うのが効果的か？

ウエイトトレーニングの効果を最大限に引き出したい場合には、疲労がなく集中力の高い状態で行うことが理想です。しかし、競技の練習の

図1-1. トレーニング記録の例

1年生第2段階　　ウエイトトレーニングプログラム

期　間： 年5月4日〜5月31日（週2回×4週間、トータル8回実施）
ねらい：① 一定重量の反復回数の増加によるビッグスリーの筋力向上とフォームの完成
　　　　② 身体各部位のバランスを考慮した強化と傷害の予防

クラブ名：
氏　名：

プログラム	日付	5/4	5/7							
1	パワークリーン 10RM×5回×4セット	35×5 35×5	35×5	35×5 35×5	35×5					
2	スクワット 10RM×8回×4セット	65×8 65×6	65×8 60×8	65×8 65×7	65×8 65×8					
3	ベンチプレス 10RM×8回×4セット	45×8 45×6	45×8 40×8	45×8 45×8	45×8 45×8					
4	ラットプルダウン 10RM×10回×3セット	27×10 27×6	27×8	27×10 27×8	27×10					
5	サイドレイズ 10RM×10回×3セット	4×10 3×10	4×7	4×10 3×10	4×9					
6	レッグカール 10RM×10回×3セット	35×10 30×10	35×10	35×10 30×10	35×10					
7	トランクカール 12回×2セット	12	12	12	12					
8										

MEMO
トレーニングのポイント
・各エクササイズの反復回数を増やしていくように努力する
・セット間の休息時間：1〜3は2分、4〜7は1分
・2週間後にパワークリーン、スクワット、ベンチプレスの10RM（10回反復できる重量）を調べ、使用重量を調整する
・第2段階終了時にパワークリーン、スクワット、ベンチプレスの1RM（最大挙上重量）を測定し、第3段階に備える
※トレーニング終了時には、ストレッチングを入念に行う

前にウエイトトレーニングを行ってしまうと、練習の際に疲労でからだが思ったように動かなくなったり、微妙な技術や運動の感覚が乱れたりする場合があります。また、ウエイトトレーニングの疲労によって、練習中にからだに加わる衝撃をやわらげる能力が低下してしまう場合もあります。

ウエイトトレーニングの実施のタイミングは、その時期の重点課題によって決定すると良いでしょう。例えば、試合シーズンやプレシーズンなど、技術や戦術が重視される時期については原則としてウエイトトレーニングは競技の練習の後に行うようにします。また、オフシーズンに体力の養成を重視する時期にはウエイトトレーニングを先に行う方が良い場合もあります。

2部練習が行える場合には、午前中に技術練習を実施し、食事と十分な休憩はさんで、午後や夕方にウエイトトレーニングを行うようにすると効果的です。午前と午後の練習の間に十分な休息時間が確保できる場合には午前中にウエイトトレーニングを行っても構いません。大学生であれば、授業の空き時間にウエイトトレーニングを行っても良いでしょう。

なお、起床してまもない早朝には、神経系の働きが活発になっていないため、ウエイトトレーニングを行うにはあまり適した時間帯とはいえません。ウエイトトレーニングを早朝に実施したい場合には、通常よりもやや控えめの重量を使用したり、ウォーミングアップを多めに行うなどの配慮が必要です。また、できるだけ早めに起床して、胃腸に負担のかからない範囲でエネルギーや水分の補給をしておくことも大切です。

（3）トレーニング前後の集合と指導

練習の終了後にウエイトトレーニングを行う場合には、練習による疲労の影響もありますが、技術的な課題を気にしたりしながら、集中力が低下した状態でだらだらとトレーニングを開始するケースが多くみられます。このような状態でウエイトトレーニングを行っても、トレーニングに対するメンタル面の準備体勢が不十分なため、効率的なトレーニングを行うことができません。

特に、チーム単位でウエイトトレーニングを実施する場合には、トレーニングの開始前に必ず集合し、指導者やチームのリーダーがその日のトレーニングのねらいやポイントについて説明した上で、トレーニングに全力を注げるように選手の気持ちを切り替えさせ、テンションを高めた状態でトレーニングを開始できるように配慮することが必要です。

また、トレーニングが終了した後にも再度集合し、トレーニングの反省や次回の課題について確認するようにします。

（4）一つ一つのエクササイズの目的やポイントを理解させる

ウエイトトレーニングのプログラムは、目的とした効果を効率よく上げられるように作成しますが、プログラムの条件をきちんと守らなかったり、最大の努力でトレーニングを行わなかった場合には、期待した効果を得ることができなくなってしまいます。

例えば、全力スピードで挙上すべきところをゆっくりとした動作で行ったり、きついからといって目標回数に達する前に途中で反復をやめてしまったのでは、十分な効果を得ることができません。

ウエイトトレーニングのプログラムを選手に実施させるにあたっては、それぞれのエクササイズのねらいや、動作のポイント、追い込み方などを選手に十分理解させることが重要です。一つ一つのエクササイズの目的やポイントを理解せずにトレーニングを行った場合には、効果が得られないばかりか、選手が単に疲労するだけで終ってしまう場合もあり、これではせっかく作成したプログラムも意味のないものになってしまいます。

（5）安全の確保のために

ウエイトトレーニングにおいては重量物を扱うため、常に落下の危険がつきまとい、ひとたび事故が発生すれば、生命に関わるような重大な

事故に発展する可能性があります。例えば、ベンチプレスの場合には、バーベルが首に落下することによる死亡事故が過去に何件か発生しています。また、間違ったフォームでトレーニングを行った場合には、腰や膝、肩などの関節の傷害を引き起こす可能性もあり、本来はスポーツ傷害の予防に役立つはずのウエイトトレーニングでケガをしてしまったら、本末転倒と言わざるを得ません。

ウエイトトレーニングの実施にあたって、指導者は、下記のような安全対策を十分に講じる必要があります。また、事故が発生した場合には賠償責任が生じたり、訴訟問題に発展する可能性もあるので、万一の事態に備えてスポーツ傷害保険への加入や、選手からの承諾書をとっておくことも検討する必要があります

表1-8．ウエイトトレーニングの実施にあたって指導者が講じるべき主な安全対策

①正しい器具の使用方法や安全なフォームの指導
②トレーニング実施中の指導者や管理者の監視
③施設や器具の安全性の確認や故障個所等のチェック
④ウォームアップやクーリングダウンの徹底
⑤選手のメディカルチェックの実施

（6）トレーニングにおけるルールやマナーの徹底

管理が不十分なトレーニングルームでは、床

表1-9．トレーニング動作のチェックポイント

1．フォームは適切か？
・器具やマシーンのアジャストや補助具（ベルトなど）は正しく使用されているか？
・動作中の身体各部位のポジションは？
・動作中の身体各部位の軌道は？
・目的や対象に合ったフォームが採用されているか？
・チーティングの有無は？　チーティングは適切な方法で採用されているか？
2．動作スピードは適切か？
・スローリフトとスピードリフトについて理解し、使い分けられているか？
・全力スピードか？　コントロールされたスピードか？
・動作中のスピードの変化（加速、等速、減速、停止など）はどうか？
・目的や対象に合った動作スピードか？
3．動作のテンポや所要時間はどうか？
・1回の所要時間は？
・ポジティブとネガティブのそれぞれの所要時間は？
・1セットの所要時間は？
・スタートやフィニッシュのポジションで止まり過ぎていないか？
4．動作の範囲は適切か？
・全可動範囲（フルレンジ）の動作か、可動範囲を制限した（パーシャルレンジ）動作か？
・過伸展や過屈曲をしていないか？
・関節のロックについてはどうか？
5．動作中の呼吸はどうか？
・種目や目的に合った呼吸が行われているか？
・スクワットなどの姿勢保持が重要な種目では、腹圧を高める呼吸法ができているか？
6．筋肉の収縮の状態はどうか？
・強化したい筋肉がきちんと収縮しているか？
・筋肉は十分に収縮しているか？
・共働筋の動員はどうか？

は泥やほこりにまみれ、器具のシートやケーブルは破損し、バーは曲がり、プレートは散乱し、ダンベルが紛失しているような光景をよく見かけます。これでは、いざ本格的なトレーニングを行おうと思っても、トレーニング意欲が沸かず、効果的なトレーニングを行うこともできません。

　トレーニングルームを持つ学校や組織は、管理責任者を決め、定期的な点検やメンテナンスを行って、施設や器具がつねに快適に使用できる状態にしておくことが必要です。また、トレーニングルームには必ず規則やルールを作り、これを選手に厳守するように指導します。もし、規則に違反するような選手を見かけた場合には、絶対に見逃さずに必ずその場で指導することが大切です。トレーニング器具は、正しく大切に扱えば末永く使用するできるものであり、選手たちには、将来器具を使用する後輩に、よりよい環境を伝えていく心構えを持たせることが必要です。

　一方、トレーニング器具は、ほとんどの場合共同で使用するものであり、使用者がお互いに気持ちよくトレーニングを行うために、最低限のマナーを守ることが必要です。トレーニング施設におけるマナーとしては、器具についてしまった汗は自分で拭き取る、使用したプレートやダンベルはもとの場所に戻しておく、トレーニング施設内では不必要な大声を上げたり悪ふざけをしないなどがありますが、これらのことは、初めてトレーニングを開始する時期（特に高校生の段階）に徹底して指導しておくことが大切です。

（７）トレーニングのフォームチェックと修正

　どんなにすぐれたトレーニングプログラムを作ったとしても、トレーニングを実施する際のフォームが正しく行われなければ、期待した効果を得ることができません。また、間違ったフォームでトレーニングを行った場合には、効果が得られないばかりか、傷害を招いたり、間違った動きがからだにインプットされ、競技のパフォーマンスに対してマイナスに作用する可能性もあります。

　選手がウエイトトレーニングを行っている際の指導者の活動としては、
①安全管理
②フォームのチェック
③トレーニング条件のチェック
④各選手の体調のチェックと体調に応じたプログラムの調整
⑤各選手の集中度、取り組み姿勢のチェック
などがあげられますが、この中でも②のフォームのチェックや③のトレーニング条件のチェックは、選手が効果を上げるために重要な活動であるといえます。

　トレーニング動作の主なチェックポイントとしては、
①各部位のポジションや軌道
②動作スピードやテンポ
③動作の範囲
④動作中の呼吸
⑤補助者のテクニック
などがあげられますが、指導者は、これらのポイントを踏まえ、選手のフォームが十分にチェックできるように、さまざまな角度から観察するように心がけます。

　また、選手の間違ったフォームの修正にあたっては、動作中に一度にたくさんのポイントを指摘すると選手が混乱することもあるので、重要度の高いものや、多くの間違いに共通するポイントについて、１つか２つにしぼって助言するようにします。

（８）多人数の選手への対応

①多人数の選手のトレーニングの運営

　多人数の選手が同時にウエイトトレーニングを実施する場合、器具が足りず順番待ちが長くなったり、指導者の目が行き届かなくなるなどの問題が生じてきます。このような場合には、全体をいくつかのグループに分けて時間差でトレーニングを実施したり、プログラムを分割するなどの工夫をして、質の高いトレーニングが行えるようにします。

　具体的には、まず最初にトレーニング施設の広さや器具の数などから同時にトレーニング可能な人数を調べます。次に、同時にトレーニング可能な人数になるようにグループ分けを行います。グループ分けの際には、筋力レベルが同程度の者どうしを同じグループにすると、セットごとのウエイトのつけはずしの作業が軽減されます。グループ分けを行うとともに、プログラムをいくつかに分割したり、グループごとにエクササイズの順番が異なるコースを準備しておけば、器具の順番待ちが解消されます。ベンチプレス１５分、スクワット１５分というように各エク

図1-2．20名のチーム全員が同時にトレーニングする場合のグループの分け例（同時にトレーニング可能な施設を利用

大グループ
小グループ（パートナー）
全体20名
A（9名）
リーダー1名
イ（3名）
ロ（3名）
ハ（3名）
B（9名）
リーダー1名
イ（3名）
ロ（3名）
ハ（3名）
C（2名）
リーダー1名
ケガをしている選手のグループ

トレーニング実施例

	月	火	水	木	金	土	日
Aグループ	①	休	②	休	①	休	休
Bグループ	②	休	①	休	②	休	休
Cグループ	㊕	休	㊕	休	㊕	休	休

＊トレーニングは2分割とし、月・水・金に2つのコース（①、②）を交互に行う。
Aグループと Bグループは同一日に異なるトレーニング・コースを実施する。
Cグループは、各選手のケガの部位や状況に応じた特別プログラム(㊕)を実施する。

図1-3．40名のチームが時間差でトレーニングする場合のグループ分け例（同時に20名がトレーニング可能な施設を利用）

大グループ
中グループ
小グループ(パートナー)
全体40名
A（18名）
月・水・金
に実施
a（9名）
リーダー1名
イ（3名）
ロ（3名）
ハ（3名）
b（9名）
リーダー1名
イ（3名）
ロ（3名）
ハ（3名）
B（18名）
火・水・木
に実施
a（9名）
リーダー1名
イ（3名）
ロ（3名）
ハ（3名）
b（9名）
リーダー1名
イ（3名）
ロ（3名）
ハ（3名）
C（4名）
リーダー1名
ケガをしている選手のグループ

トレーニング実施例

		月	火	水	木	金	土	日
Aグループ	a班	①	休	②	休	①	休	休
	b班	②	休	①	休	②	休	休
Bグループ	a班	休	①	休	②	休	①	休
	b班	休	②	休	①	休	②	休
Cグループ		㊕	休	㊕	休	㊕	休	休

＊Aグループと Cグループは、月・水・金、Bグループは火・木・土にトレーニング実施。
トレーニングは2分割とし、各コース(①、②)を交互に行う。
Cグループは、各選手のケガの部位や状況に応じた特別プログラム(㊕)を実施する。

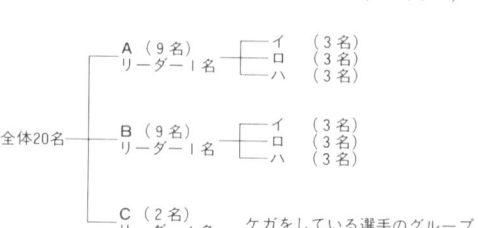

図1-4．ウエイトトレーニングの集団実施の手順(有賀、1994)

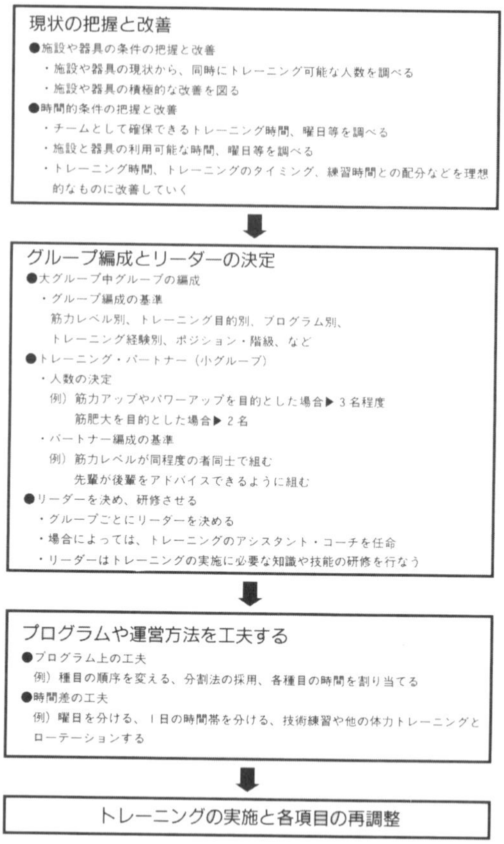

現状の把握と改善
●施設や器具の条件の把握と改善
・施設や器具の現状から、同時にトレーニング可能な人数を調べる
・施設や器具の積極的な改善を図る
●時間的条件の把握と改善
・チームとして確保できるトレーニング時間、曜日等を調べる
・施設と器具の利用可能な時間、曜日等を調べる
・トレーニング時間、トレーニングのタイミング、練習時間との配分などを理想的なものに改善していく
グループ編成とリーダーの決定
●大グループ中グループの編成
・グループ編成の基準
筋力レベル別、トレーニング目的別、プログラム別、
トレーニング経験別、ポジション・階級、など
●トレーニング・パートナー（小グループ）
・人数の決定
例）筋力アップやパワーアップを目的とした場合▶3名程度
筋肥大を目的とした場合▶2名
・パートナー編成の基準
例）筋力レベルが同程度の者同士で組む
先輩が後輩をアドバイスできるように組む
●リーダーを決め、研修させる
・グループごとにリーダーを決める
・場合によっては、トレーニングのアシスタント・コーチを任命
・リーダーはトレーニングの実施に必要な知識や技能の研修を行なう
プログラムや運営方法を工夫する
●プログラム上の工夫
例）種目の順序を変える、分割法の採用、各種目の時間を割り当てる
●時間差の工夫
例）曜日を分ける、1日の時間帯を分ける、技術練習や他の体力トレーニングとローテーションする
トレーニングの実施と各項目の再調整

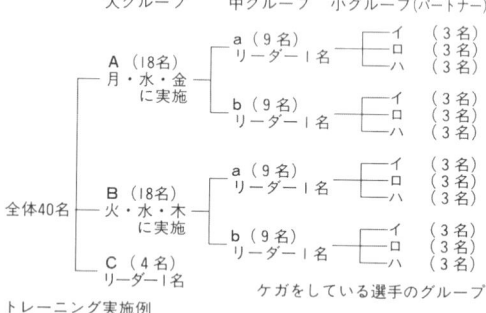

ササイズの時間を割り当てておく方法もあります。

また、人数の多いチームでは、全員が同じ日の同じ時間帯にトレーニングを行うのではなく、時間帯や曜日を変えたり、技術練習や他の体力トレーニングとローテーションして行うなどの配慮をします。

グループ別にトレーニングを実施する場合には、各グループにリーダーを決め、グループ内のトレーニングの進行状況や新人選手の指導、トレーニング後の器具の整頓などに責任を持たせるようにします。

②多人数の選手に対するトレーニング指導の工夫

多人数の選手が同時にトレーニングを行う場合、1人の指導者が全選手のトレーニングを細かくチェックすることは非常に困難です。

一般的に、チーム単位でトレーニングを実施する際には、指導者がトレーニングルーム内を

見渡して、フォームや実施方法が正しくできていない選手を見つけたときに、その選手に個別指導を行う方法が多く行われていると思います。この方法は、人数が比較的少ない場合には効果的ですが、３０人を越えるような多人数の選手に対して指導する場合には、効率的とはいえません。フォームのなかなか直らない選手に手が掛かり、トレーニング時間中に数名しか指導できなかったというようなケースもあります。

　指導の工夫としては、まず、各エクササイズについて指導する時間を割り当てる方法があります。トレーニング時間が４０分の場合なら、クリーンとスクワットの指導に１５分ずつ、その他のエクササイズに１０分というように時間を割り当て、それぞれの時間内に指定したエクササイズの指導に専念するようにします。また、特定のエクササイズのフォームの習得が遅れているような場合には、「今日はクリーンを中心に指導する」というようにあらかじめ選手に伝えておき、１つのエクササイズのみを重点的に指導する方法もあります。

　その他、指導するエクササイズや時間を絞るのではなく、重点的に指導するグループや選手を決める方法でトレーニング日ごとにローテーションする方法、パートナーどうしでフォームをチェックし合う方法、アシスタントスタッフを養成する方法なども有効です。

表１-10．多人数に対する指導の工夫
①定期的にフォームやトレーニングのポイント、注意点などについての一斉指導を行う
②パートナーどうしでフォームやトレーニング条件のチェックを行わせる
③特定のエクササイズのみを重点的に指導する方法
④特定のグループまたは個人を重点的に指導する方法
⑤アシスタントスタッフを養成し、指導の補助を行わせる方法

（９）補助者やパートナーの重要性

　フリーウエイトでトレーニングを実施する場合には、原則として一人では行わず、必ず補助者を付けることが必要です。補助者は安全の確保のために欠かすことができない存在ですが、単に危険防止に役立つだけでなく、他にもウエイトトレーニングの効果を高めるために多くの役割を果たしています。

　補助者がつくことによる安全面以外のメリットとしては、安心して思い切った重量が扱える、パートナー同士でやる気やテンションを高め合うことができる、フォームのチェックや修正ができるなどがあげられます。

　補助者となるパートナーの人数を決める際には、トレーニングのセット間の休息時間を考慮するようにします。例えば、筋肥大を目的とした場合には休息時間を短くする必要があるので２名１組とし、筋力向上を目的とした場合には休息時間を長めに設定する必要があるので３名１組とします。また、パートナーの組み合わせを決める際には、筋力レベルが同程度の者や、競技のポジションや階級が同じ者同士で組み合わせたり、先輩が後輩を指導できるように組み合わせるようにすると効果的です。パートナー同士は、お互いに励まし合える信頼関係にあることが必要ですが、向上心を刺激し合えるライバル的な関係であることも望ましいと考えられます。

表１-11．補助者の役割
①安全の確保（事故や傷害の予防）
②トレーニング者に安心感を与える
③トレーニングに対するやる気やテンションを高める
④フォームのチェックや修正
⑤トレーニング者の調子や体調の把握
⑥回数のカウント
⑦フォーストレップスやマニュアルレジスタンスなどのテクニックの導入

（10）より効果的なトレーニングプログラムの作成のために

　スポーツ選手のウエイトトレーニングのプログラム作成にあたっては、スポーツの特徴を十分に把握しておく必要があります。特に、競技パフォーマンスの向上に直結する専門的ウエイトトレーニングの動作や条件を設定する際には、スポーツの詳細にわたる観察や分析が必要となります。

　トレーニング指導者が、自分の専門外のスポーツ競技のトレーニングプログラムを作成する際には、次のような準備をするように心がけることが必要です。

①選手やコーチからそのスポーツの特性につい

て十分取材する
②競技のビデオや資料を収集して研究する
③試合や練習をできるだけ近くで見て選手の動きを十分に観察する
④そのスポーツを実際に行ってみて運動の感覚をつかむ

　また、すばやく複雑な動きや、要求される体力要素を詳しく把握するためには、運動生理学やバイオメカニクス的な手法や実験室的な測定が必要となる場合もあります。

　トレーニングプログラムの作成にあたっては、科学的で客観的なアプローチが不可欠ですが、トレーニングは生身の人間の行うものである以上、トレーニングに対する反応の個人差や日々の体調の微妙な変化への対応など、科学的なアプローチだけでは解決できない部分が多く存在します。トレーニングプログラムには、ベストといえるものはないと考え、指導者の経験や実践に基づく創意工夫により、よりベターなプログラムを創造していくことが必要であると考えられます。

（11）ウエイトトレーニングに関する研修と資格の取得

　将来的には、日本国内にトレーニング指導者になるためのきちんとした養成システムや資格制度を確立することが必要であると考えられますが、ウエイトトレーニングの指導を実施するにあたって、最低限身につけておくべき項目について以下に紹介したいと思います。

　まずバックグラウンドとして、解剖学（特に機能解剖）、運動生理学、バイオメカニクスの基礎知識や、救急処置法（特に心肺蘇生法）をマスターしておく必要があります。

　専門分野としては、プログラムの作成に関わる知識、エクササイズのテクニックの実技、トレーニングの運営と施設や器具の管理に関わる知識と技能、体力や形態の測定評価に関わる知識と技能などが必要です。さらに、必要に応じて、スポーツ傷害やリハビリテーション、スポーツ栄養やメンタルトレーニング、スポーツ技術の指導法等についての知識や技能も身につけて置く必要があります。

　これらの知識や技能については、書籍やビデオ等によって独学で習得することも可能ですが、さまざまな団体が主催する各種講習会を受講することも大変役立ちます。また、トレーニグ指導者として必要な知識や技能を習得していることを証明する、各種資格に挑戦してみることも重要なことです。

　例えば、米国においてトレーニングやコンディショニングに関する教育普及活動を推進しているNSCA（National Strength and Conditioning Association・全米ストレングス・アンド・コンディショニング協会）は、トレーニングやコンディショニングの専門指導者のためのCSCS（Certified Strength and Conditioning Specialist）や、個人に対するトレーニングやコンディショニングの指導者のためのCPT（Certified Personal Trainner）という指導者資格の認定を行っています。NSCAには日本支部があり、これらの資格は日本国内でも日本語で受験することができます。その他、関連する国内の資格としては、スポーツプログラマー、健康運動指導士などがあげられ、これらの資格を取得しておくことも必要でしょう。

表1-12．NSCAによる認定資格

CSCS（Certified Strength and Conditioning Specialist)

　主としてスポーツ選手に対し、競技力向上を目的としたストレングストレーニング、及びコンディショニングプログラムを計画・実施する専門家の資格認定。

　4年制大学（学部不問）の卒業とCPR（心肺蘇生法）の資格が必要。

【出題内容】
1．基礎科学領域
エクササイズサイエンス、栄養に関するマークシート問題
2．実践応用領域
エクササイズテクニック、プログラムデザイン、施設設計と運営、テストと評価

CPT（Certified Personal Trainer）
　個人のライフスタイルや、目的に合わせたトレーニングプログラムの作成及びマンツーマンの指導を行うパーソナルトレーナーの資格認定。CPR（心肺蘇生法）の資格が必要。

【出題内容】
　クライアント（依頼者）診断と評価、プログラムデザイン、エクササイズテクニック、安全及び緊急時の対応など

表1-13. ウエイトトレーニングが及ぼす一般人への効果

1．生活習慣病の予防と改善 ・心疾患、糖尿病、大腸癌などの予防と改善に役立つ 2．整形外科的傷害の予防と改善 ・腰痛、肩こり、膝痛などの予防と改善 ・骨粗鬆症の予防と改善 ・スポーツ傷害の予防と改善 3．シェイプアップやプロポーションへの効果、姿勢の改善 ・基礎代謝の増加によるエネルギー消費量の増大	・身体各部位の筋肥大やサイズアップによるプロポーションの改善 ・姿勢の改善 4．高齢者の生活の質の向上 ・日常生活における活動の障害を軽減 ・活動空間の拡大 ・身のこなしの改善と不慮の事故の予防 5．スポーツや身体活動のパフォーマンスの向上 ・質の高いスポーツの楽しみ方が可能になる ・重労働の軽減化と安全性の向上

表1-14. 高校におけるウエイトトレーニングの授業展開の例

時間	授業内容
1	ウエイトトレーニングの必要性と効果を上げるためのポイントの説明
2	トレーニング器具の正しい扱い方と安全管理のための注意点の説明 ベンチプレスの正しい方法と補助法の説明及び実技
3	スクワットの正しい方法と補助法の説明及び実技
4	上半身の補助種目の説明と実技
5	下半身と体幹の補助種目の説明と実技
6	マシンによるトレーニングの説明と実技
7	トレーニングプログラムの作成の基礎事項と基本プログラムの説明
8	基本プログラムの実技1
9	基本プログラムの実技2
10	基本プログラムの実技3
11	基本プログラムの実技4
12	基本種目のフォームと基礎知識に関するテスト

(12) トレーニング指導者自身のトレーニング経験の重要性

スポーツ選手にウエイトトレーニングを指導するにあたっては、日頃から指導者自身もできる限りウエイトトレーニングを実践しておく必要があります。指導者自身がトレーニングの正しいテクニックをデモンストレーションすることができ、ある程度の重量が扱える場合には、「百聞は一見にしかず」のことわざのように、選手への説得力が段違いに向上することになります。

また、ウエイトトレーニングで筋力やパワーを高めたり、筋量を増やしたりした経験を指導者自身が持つことは、効果的なプログラムの作成や日々のプログラムの微調整、選手の疲労度やトレーニング中の感覚を把握する上で、非常に大きなメリットとなります。

6．学校の授業におけるウエイトトレーニングの指導

ウエイトトレーニングは、スポーツ選手の競技力向上や傷害予防に役立つだけでなく、一般人の健康増進やフィットネスのさまざまなニーズにも応えることができ、近年、中高年者のための

運動としても重要な役割を果たすようになってきています。

国内の高校や大学には、ウエイトトレーニングの施設や器具が充実するようになってきていますが、これらをスポーツ選手だけでなく、一般の生徒及び学生の授業や余暇活動にも活用していくことが期待されるようになってきています。

米国においては、スポーツ選手でなくても自分自身でウエイトトレーニングのプログラムを作ることができ、正しい方法で楽しみながらトレーニングを実践している人が数多くいます。この理由としては、高校や大学の授業の中で、ウエイトトレーニングを基礎から正しく学び、実践した経験があることがあげられます。

高校や大学の体育の授業の中で、正しいウエイトトレーニングの指導が行われるようになれば、将来の健康づくりや運動実践のための大きな財産となります。また、授業でウエイトトレーニングを導入することは、運動部に所属するスポーツ選手にとっても、トレーニングの基礎を学ぶ良いチャンスとなり、動機づけにも役立つと考えられます。

7．ストレングスコーチの活動と養成

高いレベルで勝敗を争うスポーツ選手には、効率よく確実にウエイトトレーニングの効果を上げ、競技で良い結果を出すことが求められます。このため、ウエイトトレーニングをはじめとする、各種コンディショニングの実施にあたっては、トレーニングやコンディショニングに関する高度な専門的知識や技能、経験が必要であり、これらを身につけたストレングスコーチ（コンディショニングコーチなどと称する場合もある）を活用するプロチームや社会人チームが増えてきました。プロ選手やアマチュアのトップ選手の場合には、個人的に契約を結ぶケースも多くみられるようになってきています。

一方、学校やトレーニング施設がストレングスコーチを雇うケースもあり、契約した施設を利用する選手やチームのトレーニングプログラムの作成や指導、施設管理などを業務として行います。

このように、トレーニングやコンディショニングの専門家であるストレングスコーチの活動するフィールドは、国内でも徐々に広がっており、重要性も認識されるようになってきています。今後、ストレングスコーチに対するニーズはますます高まるものと思われますが、これに合わせて、国内の現状に合った養成システムや資格認定制度の早期の充実が望まれます。特に、体育指導者を養成する体育系・教育系大学においては、トレーニングやコンディショニングに関するカリキュラムを整備し、実践的で正しい知識や技能を持った人材を育成する必要性が高まっています。

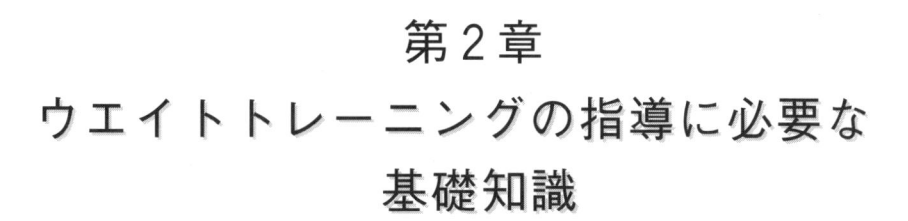

第 2 章
ウエイトトレーニングの指導に必要な
基礎知識

1．ウエイトトレーニングの必要性

ポイント2-1．ウエイトトレーニングの目的
1．スポーツのパフォーマンスの向上
2．傷害の予防

　スポーツ選手がウエイトトレーニングを行う目的は、①スポーツのパフォーマンス向上と②傷害の予防の2つに集約することができます。ウエイトトレーニングの代表的な効果としては、エクササイズの挙上重量の向上や筋肥大などがあげられますが、選手のレベルや試合シーズンに応じた計画的なウエイトトレーニングプログラムを長期にわたって実施することによって、これらの効果をジャンプ力やダッシュ力、アジリティー（敏捷性）の改善など、各種スポーツのパフォーマンス向上に役立つ身体能力の改善へと結びつけていくことができます。また、ウエイトトレーニングによって、筋力を強化したり安全で効率的なフォームを身につけることができ、スポーツ競技におけるさまざまな傷害を予防するのに役立ちます。

　トレーニングの指導にあたっては、トレーニングはなぜ必要なのか？トレーニングを行うことによってどんな効果が得られるのか？などについて、選手に対して機会があるごとに具体的にわかりやすく伝えることが大切です。選手自身がウエイトトレーニングの必要性やメリットについて正しく理解することによって、トレーニングへの取り組み姿勢が改善されていきます。

ポイント2-2．競技力のピラミッドを理解する

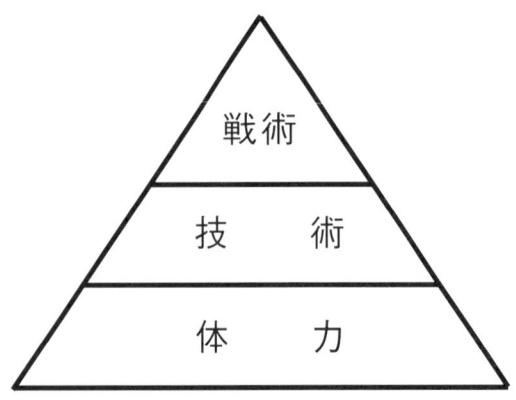

図2-1．競技力のピラミッド

　体力トレーニングやコンディショニングの重要性について、選手にわかりやすく理解してもらうために、選手の競技力を三角形のピラミッドに例えて説明する方法がよく用いられています。ピラミッドの高さは選手の競技力であり、高いほど強い選手ということになります。このピラミッドは、基盤となる低層部は体力、中層部は技術、上層部は戦術というように3つの要素で構成されています。

　例えば、バスケットボールのダンクシュート（技術）は、一定レベルのジャンプ力（体力）がないとできず、体力は技術の制限因子となっています。また、バスケットボールにおいて、ドリブルやパス、シュートといった基本的な技術が十分できない選手には、高度なチームプレーや戦術を実施することができません。その一方で、一人一人の選手の移動スピードやパスのスピードが向上すれば、より高いレベルの戦術ができるようになります。

　体力が向上すれば、技術や戦術も必ず向上するというわけではありませんが、体力の向上は、よりレベルの高い技術や戦術を身につけやすくするものであると理解し、向上させた体力をパフォーマンスに生かす橋渡し的なトレーニングを計画的に実施するように配慮することが必要です。また、体力が向上したら、これに見合った技術や戦術を開発することが必要となる場合も考えられます。

ポイント2-3．年齢やレベルに合った長期にわたる計画的トレーニングによって、体力基盤のしっかりとしたスケールの大きな選手が育成される

　図2-2は、選手の競技力のピラミッドが体力トレーニングや練習によって変化していく過程の概念図です。体力トレーニングをほとんど実施せず、技術や戦術の練習のみを行った場合、図の左側のような底辺が狭く縦に長いピラミッドになってしまいます。これは、狭い敷地に無理矢理高い建物を作ろうとしている状態に似ており、高くしようとすればするほど不安定になり、崩れやすくなってしまいます。中高生レベルのジュニア期に、体力基盤を作る基本的な体力トレーニングやコンディショニングを行わなかった選手の場合、縦長のピラミッドのような状態となり、大学や社会人へと進んでも、競技力の向

図2-2．体力トレーニングと競技力の向上（有賀、1992）

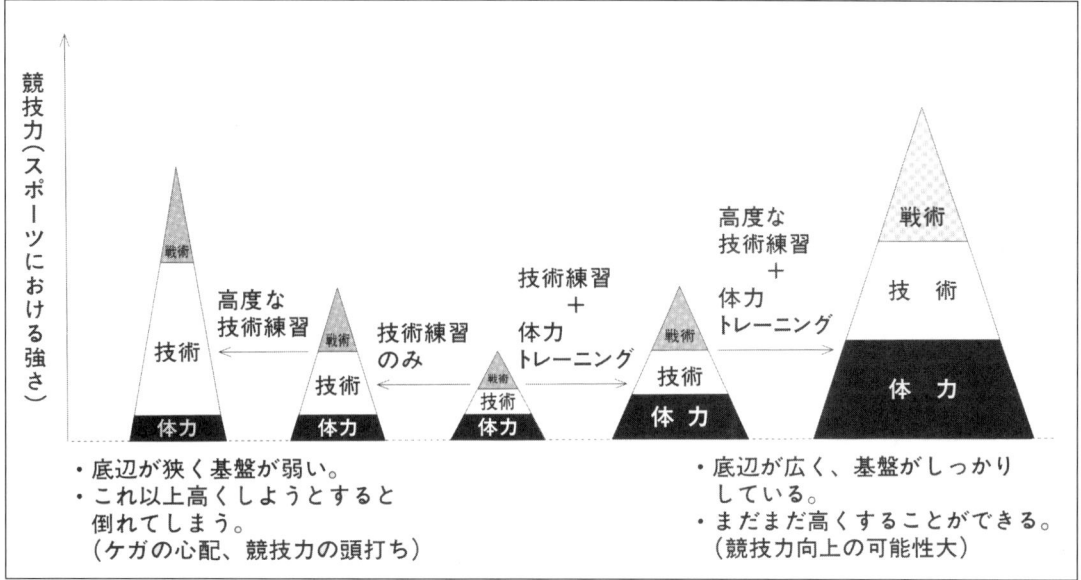

上が頭打ちになりやすく、有能な選手も小さなスケールにとどまり伸び悩んでしまうと考えられます。また、適切なトレーニングやコンディショニングを行っていれば起こさなくても済んだケガによって、将来の競技力の向上が妨げられる可能性も高いと考えられます。

一方、長期的な展望のもとに、レベルに応じた段階的な体力トレーニングを積んできた選手の場合には、底面積の広々としたスケールの大きなピラミッドが構築され、安定性があって崩れにくく、将来もまだまだ高いレベルの技術や戦術を獲得できる可能性も高くなると考えられます。

2．ウエイトトレーニングのパフォーマンス向上への効果

ポイント2-4．ウエイトトレーニングのパフォーマンス向上への効果
①ウエイトトレーニングによる一般的筋力の向上は、関連する他の体力要素や専門的体力の向上に好影響をもたらし、パフォーマンスの向上に役立つ
②ウエイトトレーニングを競技特性を考慮した条件で実施すれば、パフォーマンスに直結した身体能力の向上を図ることができる。
③より高度な技術や戦術が身につけやすくなる
④効率良くパワーを発揮する能力や効率の良い動作の習得に役立つ
⑤悪条件下でのパフォーマンス低下の抑制
⑥身体組成の改善
⑦心理的効果

ウエイトトレーニングによる、基礎的な筋力（ベーシックストレングス）の強化は、スポーツ選手のパフォーマンスに、非常に多くのメリットをもたらします。しっかりとした筋力基盤をつくることによって、筋力に関連する他の体力要素（パワー、スピード、アジリティー、筋持久力など）や、各スポーツの専門的体力を向上させやすくなります。また、ウエイトトレーニングを各スポーツの競技特性に即した条件やフォームで実施すれば、パフォーマンスに直結する専門的体力の向上を図ることもできます。これらの効果は、競技パフォーマンスを向上させるとともに、より高度な技術や戦術を身につけるためにも役立ちます。

その他、ウエイトトレーニングには、筋力やパワーをムダなく効率よく発揮するための動きづくりの効果、雨でぬかるんだグラウンドでのプレーのように悪条件下でのパフォーマンスの低下を抑える効果、低い体脂肪を保ったり、筋肉量を増やすといった形態や身体組成を改善する効果、プレーに対する自信をつけたり、ポジティブで前向きの姿勢を養う効果なども期待できます。

ポイント2-5．一般的トレーニングが専門的トレーニングの効果や可能性（トレーナビリティー）に影響を与える

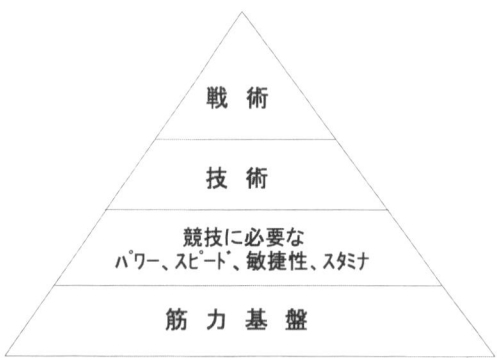

図2-3．一般的能力が専門的能力を支えている

一般的ウエイトトレーニング
・身体各部位の筋力や基本動作のパワーの改善
・傷害予防に必要な筋力や筋バランスの獲得

↓

専門的ウエイトトレーニング
・専門スポーツで要求される体力や動作特性を考慮したウエイトトレーニング

図2-4．スポーツ選手のウエイトトレーニングの段階的実施

スポーツ選手は、競技力の向上に直結した即効性のあるトレーニングを好む傾向にありますが、長期に渡って技術練習を中心に行ってきた選手の場合、競技の中でよく使用される部位とそうでない部位の筋力差が顕著になっているケースが多くみられます。例えば、右利きの野球選手の場合には、常に右腕でボールを投げ、バッティングの時には常に右から左へと上体をひねっており、からだの各部位の左右の筋力に差が生じていることが考えられます。このような選手が、競技でよく使用される部位や動きの筋力強化だけを実施した場合、各部位の筋力差（筋力のアンバランス）をさらに助長してしまうことにもなりかねず、このことが傷害の発生や競技力の頭打ち現象などの可能性を高めることも懸念されます。

特に、中学や高校期の選手については、専門的なウエイトトレーニングよりも基礎的（一般的）ウエイトトレーニングを優先させて、身体各部位をまんべんなく強化し、競技力の基盤としてのからだづくりや筋力アップを図ることが重要であると考えられます。

ポイント2-6．一般的筋力の養成は他の体力要素にも好影響を与える

表2-1．一般的筋力が他の体力要素に好影響を与える例

一般筋力	転換が期待される体力測定項目
スクワットの挙上重量の向上	垂直跳び 反復横跳び
ベンチプレスの挙上重量の向上	シャトルラン メディシンボールによるチェストパスの練習

スクワットやベンチプレスの挙上重量の向上が、すぐに競技パフォーマンスに役立つわけではありません。しかし、ウエイトトレーニングの基本的なエクササイズによって養成された一般的筋力は、競技に必要な専門的パワーを伸ばすための基盤となり、一般的筋力が専門的パワーにうまく転換されることによって、競技パフォーマンスの向上に大きく役立つようになります。

ポイント2-7．パワー＝力×スピード
スピードの要素は遺伝的影響に左右されやすいが、力の要素はウエイトトレーニングによって大幅な改善が可能

パワーは力×スピードで表されますが、筋肉の収縮スピードは遺伝的な要素に左右されやすく、トレーニングによる大幅な改善はむずかしいといえます。一方、力の要素については、ウエイトトレーニングを計画的に正しく行うことによって、ある程度まで比較的容易に向上させることができます。スポーツ選手に要求されるパワーを向上させるためには、パワー発揮の基盤としての筋力を向上させることが非常に有効であると考えられます。

ポイント2-8．身体を移動させる際には、体重が負荷になる。体重負荷をたやすくコントロールできるようにするためには、一定以上の筋力を身につけることが必要（特にジャンプ力を向上させるためには、自分の体重に見合った筋力が必要）

垂直跳びのようなジャンプ力は、爆発的なパワー発揮能力の指標となるものですが、体重が負荷になるために、ジャンプに関連する筋群の筋力を体重に見合ったレベルまで強化することが重要な要素となります。爆発的パワーを向上させるためには、さまざまなジャンプトレーニング（特にプライオメトリックトレーニング）が有効ですが、基礎的な筋力強化を図らずに、これらを単独で行っただけでは、十分な効果を得ることができませんし、傷害を引き起こす可能性も高くなります。

> ポイント2-9．静止した状態から動作を起こす際のスピードや加速力（ローギアパワー）を高めるためには最大筋力の向上が必要

スポーツにおける「スピード」は、選手が動作を起こす際の初速と加速力、加速がついた後の最大スピードとこれを維持する能力などを意味しますが、特に、静止した状態から動作を開始する際やその後の加速過程においては、負荷に打ち勝ちながらすばやい動作を行うことが要求されるため、最大筋力を向上させることが必要となります。

> ポイント2-10．ダッシュからの急激な方向転換やストップの際には、大きな衝撃が加わるため、最大筋力の養成が重要となる。また、アジリティーの向上にも筋力向上が効果的

サッカーやバスケットボール、アメリカンフットボール、ラグビーなどの選手の場合、直線をすばやく走る能力に加えて、相手選手をかわしながら急に方向転換したり止まったりする能力が必要となります。このような方向転換やストップの動作の際には、からだに大きな衝撃が加わりますが、動作を急激に行おうとすればするほどより大きな衝撃が加わります。このような能力を高めるためには、動作中の衝撃に耐えられるだけの筋力を養うことが重要であると考えられます。

一方、反復横跳びのように、狭いスペースの中をすばやく切り返す動作においても、切り返しをすばやく行おうとするほど、脚部に強い衝撃が加わります。これに持ちこたえるだけの筋力が養成されていない場合には、切り返しの動作にロスが生じたり、上体の姿勢が崩れたりしがちです。アジリティー（敏捷性）の養成のためには、ラダーやミニハードルを使った専門的なドリルがよく行われていますが、基礎的な脚筋力の向上なくしては、アジリティーの向上も頭打ちになりがちです。実際、スクワットの挙上重量が伸びることによって、反復横跳びの記録が向上する選手が多く見られます。

> ポイント2-11．筋力が強ければ1回の衝撃によって受けるダメージが少なくて済む（筋力向上によるパワーのスタミナの温存効果）

表2-2．ダメージを受けてスタミナを失う場面

- ジャンプからの着地
- 急激な方向転換、ストップ
- 坂下り走
- コンタクトプレー

写真2-1．バレーボールのスパイク動作では、ジャンプからの着地時に大きな衝撃が身体に加わるため、これに持ちこたえるだけの筋力を養うことが必要

ジャンプからの着地や急激な方向転換などの動作を繰り返して行うと、衝撃によって筋肉が疲労したりダメージを受けたりして、発揮できるパワーの大きさが徐々に低下していきます。筋力の弱い人は、強い人に比べて1回あたりの衝撃によって受けるダメージが大きいため、これが何回も反復されると大きなスタミナの消耗につながると考えられます。例えば、バレーボールのエーススパイカーは1試合あたり50〜1

技術練習だけでは体力向上は頭打ち（プロレベルの選手の場合、バットの素振りだけでは、バッティングのパワー向上は難しい）

〇〇本のスパイクを打つといわれていますが、試合における最初のスパイクの打点の高さと、試合後半の勝負所でのスパイクの高さを比較した場合、後半は疲労や着地衝撃による筋肉へのダメージによって打点の高さはどうしても低下しがちです。しかし、筋力が強く、着地時の衝撃吸収能力がすぐれた選手ほど、1回あたりのダメージが少なくて済むため、打点の高さの減少率を抑えることができると考えられます。

ポイント2-12．技術練習だけでは体力向上は頭打ち

古くから、「スポーツに必要な体力は、そのスポーツの技術練習を行っていれば自然に養える」という考え方があります。確かに、体力の低い選手の場合には、技術練習だけでもある程度の体力を養うことができます。しかし、ある一定のレベルまで体力が向上すると、そこから先は、技術練習だけでは体力の向上が頭打ちになってしまうと考えられます。野球を例にあげると、バッティングに必要な筋力やパワーは、小中学生の段階では、バットの素振りをするだけでもある程度まで向上させることができますが、プロレベルの選手の場合には、素振りだけではバッティングに必要な筋力やパワーを向上させることがむずかしくなります。

なぜこのようなことが起こるのでしょうか？トレーニングの最も基本的な原則として、あるレベル以上の条件でトレーニングを行わないと効果が得られないという意味の、「オーバーロード（過負荷）の原則」があります。体力が弱いうちは、技術練習だけでも体力を向上させるのに十分な負荷がかかって、体力を強化することができますが、何年も技術練習を継続すると、技術練習による負荷だけでは、体力を向上させるレベルのオーバーロードがかからなくなってしまうのです。また、技術練習を行う過程においては、動作がうまくなって効率的になっていくため、少ないエネルギーで大きなパワーを発揮することができるようになります。このために、技術練習では一層、筋力やパワーを高めるためのオーバーロードがかかりにくくなると考えられます。

3．ウエイトトレーニングの傷害予防への効果

ポイント2-13．ウエイトトレーニングの傷害予防への効果
①単発的に身体に加わる大きな衝撃をやわらげる能力が向上し、スポーツ外傷の予防と軽減に役立つ
②繰り返し加わる比較的小さな衝撃に持ちこたえる能力が高まり、オーバーユースによる障害の予防と軽減に役立つ
③フォームや姿勢が安定し、悪いフォームによる障害の予防に役立つ
④障害を起こしにくい安全な動作の習得や、効率のよいパワーの発揮能力の向上に役

立ち、障害予防に好影響をもたらす
⑤障害発生からの復帰の促進や再発予防に役立つ

　ウエイトトレーニングのもう一つの効果として、傷害予防が上げられます。傷害の予防は、どうしても消極的に捉えられがちですが、ケガによって練習を休んだり、大事な試合にけがで参加できなくなる可能性を減らすことができるということは、選手や指導者にとって大変意義深い効果といえます。効率的な傷害予防を図るためには、ウエイトトレーニングを実施すると共に、ウォーミングアップやクーリングダウン、ストレッチング、食事や休養、競技動作のチェック、練習計画の見直しなど、さまざま要素の改善を図ることが大切です。

ポイント2-14．ウエイトトレーニングによる筋力強化は、単発的な大きな衝撃によって起こる「スポーツ外傷」の予防と軽減、再発予防に役立つ

写真2－2．アメリカンフットボールのようなコンタクトスポーツにおいては、プレー中に大きな衝撃が加わる機会が多く、筋力強化によるスポーツ外傷の予防の効果が期待される

　スポーツにおいては、他の選手との強い衝突や転倒、無理な体勢での急激なストップやジャンプからの着地の失敗など、身体の一部に瞬間的に大きな衝撃が加わることによってケガをする危険性があります。このように、1回の大きな衝撃を受けることによって発生するケガのことを「スポーツ外傷」と呼んでいますが、ウエイトトレーニングによって筋力を強化している人は、外部から加わる大きな衝撃に対する耐性にすぐれており、筋力の弱い人に比べてスポーツ外傷

第2章　ウエイトトレーニングの指導に必要な基礎知識

が発生する可能性が低く、たとえケガをしたとしても軽傷ですむと考えられます。
　身体にかかる大きな衝撃から身を守るためには、これにもちこたえられるだけの最大筋力や、危険な衝撃をやわらげる動作や身のこなしを養っておくことが必要です。特に、下半身には自分の体重が衝撃力を強める要素として作用するため、膝や足首を保護するためには、自分の体重に見合った脚筋力を身につけておくことが大切です。ウエイトトレーニングにおける筋力の目標値を設定する際には、「体重の〜倍の重量」というように、自分の体重を基準にして考え、自分の体重や体型に見合った筋力を身につけるようにします。

ポイント2-15．ウエイトトレーニングによる筋力強化は、比較的小さな衝撃が何回も反復して加わることによって起こる「スポーツ障害」の予防と軽減、再発予防に役立つ

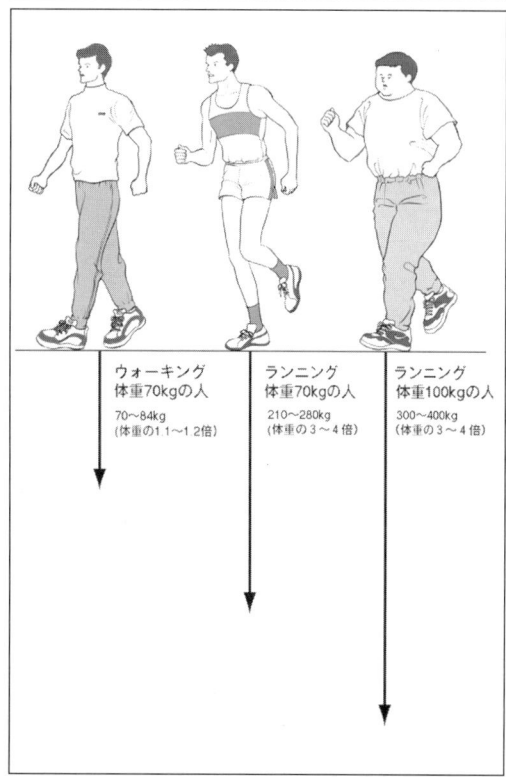

図2－5．ランニング中には片足に体重の3〜4倍の負荷が加わる

　日頃のスポーツ活動の中では、さまざまな衝撃や負荷が、からだの各部位に繰り返しかかっ

ており、これらが蓄積することによって傷害が発生する場合があります。このように、反復してからだにかかる衝撃や負荷によって発生するけがのことを「スポーツ障害」と呼んでいますが、一回の大きな衝撃による「スポーツ外傷」と同様に、ウエイトトレーニングによって筋力を高めておくことが「スポーツ障害」の予防にも効果的です。

例えば、歩行の際には、片足に体重の1.1倍から1.2倍程度の衝撃しか加わりませんが、ランニングになると、持久走程度のペースでも片足に体重の3～4倍の衝撃が加わります。また、ダッシュからの急激なストップや方向転換の際には、瞬間的にさらに大きな衝撃が加わってくると考えられます。1回あたりの衝撃はそれほどでもなくても、これが反復して加わることによって起こるスポーツ障害を予防するためにも、体重に見合った筋力が必要といえます。

> ポイント2-16. ウエイトトレーニングは、スポーツ動作の正しい姿勢の維持に役立ち、これが傷害の予防につながる。

スポーツの動作の中では、腕や脚部のように動的に動かす部位と、体幹部のように静的にしっかり固定しておくべき部位の2つがあります。ウエイトトレーニングにおいては、動的に働く部位とともに、静的に働く部位についても効率よく強化することができます。例えば、図2-6のようにバーベルを肩にかついでしゃがんだり立ったりする動作を行うスクワットでは、腰背部をつねに一定の正しい姿勢で維持するフォームを身につけることができ、プレー中の正しい姿勢の保持や腰の障害の予防に効果的であると考えられます。

一方、外部からの衝撃に持ちこたえ、正しいフォームで安全なプレーを行うためには、からだの各部位の関節周辺の筋肉をバランス良く強化しておくことも大切です。例えば、膝の関節の安定性を高めるためには、太ももの前だけでなく、後ろ側の筋肉も強化しておくことが必要であると言われています。また、腰痛を起こしやすい選手の場合には、動作中に腰背部の姿勢が崩れて腰椎に負担がかかりやすい傾向にあるため、体幹部周辺の筋群(特に腹筋と背筋)をトータルに強化しておくことが重要であるといえます。

一般的筋力を高めるためのウエイトトレーニ

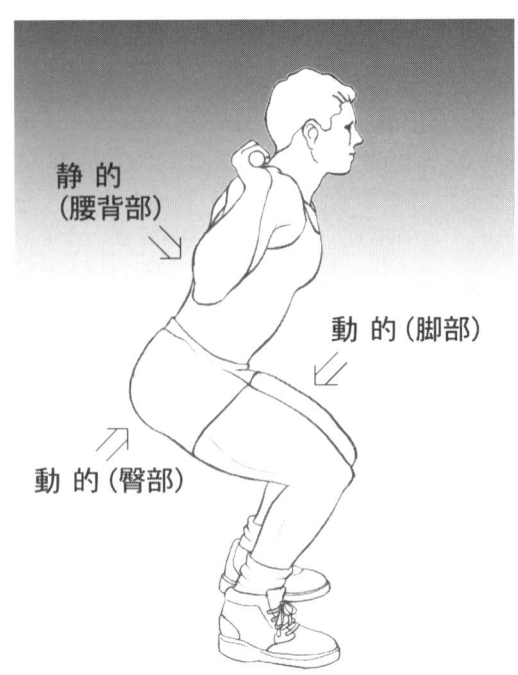

図2-6. スクワット動作における各筋肉の役割

ングの実施にあたっては、からだの左側と右側、上半身と下半身、押す動作と引く動作、関節を伸ばす動作と曲げる動作などの筋力バランスを考慮しての強化を図るのがポイントといえます。

> ポイント2-17. ウエイトトレーニングでは、筋力バランスの改善を図ることができる

多くのスポーツにおいては、よく使う部位とあまり使わない部位があり、各部位の筋力や筋肉の発達度合いがどうしてもアンバランスになりがちです。このような筋力のアンバランスは、そのスポーツに都合がいいようにからだが適応した状態であり、高度なパフォーマンスを追求する選手にとってはある程度必要なことですが、これがエスカレートしすぎると傷害の原因となる場合も考えられます。ウエイトトレーニングでは、スポーツで良く使う部位や動きの強化を行うことはもちろんですが、筋力バランスを考慮して、競技においてあまり使用しない部位や動きの強化も並行して行っておくことが大切です。

> ポイント2-18. ウエイトトレーニングにより、安全で効率の良い(ムダのない)動きが

習得でき、これが傷害予防につながる

スポーツで発生するけがを予防するためには、筋力を高めることが必要ですが、筋力やパワーをムダなく発揮する能力や、安全で正しい動きを身につけることができなければ、せっかく高めた筋力をけがの予防に生かすことができません。

ウエイトトレーニングを正しい動きで実施していくと、より少ない労力で大きなパワーを生み出す動きを身につけることができるようになります。このため、日頃の練習の中でも、プレー中にかかる衝撃や負荷をやわらげる能力が高まるとともに、さまざまな動作をより効率よく、エネルギーのロスの少ない動きで行えるようになり、オーバーワークを招きにくくなります。このことがけがの発生の低下につながると考えられます。

一方、ウエイトトレーニングの基本的な動作は、大きな力やパワーを生み出す動きを養うとともに、けがをしにくい安全な動きをマスターするためにも役立ち、このような動きをからだに覚え込ませることによって、プレーにおけるけがの発生の危険性を低下させることができると考えられます。例えば、スクワットでは、しゃがむ動作で膝がつま先より大きく前に出てしまうような動きでは力が発揮しにくく、重いウエイトを持ち上げることができません。このため、おしりを後ろに突き出すようにして、膝だけでなく股関節の動きを協調的に使って動作を行うようにしますが、このような動きを身につけておけば、ジャンプ力などのパフォーマンス向上に役立つと同時に、ジャンプからの着地やさまざまな動きの中で膝にかかる衝撃をやわらげる効果を得ることもできます。

ポイント2-19．ウエイトトレーニングはけがからの復帰を早め、再発の予防に役立つ
「痛みがとれた＝競技復帰可能ではない」

けがをすると痛みが出るため、練習を休まざるを得なくなりますが、痛みがとれるとすぐに練習に復帰してしまう人が多く見られます。痛みがあって休んでいるときには、けがをした周辺を動かさなくなるため、どうしても筋力が低下してしまいます。このため、痛みが軽減して練習に復帰した時には、患部周辺の筋力が低下し

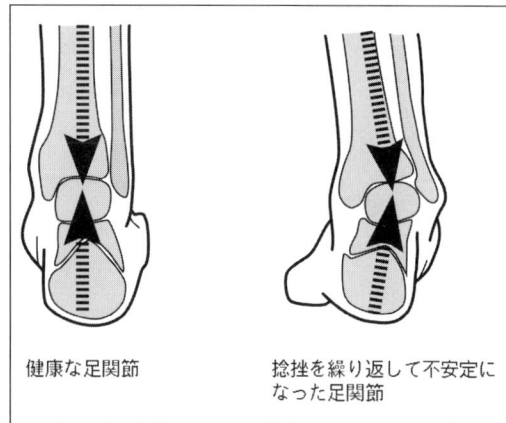

図2-7．足関節の捻挫による関節のゆるみ
足首の捻挫は比較的軽視されがちだが、再発を繰り返すことによって関節が不安定になってしまう場合が多い。足首周辺の筋力強化を行うと共に復帰にあたっては、様々な動作における安全な足首の動きの練習やバランス能力の改善など、各種コンディショニングをしっかり行うことが大切

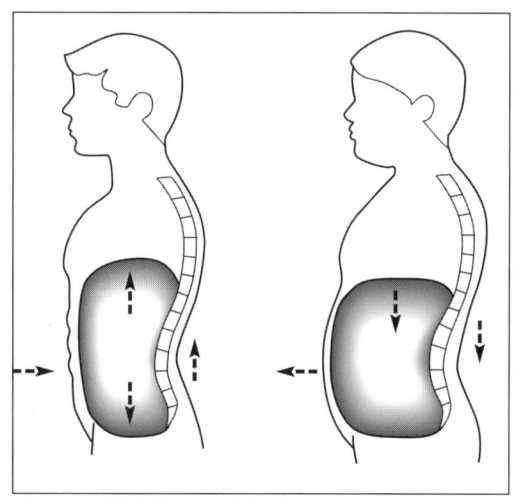

図2-8．体幹部周辺の筋力強化によって腰背部の正しい姿勢が維持しやすくなり、腰痛予防にも効果的（山本、1995より改変）

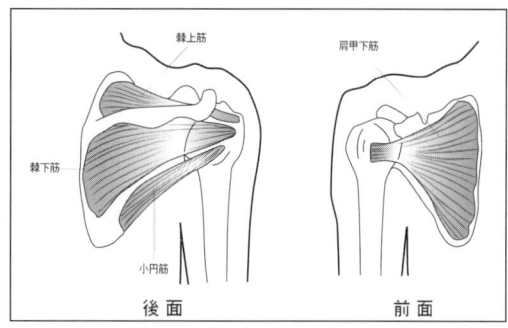

図2-9．肩のインナー・マッスル
野球選手に多い肩の投球障害を予防するためには、インナー・マッスルと呼ばれる肩関節の深部の細かい筋群を強化することが重要

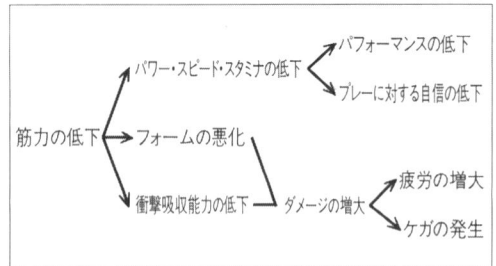

図2-10. 試合期の筋力低下がもたらす弊害
試合期にはウエイトトレーニング実施をやめてしまうケースが多いが、準備期にせっかく高めたパワーが低下すると、さまざまな弊害が起こる可能性がある。試合期においても、できるだけ週1回はウエイトトレーニングを実施して筋力やパワーを維持することが大切である

ているため、前よりも衝撃をやわらげる能力が低下しており、再発しやすい状態でプレーをすることになります。

また、膝や足首などの下肢のけがをした場合には、練習を休んでいる間に、動作中のからだのバランスをとる能力や、危険な動きを避けるための神経のセンサー機能が低下しやすくなります。このため、以前ならけがをたやすく避けることができた動きでけがを再発してしまったり、無意識のうちにけがをしている側の脚をかばって、反対側の脚に負担をかけてしまうような場合があります。さらに、けがが再発するのではないかという不安がつねにつきまとい、思い切ったプレーができなくなったりもします。

もしけがをしたら、「痛みがとれた＝競技復帰可能ではない」ことを選手に理解させる必要があります。けがをした原因がそもそも筋力不足や筋力のアンバランスであった可能性もあります。練習への復帰は強度の低い内容から段階的に行っていくことはもちろんですが、できれば患部周辺の筋力を、けがをする前よりも強化してから練習に復帰し、その後も再発予防のために筋力を低下させないようにする努力を続けることが大切です。

4．ウエイトトレーニングと休養

ポイント2-20．効率的にトレーニング効果を上げるためにはトレーニング、休養、栄養の3要素を良い状態にすることが重要

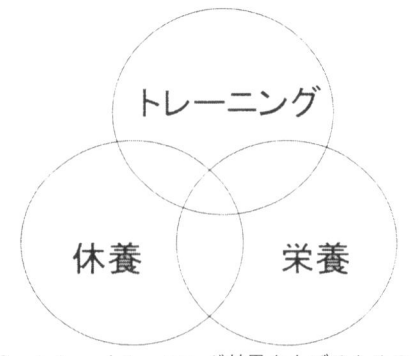

図2-11．トレーニング効果を上げるための主要3要素（3つの要素の全てがよい状態になっていることが望ましい）

トレーニングにおいて、最短で最高の効果を上げるためには、トレーニング、休養、栄養の3つの要素を良い状態に改善し、これを維持し続けることが重要です。どんなにすばらしいトレーニングプログラムを作成し、全力でこれに取り組んだとしても、休養面や栄養面が不十分であった場合には、期待した効果を得ることができません。

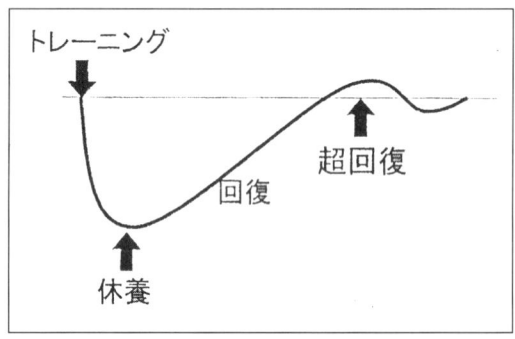

図2-12．トレーニングの実施に伴う体調（コンディション）の変化

ポイント2-21．超回復を考慮したトレーニングが重要

ウエイトトレーニングを行うと、一時的に疲労して重い重量が上げられなくなったり、筋肉痛や筋肉の張りが起こったりしますが、数日間の休養をとることによって、徐々に疲労や筋肉痛が回復してもとのコンディションに戻り、場合によっては前回よりも重い重量が持ち上げられたり、同じ重量でも多くの反復回数を行えるようになったりすることがあります。このような現象を、「超回

復」と呼んでおり、体力トレーニングの効果はこの現象によってもたらされると考えられています（図2-12）。

超回復現象は、人間の適応能力によるものです。トレーニングという刺激がからだに加わると、このような刺激が次に同じように加わってもからだが危機的なダメージを被らないように、打ち勝つための準備をしようとする働きが生じます。トレーニングの効果は、トレーニング中に得られるのではなく、トレーニング後の休養中の回復期間に得られることを理解しておくことが大切です。

ポイント2-22．超回復が起こった時にタイミングよく次のトレーニングを行うことにより、理想的なトレーニング効果が得られる

トレーニング後に適切な休養をとり、超回復が起こってからタイミングよく次のトレーニングを行うと、前回よりも良いコンディションで質の高いトレーニングを行うことが可能となり、理想的なトレーニング効果を得ることができます（図2-13のb）。

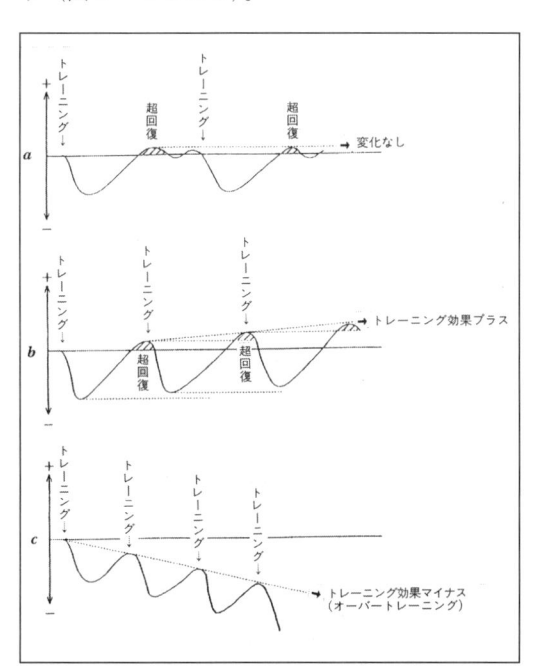

図2-13. 休養期間とトレーニング効果の模式図
a：休養期間が長過ぎる例
b：適正な休養により理想的なトレーニング効果が得られる例
c：休養期間が短すぎる例

第2章　ウエイトトレーニングの指導に必要な基礎知識

ポイント2-23．超回復が起こらないうちに次のトレーニングを行うと、オーバートレーニングを招く

トレーニング後の休養が短く、超回復が起こる前に次のトレーニングを行ってしまうと、せっかくトレーニングを一生懸命行っているのに、トレーニング効果がマイナスになり、オーバーワークを招く場合があります（図2-13のc）。

ポイント2-24．長期プログラム作成の際には長期的な超回復（マクロサイクル)を考慮する

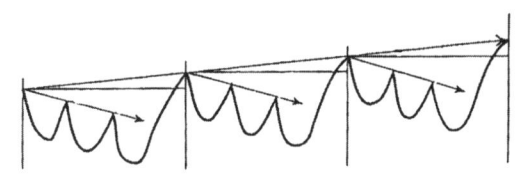

図2-14. 長期的な超回復の模式図

長期的なプログラムを作成する際には、数日単位のサイクルで起こる短期的な超回復だけでなく、複数の短期的超回復がまとまって、数週間や数ヶ月単位で起こる中長期的な超回復を考慮すると効果的です。

合宿における練習やトレーニングなどでは、一定の期間集中的にトレーニングを行うために一時的なオーバートレーニング状態になりますが、その後長めの休養をとったり、軽いトレーニングに切り替えたりすると、長期的な超回復を得ることができます。

短期的及び中長期的な超回復は、トレーニングプログラムを作成するための重要な要素であり、超回復現象を踏まえた上で、トレーニングのさまざまな条件を波状的に変化させることが、オーバートレーニングのリスクを減らし、効率よくトレーニング効果を得るためのポイントといえます。

ポイント2-25．ハードなトレーニングは筋の微細な損傷を引き起こす場合があり、損傷が修復されるまで休養をとることが必要

ハードなトレーニングを行った場合には、筋肉等の組織内に微細な損傷がもたらされることがありますが、これらの傷が修復されるには一

定の期間が必要となります。もし、組織が十分に修復される前にハードなトレーニングを行った場合には、いったんできた損傷部をさらに痛めつけることになり、これがさらに大きな損傷へと発展し、オーバーワークやケガの発生につながる危険性があります。

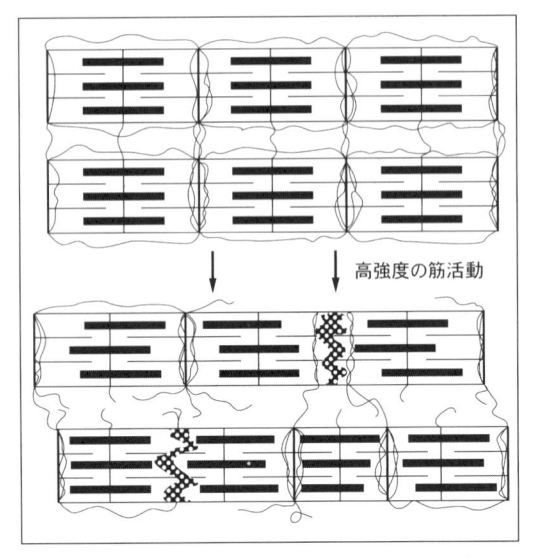

図2-15. ハードなウエイトトレーニングは筋組織の微細な損傷を引き起こす場合がある（Waterman,1991）（図はトレーニング前後の筋原線維の模式図）

> ポイント2-26. ウエイトトレーニングの実施に伴う超回復を知るための手段としては筋肉痛が有効

　ウエイトトレーニングを行うことによって、からだにはさまざまな変化が起こるため、超回復を知るための手段としては多くの要素が考えられますが、その中でも筋肉痛や筋肉の張りの状態は、超回復を知るための最もわかりやすい手掛かりといえます。

　ウエイトトレーニングをハードに行った場合には、筋肉痛が発生することが多いため、筋肉痛が残っている時には、まだその部位は超回復に達していないと判断し、筋肉痛が回復してから次のトレーニングを行うようにすると良いでしょう。特に、トレーニング後1日〜2日くらいたってから起こる遅発性の筋肉痛は、回復するまでに数日から1週間以上の日数がかかることがあるので注意して下さい。このような遅発性の筋肉痛は、ウエイトを下ろす動作（ネガティブの局面）の際に強い負荷をかけたり、動作をゆっくり行った時や、初めてのエクササイズやプログラムを開始した時などに起こりやすいといわれています。

　トレーニングの実施予定日が来たのに、筋肉

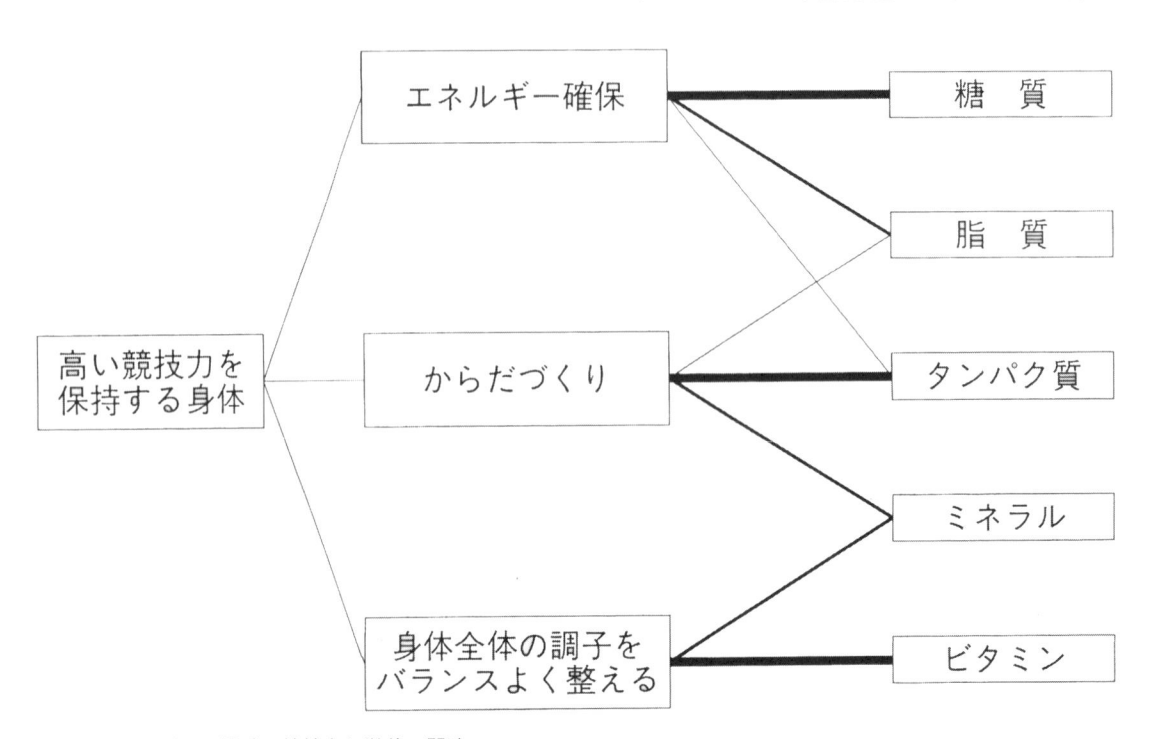

図2-16. スポーツ選手の競技力と栄養の関連

痛が回復しない場合には、その部位のトレーニング種目については、延期するか、強度や量を減らして行うようにします。初心者がウエイトトレーニングを実施する場合には、中2～3日程度の休養日を設け、週2～3回の実施を目安にするとよいでしょう。

> ポイント2-27．トレーニング部位や強度によって回復時間は異なる

表2-3に、トレーニング部位やトレーニングの強度による回復時間の違いの目安を示しました。一般的には、トレーニングの強度が強いほど回復に時間がかかります。また、トレーニング部位については、大腿部や胸部、背部のような大きい筋肉は回復に時間がかかり、腹筋やふくらはぎ、前腕のような小さい筋肉は、比較的早く回復しやすい傾向にあるようです。

表2-3．トレーニング部位や強度の違いによる回復日数の目安（マッスル＆フィットネス日本語版 Vol.55 1992年を改変）

	回復日数		
	低強度	中強度	高強度
下背部	3日	4日	5日
胸部 上背部 大腿部	2日	3日	4日
肩部 上腕部	2日	2.5日	3日
前腕部 下腿部 腹部	1日	1.5日	2日

※低強度：19RM、中強度：8～12RM、高強度：3～6RM

> ポイント2-28．垂直跳びの記録等が疲労回復の目安となる

超回復を把握するための方法としては、垂直跳びの記録や朝起きた時の安静時心拍数、血圧などを測定することが有効であるといわれています。特に、垂直跳びについては、日頃の練習やウォーミングアップの一環として実施しやすく、日々のコンディションの変化の目安として活用すると効果的です。垂直跳び以外にも、各スポーツの特徴を生かしたコンディションの把握方法を工夫してみると良いでしょう。

5．ウエイトトレーニングと食事

> ポイント2-29．ウエイトトレーニングを効果的に実施するためには
> ①タイミングのよいエネルギーの補給
> ②タンパク質の必要量の補給
> 　の2つが特に重要

スポーツ選手が高いレベルのパフォーマンスを発揮するためには、さまざまな栄養素をバランス良く摂取することが重要ですが、ウエイトトレーニングを実施する際には、特に、トレーニングに必要なエネルギーを十分補給することと、必要なタンパク質を十分に補給することの2つが重要なポイントといえます。

> ポイント2-30．練習の後にウエイトトレーニングを行う場合には、練習終了時に適量のエネルギーを補給する

図2-17はスポーツ選手の1日の血糖値の変動を示したものです。練習中には血糖値が大幅に低下し、練習終了時にはかなり低い水準になっています。せっかく練習後にウエイトトレーニングを実施しても、血糖値が低い状態では、筋肉の活動力はにぶり、トレーニングに対するやる気や集中力も低下しがちで、トレーニング効果も十分に得ることができません。練習とウエイトトレーニングは、実施する時間帯をできるだけ分けた方が効果的ですが、どうしても練習後にトレーニングを行いたい場合には、練習終了時に、水分の補給と共に果汁やエネルギードリンクのような胃腸に負担をかけずにすぐに血糖値が上がる食物を摂取し、しばらく休憩してからトレーニングを開始するとよいでしょう。

> ポイント2-31．ウエイトトレーニングの2～3時間前には食事を済ませておく

食事をした後に、あまり時間を空けずにウエイトトレーニングを実施すると、胃腸に負担がかかり、消化不良を起こす場合があります。ウエ

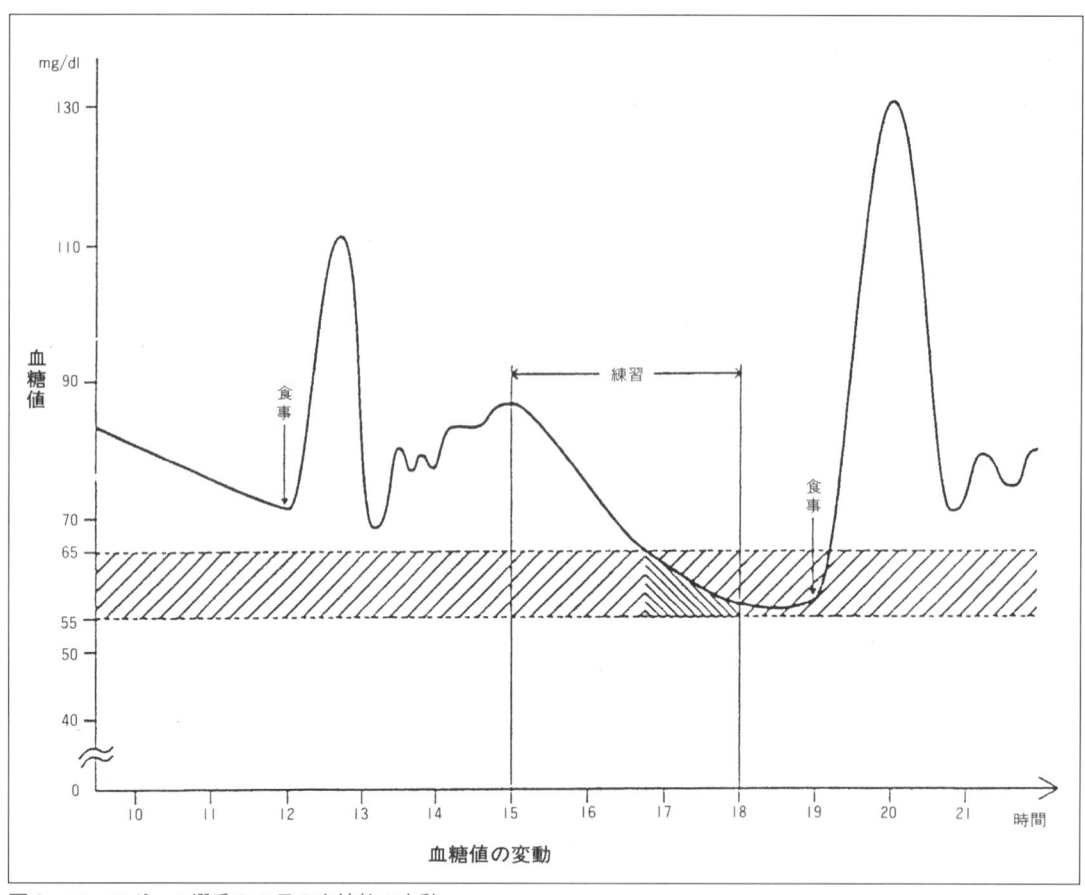

図2-17. スポーツ選手の1日の血糖値の変動

イトトレーニングの実施にあたっては、できれば3時間位前に食事を済ませておくことが理想的です。

> ポイント2-32. ウエイトトレーニングの実施にあたっては、1日に体重1kgあたり2g程度のタンパク質を摂取する

ウエイトトレーニングを実施すると、タンパク質の必要量が大幅に向上します。特に、スポーツ選手が筋力アップや筋肉づくりを目指す場合には、1日に体重1kgあたり2g程度のタンパク質を摂取することが必要です。タンパク質の必要量は体重に比例するため、体重の重い選手ほど多くのタンパク質を摂る必要があります。

合宿時などでは、体重や体格にかかわらず、おかずの量は同じで、足りない分をご飯のおかわりで補っていることが多いようです。これでは、体重の重い選手は、おかずから十分なタンパク質を摂取することができない上、ご飯を多く摂ることによってエネルギー源の過剰摂取になってしまう場合があります。体重の重い選手は、通常の食事で摂れない分のタンパク質を、単品のおかずや牛乳などを追加したり、プロテインパウダーなどの栄養補助食品を利用したりして不足分を補うようにします。

> ポイント2-33. タンパク質の摂取にあたり、選手に簡単な目安を提示する

選手に対して、タンパク質を1日何グラム以上摂りなさいと言ってもなかなか理解してくれません。そこで、選手には簡単な目安を提示するように工夫します。例えば、1食の中で、メインのおかずとして肉と魚の2品目のうち1品は必ず摂ること、それ以外に卵、豆類（納豆や豆腐でよい）、乳製品の3品目のうち2品目以上を摂るようにアドバイスする方法があります。非常に

図2-18. 骨格筋の内部構造（ハクスレー H.E., 1958）

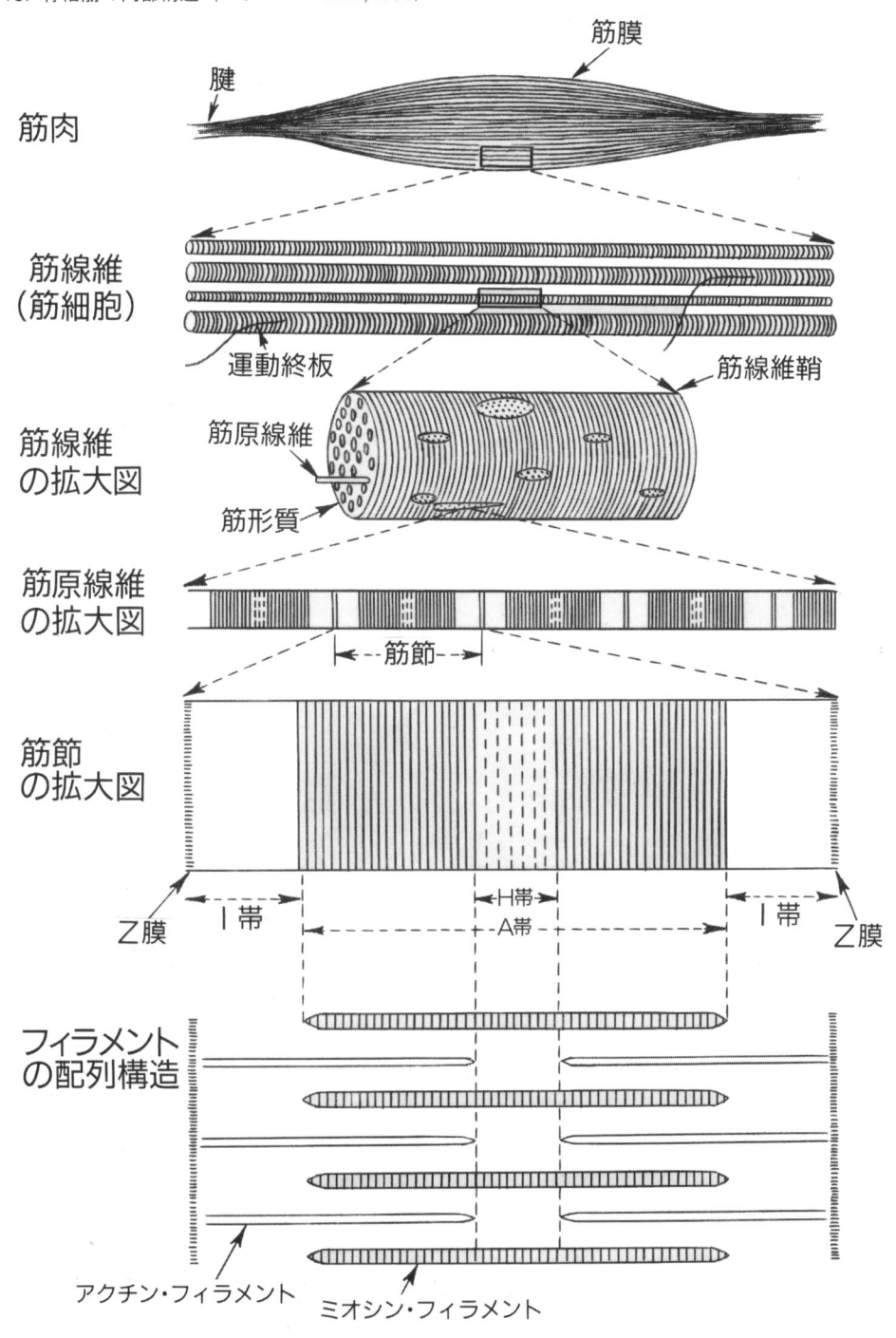

筋膜
腱
筋肉
筋線維（筋細胞）
運動終板
筋線維鞘
筋原線維
筋線維の拡大図
筋形質
筋原線維の拡大図
筋節
筋節の拡大図
Z膜
I帯
H帯
A帯
I帯
Z膜
フィラメントの配列構造
アクチン・フィラメント
ミオシン・フィラメント

単純な目安ですが、いったん理解すると、出された食事でタンパク質が十分摂れるか？、何が足りないのか？、何を付け加えたらよいのか？などについて選手自身が判断できるようになります。

ポイント2-34．タンパク質は各食事に分けて

タンパク質を含む食品を一度に大量に摂って

も、全てを吸収することができず、胃腸に負担をかけてしまうことになります。タンパク質は各食事でできる限り均等に分けて摂るように心がけます。

> ポイント2-35. タンパク質は、成長ホルモンの分泌のタイミングを考慮して摂ると効果的

　摂取したタンパク質が筋肉に合成される際には、成長ホルモンが深く関わっていますが、成長ホルモンの分泌は、ウエイトトレーニングの30分後～1時間後や就寝中に多くなるといわれています。成長ホルモンの分泌が活発になっているときに、血液中のアミノ酸（タンパク質が分解されたもの）濃度が高くなっていると、筋肉づくりに効果的です。
　食事としてタンパク質を摂取してから血中のアミノ酸の濃度が上がるまでには2時間程度かかるので、これから逆算して、トレーニングを1時間行う場合には、トレーニングの1～2時間前もしくは、就寝の2時間前くらいにタンパク質を補給しておくと良いでしょう。また、ウエイトトレーニングの直後にも、エネルギーの補給とともに、消化吸収に負担がかからない範囲でタンパク質を摂っておくことも効果的です。

6．知っておきたい筋肉についての基礎知識

> ポイント2-36. 筋肉の収縮は、筋原線維内のアクチンがミオシンに引き込まれることによって発生する

　脳からの命令や反射の作用によって、神経系から筋肉が刺激を受けると、筋原線維内のアクチンがミオシン側に滑走し、結果として筋線維の収縮が起こります。

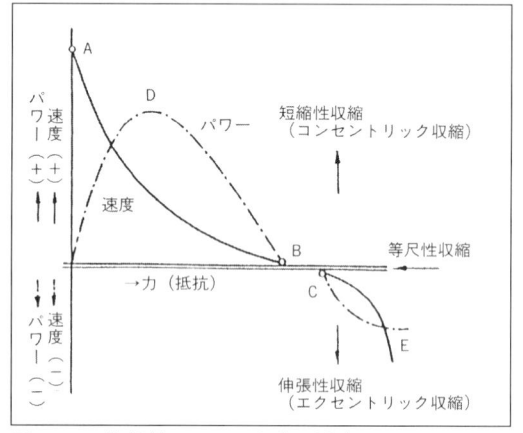

図2-19. 筋収縮のパワーと力、速度
A：空振り最大速度、B：等尺性筋力、C：耐筋力（Bより約30％大）、D：最大パワー（最大筋力の3分の1の負荷のとき）、E：伸張性収縮の速度増に伴う力とパワーの増加（金子公宥；パワーアップの科学、朝倉書店、1988）

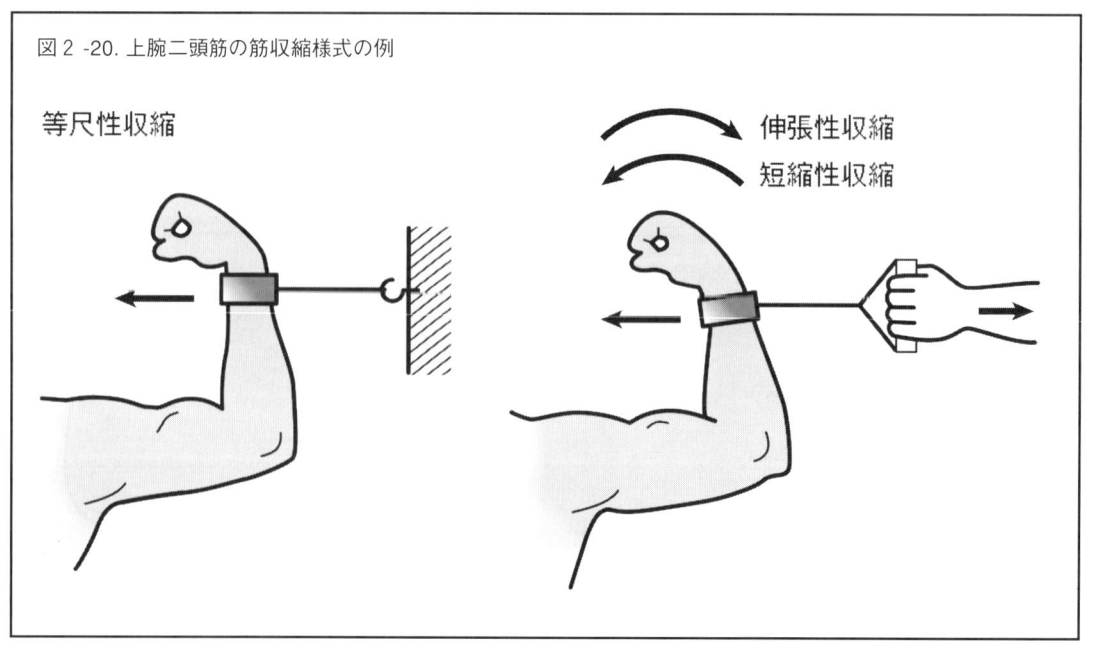

図2-20. 上腕二頭筋の筋収縮様式の例

等尺性収縮

伸張性収縮
短縮性収縮

第2章　ウエイトトレーニングの指導に必要な基礎知識

> ポイント2-37．筋肉の収縮様式とトレーニング
> 静的な筋収縮によるトレーニング
> 　　等尺性収縮(アイソメトリックコントラクション)
> 　　　…アイソメトリックトレーニング
> 動的な筋収縮によるトレーニング
> 　　等張力性収縮(アイソトニックコントラクション)
> 　　　…アイソトニックトレーニング
> 　　短縮性収縮(コンセントリックコントラクション)
> 　　　…ポジティブトレーニング
> 　　伸張性収縮(エクセントリックコントラクション)
> 　　　…ネガティブトレーニング
> 　　等速性収縮（アイソキネティックコントラクション)
> 　　　…アイソキネティックトレーニング

> ポイント2-.38　筋肉の長さを変えずに静的に力を発揮する際の筋収縮様式を等尺性収縮（Isometric Contraction・アイソメトリックコントラクション）と呼び、このような筋収縮によるトレーニングをアイソメトリックトレーニングと言う。

ウエイトを持って静止した状態や、関節の角度を一定にして動かないもの（壁など）を押した時のように、筋肉が長さを変えずに力を発揮する際の筋収縮の形態を等尺性収縮（Isometric Contraction・アイソメトリックコントラクション）と呼び、このような筋収縮によるトレーニングをアイソメトリックトレーニングと言います。

スポーツのさまざまな動作の中では、動的な筋収縮が中心となりますが、一定の姿勢やフォームを保持したりする際には静的な筋力が重要となります。特に腰部は、さまざまなスポーツ動作において、一定の姿勢を保持することが要求される場合が多く、脊柱起立筋群や腹筋には等尺性筋力が必要であると考えられます。

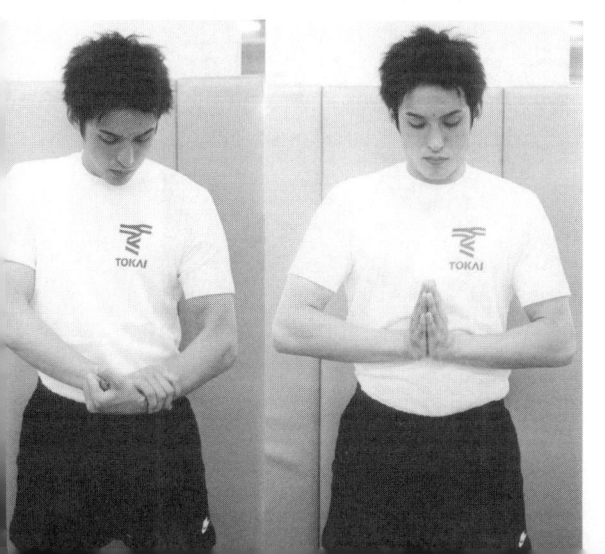

> ポイント2-39．筋肉の長さを変化させながら動的に力を発揮する際の筋収縮様式を等張力性収縮(Isotonic Contraction・アイソトニックコントラクション)と呼び、このような筋収縮によるトレーニングをアイソトニックトレーニングと言う。

バーベルの上げ下ろしの動作のように、ある一定の負荷がかかった状態で動作を行う場合、筋肉はその長さを変化させ、伸び縮みしながら力を発揮します。このように一定の負荷条件の下で、筋肉の長さが変化しながら力を発揮している状態の筋収縮様式を等張力性収縮(Isotonic Contraction・アイソトニックコントラクション)と呼び、このような筋収縮によるトレーニングをアイソトニックトレーニングといいます。

> ポイント2-40．筋肉が短縮しながら力を発揮する際の筋収縮様式を短縮性収縮（Concentric Contraction・コンセントリックコントラクション)と呼び、このような筋収縮によるトレーニングをポジティブトレーニングと言う。
> また、筋肉が伸張しながら力を発揮する際の筋収縮様式を伸張性収縮(Eccentric Contraction・エクセントリックコントラクション)と呼び、このような筋収縮によるトレーニングをネガティブトレーニングと言う。

手にダンベルを持って、肘を曲げてバーベルを持ち上げる動作の際には、上腕二頭筋は短縮し、力こぶを作りながら力を発揮しています。このような筋肉の収縮様式を短縮性収縮（Concentric Contraction・コンセントリックコントラクション)と呼び、この筋収縮によるトレーニングをポジティブトレーニングといいます。一方、肘を曲げた状態から、ダンベルを脱力せずにゆっくりとコントロールしながら下ろす動作の際には、上腕二頭筋は引き伸ばされながら収縮しています。このような筋肉の収縮様式を伸張性収縮(Eccentric Contraction・エクセントリックコントラクション)と呼び、この筋収縮によるトレーニングをネガティブトレーニングといいます。

しゃがんだ状態で静止してからジャンプしたり、止まった状態からのスタートダッシュや加速の局面などでは、短縮性収縮の筋力やパワーが必要となります。一方、ジャンプからの着地やダッシュからのストップや方向転換などの局面では、伸張性収縮の筋力やパワーが必要となり

41

図2-21. ウエイトトレーニングにおける上腕二頭筋の短縮性収縮と伸張性収縮

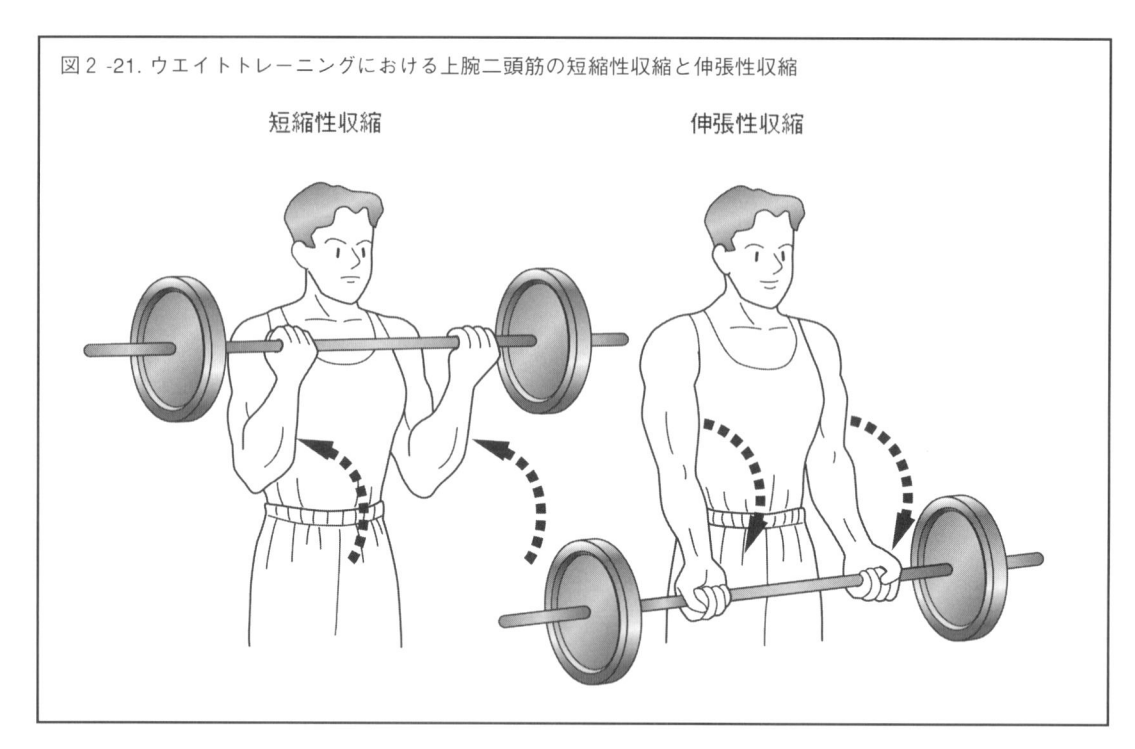

短縮性収縮　　　　　　　伸張性収縮

ます。

なお、伸張性収縮を強調して行うネガティブトレーニングは、通常のトレーニングよりも筋肉へのダメージが大きく、筋肉痛が発生しやすいといわれており、実施にあたっては、十分な配慮が必要です。

> ポイント2-41．一定の速度で行われる動的な筋収縮を等速性収縮（Isokinetic Contraction・アイソキネティックコントラクション）と呼び、このような筋収縮によるトレーニングをアイソキネティックトレーニングと言う。

ウエイトを持って加速をつけずに一定の速度で動作を行ったり、動作スピードを規定できるトレーニング器具を使用してトレーニングを行う際には、筋肉が一定のスピードで収縮を行っています。このような筋収縮様式を等速性筋収縮（Isokinetic Contraction・アイソキネティックコントラクション）と呼び、このような筋収縮によるトレーニングをアイソキネティックトレーニングといいます。アイソキネティックトレーニングを正確に行うためには、高額なトレーニング機器が必要となりますが、油圧シリンダーの抵抗を利用した油圧式トレーニングマシンや電磁抵抗を利用したトレーニングマシンなどにより等速性筋収縮に近い状態でトレーニングを行うことができます。これらのトレーニング機器では、動作を開始してあらかじめ設定したスピードに到達すると、いくら全力で力を発揮しても、それ以上のスピードに加速できないようになっており、一定スピードに制限された条件の中で、さらにそれ以上速く動作を行おうとすることによって、反作用の働きで筋肉に負荷がかかることになります。

アイソキネティックトレーニング機器による

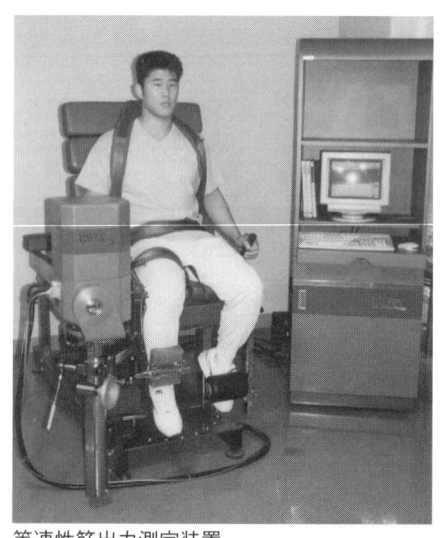

等速性筋出力測定装置

図2-22. プライオメトリック・トレーニングの代表例
（台から飛び降りてから行うデプスジャンプ）

トレーニングでは、動作中にネガティブな局面（伸張性収縮）がないため、筋肉痛が起こりにくいという特徴があります。

　水中における運動では、水の抵抗によって等速度に近い動作が行われるため、トレーニング手段としてアイソキネティックトレーニングが行われる場合があります。しかし、水泳以外の他のスポーツにおいては、等速性筋収縮がほとんどみられないことから、筋力の発揮特性を詳しく測定したい場合や、傷害のリハビリテーションを目的とした場合を除き、競技力向上のためのトレーニング手段としてはあまり用いられていません。

> ポイント2-42. 伸張性収縮から短縮性収縮へのすばやく切り返す筋収縮サイクルを行うトレーニングをプライオメトリックトレーニグという。

　垂直跳びでは、しゃがんで静止した状態からジャンプするよりも、直立した状態から、一旦しゃがんですぐにジャンプを行ったほうが高く跳ぶことができます。ジャンプを行う前に一旦しゃがむ動作を行うことによって、ジャンプを行うために使用される大腿部や臀部の筋肉が瞬間的に引き伸ばされます。筋肉が引き伸ばされると、伸ばされ過ぎて筋肉が損傷を起こすのを防止するための安全装置として、伸張反射という神経系の機構によって、引き伸ばされた筋肉を収縮しようとする働きが起こります。このような伸張反射が起こったときにタイミングよくジャンプを行うと、通常よりも高く跳ぶことが可能となります。

　プライオメトリックトレーニングは、瞬間的に大きなパワーを発揮する能力、すなわち爆発的パワーの発揮能力を高めるための有効な手段とされていますが、筋肉を一旦伸張させてすばやく切り返す際に、瞬間的に非常に大きな衝撃が加わります。このため、特にジャンプ動作によるプライオメトリックトレーニングを実施する際には、スクワットで体重の1.5倍の重量を上げられるくらいの脚筋力が必要であると言われています。

> ポイント2-43. 最大筋力向上のための要因
> ①神経系の機能的改善：同時に多くの筋線維を動員させる能力を養う
> ②筋肉の肥大：筋線維の収縮力を高めるためには、筋線維のサイズを増大させることが必要
> ③その他：効率のよいフォームの習得、各部位の筋力を協調的に発揮する能力の改善

　最大筋力を向上させるためには、まず、動作中に使用する筋肉内のより多くの筋線維を同時に動員させることができるように神経系の機能を高める必要があります。このためには、重い重量を用いて、集中して全力でトレーニングを行い、いままで動作中に働いていなかった筋線維を運動に動員できるようにしていきます。ただし、神経系の機能の改善にはおのずと限界が訪れるので、もう一つの方向性として、一本一本の筋線維のサイズを太くして筋肥大させ、収縮力を強めることが必要となってきます。スポーツ選手が大きな筋力を身につけるためには、筋力発揮の基盤としての一定レベルの筋肥大と、筋に命令を送る神経系の改善の両方の要素が必要であるといえます。

　なお、外部に筋力を発揮する際には、一つの筋

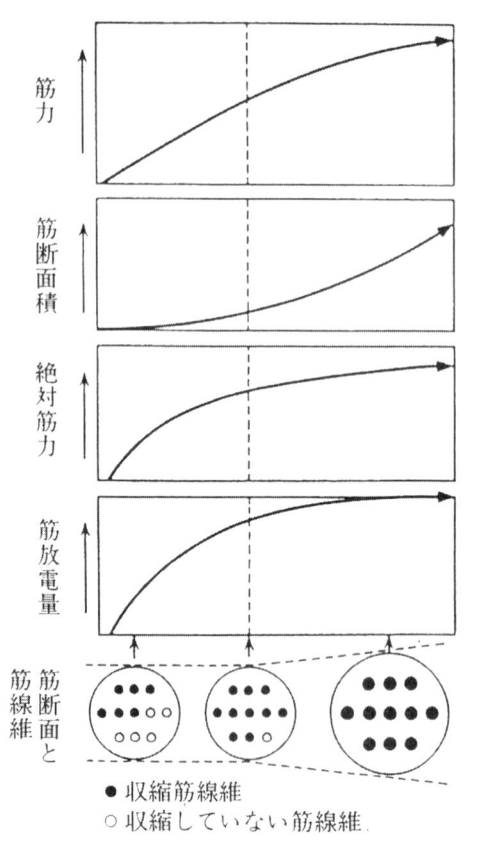

図2-23. 筋力トレーニングの効果を示す模式図（福永、1976）

肉だけでなく、いくつもの複数の筋肉が使用されるため、筋出力を高めるためには、各部位の筋力を協調的に発揮する能力や、筋力を発揮しやすい効率的な動作を身につけることも重要な要素といえます。

> ポイント2-44. 筋肉の持つ潜在的な能力も含めた能力の上限を生理的限界、通常の状態で実際に発揮できる筋肉の能力の上限を心理的限界という

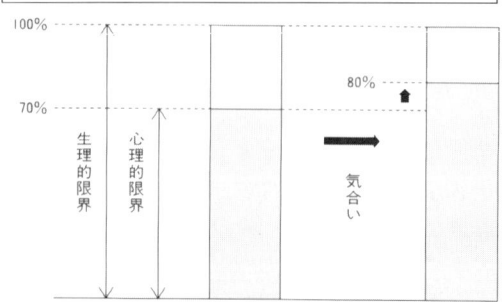

図2-24. 気合いによる心理的限界の向上の模式図
筋力は神経系のはたらきに大きな影響を受けている

筋肉に強い電気刺激を与えた時のように、その能力の最大限の収縮を行った場合には、筋肉や腱自体が損傷を起こしてしまう危険性があります。このような危険を避けるための安全装置として、神経系が抑制の働きをしています。

筋肉の持つ潜在的な能力も含めた能力の上限を生理的限界、実際に発揮できる筋肉の能力の上限を心理的限界と呼んでいますが、一般的には、生理的限界を１００％とすると、心理的限界は７０％程度といわれています。心理的限界は、「火事場の馬鹿力」のようにきわめて高い興奮状態になったときに高められるため、筋力やパワーの向上を目的としたウエイトトレーニングを行う場合には、できるだけ集中してテンションを高めた状態で、全力で動作を行うことが大切です。

> ポイント2-45. ある動作を行う際に、主力となる筋肉を主働筋、主働筋と一緒に補助的に働く筋肉を共働筋、主働筋と反対の動作を行う筋肉を拮抗筋という。また、ある動作を行う際に固定的に働く筋肉を固定筋という。

ウエイトトレーニングの動作中に、主力として働く筋肉を主働筋といいます。また、動作中に補助的に働く筋肉を共働筋といいます。共働筋は、主働筋ほどの力を発揮しませんが、主働筋の働きを助けたり、動作の微妙なコントロールなどに必要な筋肉です。例えば、ベンチプレスの動作の際には、大胸筋が主働筋となり、三角筋や上腕三頭筋が共働筋として作用しています。

拮抗筋とは互いに反対の動きの働きをする筋肉のことで、肘を屈曲する働きを持つ上腕二頭筋に対して、肘を伸展させる働きを持つ上腕三頭筋は、互いに拮抗筋の関係ということになります。上腕二頭筋が収縮する際には、拮抗筋である上腕三頭筋は反射的にリラックスしますが、このような働きを相反性神経支配と呼んでいます。

ある部位の動作を行う際にこれを支える作用をする筋肉のことを固定筋と呼んでいます。例えば、立った状態で行うアームカールやプレス動作などのエクササイズでは、常に姿勢を保つことが必要となるため、腰背部の姿勢の維持に関わる脊柱起立筋群は固定筋ということになります。

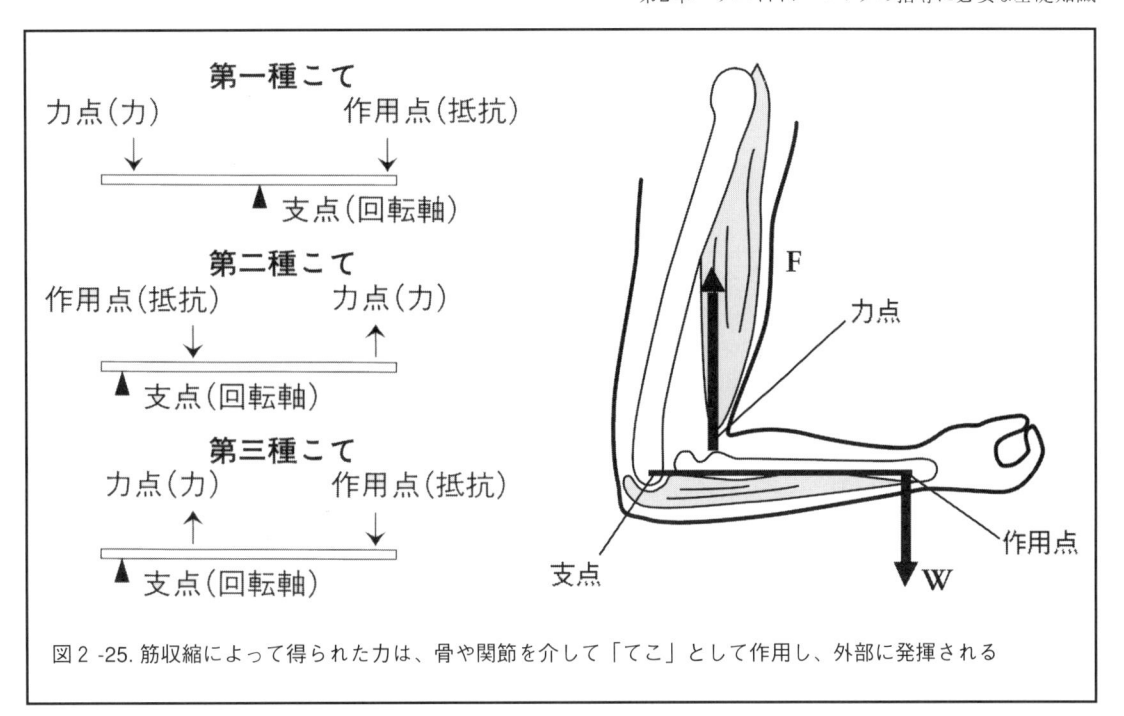

図2-25. 筋収縮によって得られた力は、骨や関節を介して「てこ」として作用し、外部に発揮される

ポイント2-46. 筋収縮によって得られた力は、骨や関節を介して「てこ」として作用し、外部に発揮される

　筋肉が収縮することによって得られた張力は、腱を介して骨に作用し、さらに関節が動くことによって、力として外部に発揮されます。筋肉の骨への付着部（起始、停止）や骨格及び関節の仕組み、そしてこれらの「てこ」の作用を理解することは、ウエイトトレーニングのエクササイズの選択やフォームのチェックを行う上で非常に重要なことです。「てこ」には、3つの種類があり、身体の部位によって「てこ」の種類が異なっています（図2-25）。

7．ウエイトトレーニングの基本原則

ポイント2-47. ウエイトトレーニングにおいて重要な2大原則
①漸進的過負荷の原則
②特異性の原則（SAIDの原則）

　ウエイトトレーニングのプログラム作成や日々の実践において重要な原則として、以下の2つの項目があげられます。
　1つは漸進的過負荷（Progressive Over Load)の原則です。トレーニングの諸条件は現在のレベルよりもややきつめに設定し、向上がみられたらこれに応じて少しずつ条件を高めていくことが重要であることを意味しています。どんなにまじめにトレーニングに取り組んでも、条件が軽すぎたりきつすぎたりすれば、効果の低下や傷害を引き起こす危険性も考えられます。また、トレーニング条件は、効果に応じて少しずつ変更していくことが大切であり、いきなり条件をきつくしたのでは、期待した効果を上げることはできず、効果が上がっているのに条件がそのままではそれ以上の効果を得ることができません。
　2つ目は、特異性の原則（SAIDの原則）です。SAIDとは、Specific Adaptation to Imposed Demandsの頭文字をとったもので、「生体は課された条件に応じた適応をする（目的に合った条件でトレーニングを行うことが重要である）」ということを意味します。特に、パフォーマンスの向上を直接ねらった専門的レーニングを実施する場合には、トレーニング条件の設定を誤ると、パフォーマンスの向上が得られないばかりか、マイナスになることもあるので注意が必要です。

> ポイント2-46．ウエイトトレーニングを実施する上で配慮したいその他の主な原則
> ①個別性の原則
> ②継続性（反復性）の原則
> ③全面性の原則
> ④意識性の原則

　個別性の原則とは、トレーニングを実施する選手の身体的特徴やトレーニング目的等の個人的条件を十分考慮して、トレーニング方法を決定することです。チーム単位のトレーニングでは、プログラムの個別性がおろそかにされがちなのでさまざまな配慮が必要となります。

　継続性（反復性）の原則とは、長期にわたって規則正しくトレーニングを継続していくことを指しています。ただし、単にトレーニングを継続するだけでは十分な効果を得ることはできません。長期的な展望に基づく計画的なプログラムが必要となります。

　全面性の原則とは、各競技のパフォーマンスの向上や傷害の予防に必要なさまざまな要素について、弱点がないようにまんべんなく強化を図っていくことを意味します。特に高校生や初心者レベルの選手にとって重要な項目であるといえます。

　意識性の原則とは、トレーニングの目的や動作のポイント等を十分意識してトレーニングを行うことが重要であることを意味します。例えば、最大パワーの向上を目的としたトレーニングにおいて、重量や回数の設定は正しくても、動作をゆっくりと行ったのではねらいとした効果を得ることができません。

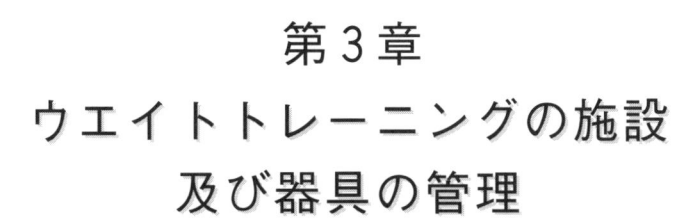

第3章
ウエイトトレーニングの施設
及び器具の管理

1．ウエイトトレーニング器具の基礎知識

ポイント3-1．フリーウエイトとは、バーベルやダンベルのことを指す。

　フリーウエイトとは、バーベルやダンベルのことを指します。これらの器具を用いた場合、文字通りフリーな（自由な）軌道で動作を行うことができるため、このような名前で呼ばれています。フリーウエイトには、バーベルやダンベルを使用する際に用いるベンチやラック類なども含まれ、これらを総称して「フリーウエイト機器」と言う場合もあります。

　スポーツ選手がトレーニングを行う場合には、回転式のオリンピックバーベル（全長2.2m、重量20kg、使用するプレートの内径50mm）を使用するのが理想的です。特に、パワークリーンのようなクイックリフトを実施する際には、手首に負担がかからず、ケガをする危険が少なくなります。また、スクワットやベンチプレスといった基本エクササイズについても慣れれば非常に行いやすくなります。バーベルカールなどの小筋群のエクササイズでは、非回転式のバー（全長1.2m～1.8m、7.5～15kg、プレート内径28mm）の短いバーを使用する場合もあります。

　バーベルを使用する場合には、プレートがずれたりずれたりしないようにカラー（留め金）を必ず使用するようにします。

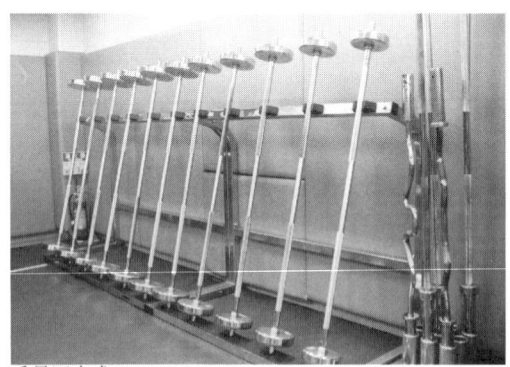

重量固定式バーベル

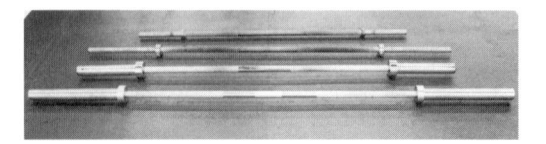

バーベルには回転式のオリンピックバーベル（下の2本）と非回転式のバーベル（上の2本）がある

　ダンベルについては、重量調節式のものと、重量固定式のものがありますが、重量調節式のものは使い勝手が悪く、トレーニング中にプレートがはずれる危険性が高いので注意が必要です。

重量固定式ダンベル

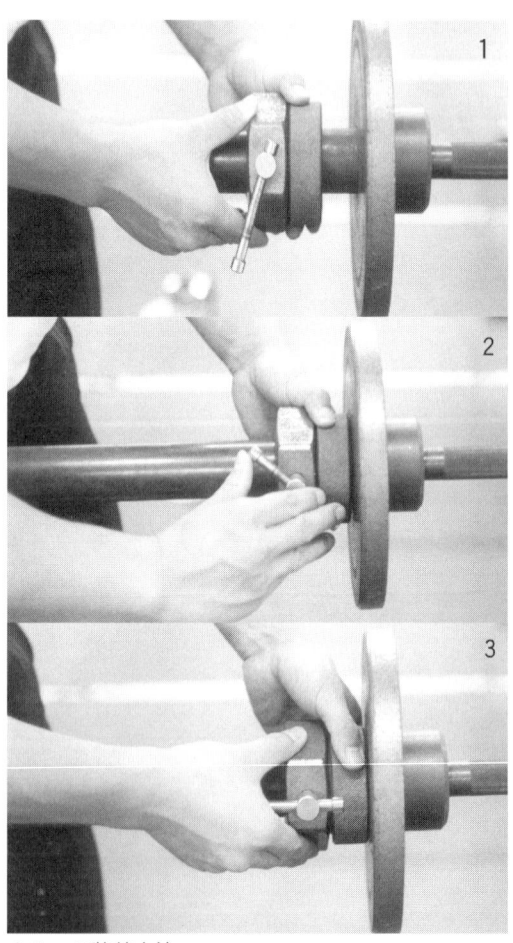

カラーの装着方法
1．リングを内側にしてセットする。2．ネジをしっかりと締める。3．プレートのゆるみがある場合はリングを内側にねじ込む

第3章　ウエイトトレーニングの施設及び器具の管理

作が行えるためバリエーションが豊富です。また、使用する重量が目で見て実感できるため、トレーニングの達成感も非常に大きいといえます。さらに、フリーウエイトによるトレーニングでは、ウエイトを保持してバランスをとりながら動作を行うため、重力や慣性をコントロールする能力を養うことができ、スポーツ競技に実用性の高いトレーニングが可能となります。このようにスポーツ選手にとって、フリーウエイトには多くの長所がありますが、フォームの習得に時間がかかり、補助者をつけるなどの安全面の配慮が必要であるなどの短所もあります。

一方、トレーニングマシンは、フリーウエイトとほぼ反対の特徴を持っており、安全性はきわめて高く、フォームの習得も比較的簡単ですが、フリーウエイトに比べてトレーニングの達成感が低く、スポーツの専門性を配慮した条件によるトレーニングが行いにくいなどの欠点があります。

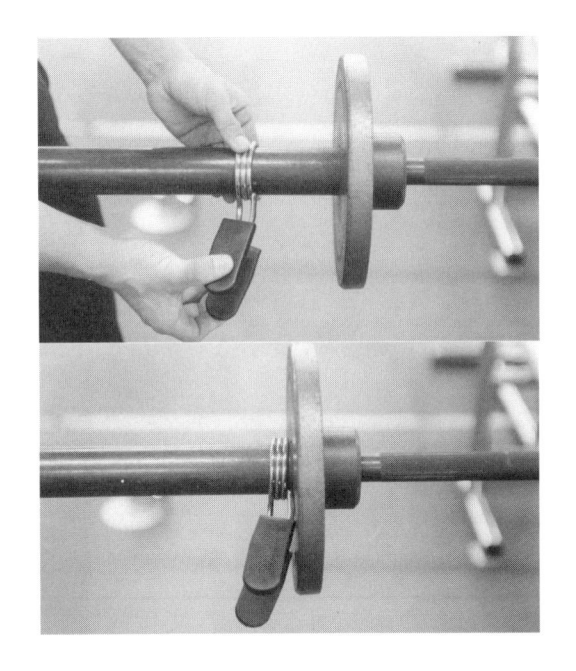

> ポイント3-2．フリーウエイトとトレーニングマシンの特徴

フリーウエイトとトレーニングマシンには、それぞれ長所と短所があります。トレーニングプログラムの作成や実施にあたっては、両者の長所を生かすことが重要です。

フリーウエイトは、一つの器具で非常に多くのエクササイズが可能であり、自由な軌道で動

> ポイント3-3．トレーニングマシンの負荷抵抗の手段としては、ウエイトスタック方式、油圧抵抗方式、空気圧抵抗方式、電磁抵抗方式などがある

トレーニングマシンの負荷抵抗方式としては、板状のおもりを積み重ね、ピンを差し込むことによって負荷の調節を行うウエイトスタック方式のトレーニングマシン、油圧シリンダーの負

表3-1．フリーウエイト（バーベル、ダンベル）とトレーニングマシンの比較
　　　（プログラムの作成にあたっては、それぞれの長所を活かすように工夫する）

	フリーウエイト	トレーニングマシン
安全性	注意が必要	きわめて高い
補助者	必要	ほとんど不要
フォームの習得	時間がかかる	たやすい
種目のバラエティー	非常に多い	少ない
動作の軌道	自由	ほとんど一定
達成感	高い	低い
負荷のかかる方向	重力方向のみ	さまざまな方向
重力や慣性をコントロールする能力	養いやすい	養いにくい
コーディネーション	養いやすい	養いにくい
特殊な負荷	かけにくい	かけやすい

ウエイトスタック方式 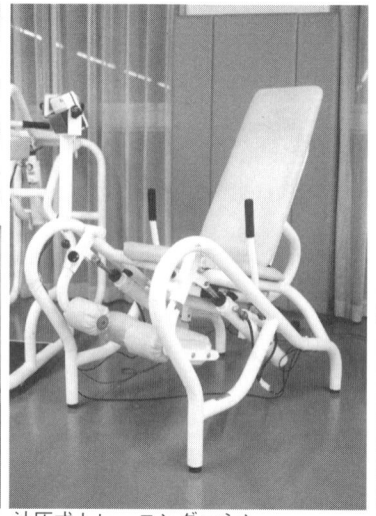　　　　　　油圧式トレーニングマシン 　　　　電磁抵抗方式トレーニングマシン

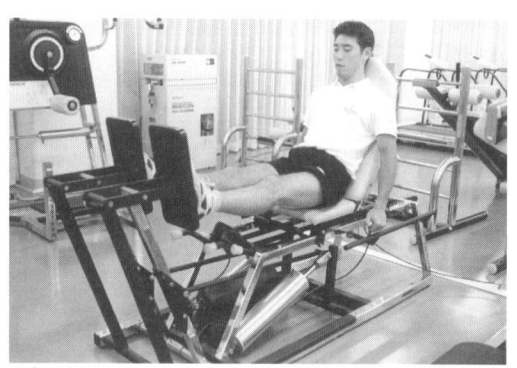

空気圧式トレーニングマシン

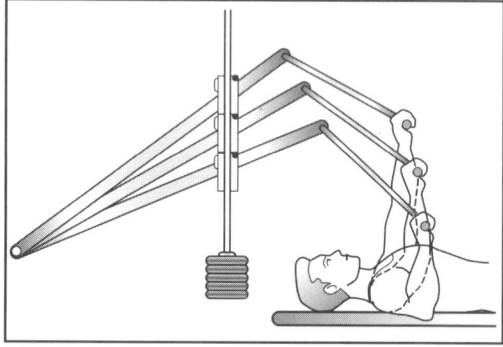

図3-1．ピボットマシンにおける可変抵抗システム
（挙上するに従ってグリップに加わる負荷が強くなる）

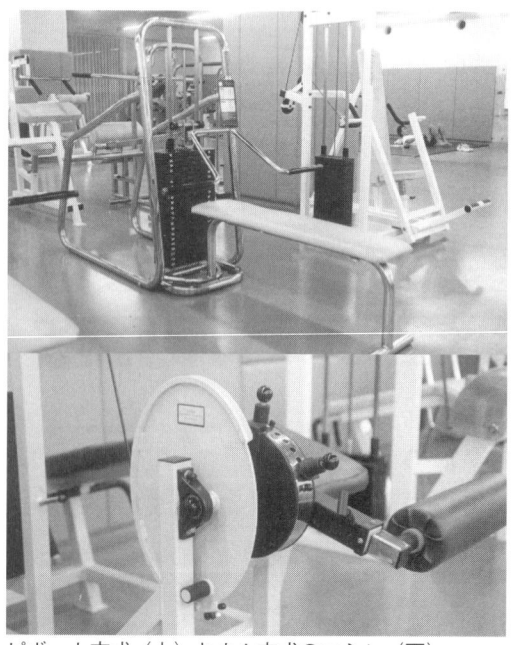

1：ウエイトスタック方式トレーニングマシン
　　一定抵抗（ダイナミック・コンスタント・レジスタンス，DCR）
　　可変抵抗（ダイナミック・バリアブル・レジスタンス，DVR）
2：油圧抵抗方式トレーニングマシン
3：空気圧方式トレーニングマシン
4：電磁抵抗方式トレーニングマシン
5：その他の抵抗方式（摩擦抵抗など）によるトレーニングマシン

表3-2．負荷抵抗方式によるトレーニングマシンの分類

荷抵抗を利用した油圧式トレーニングマシン、エアーコンプレッサー装置からシリンダー内に空気を送り込み、これを負荷抵抗として利用した空気圧式トレーニングマシン、モーターの負荷を利用した電磁抵抗方式トレーニングマシンなどがあります。これらのマシンの中では、ウエイトスタック方式のトレーニングマシンが最も普及していますが、この理由としては、他の負荷

ピボット方式（上）とカム方式のマシン（下）

図3-2. カム式マシンにおける可変抵抗システム（楕円形の回転板により動作中の負荷が変化する）

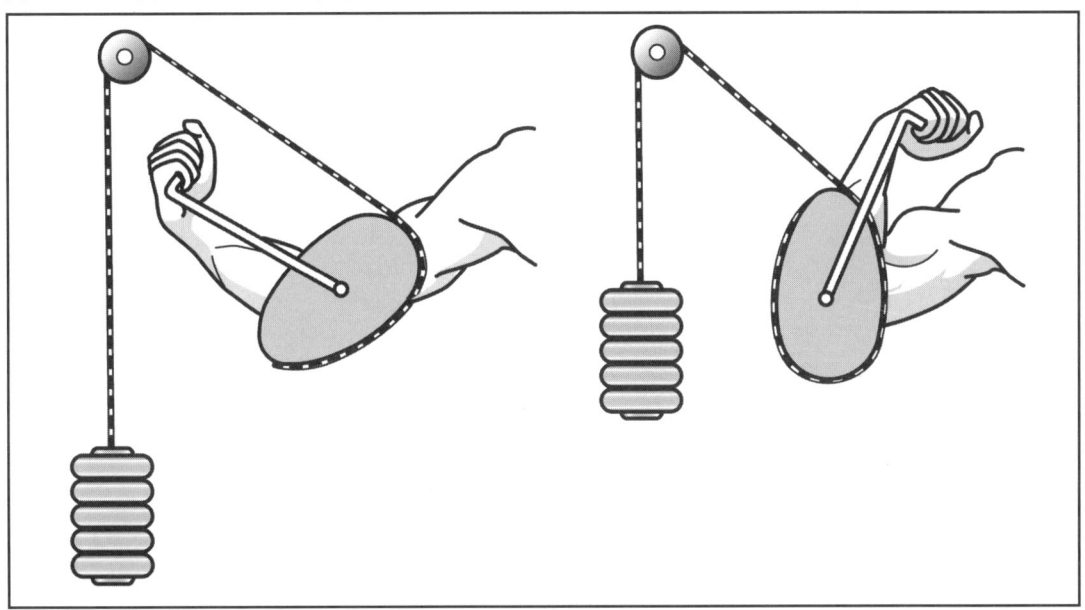

方式のマシンに比べて、実際の競技場面における負荷のかかり方との関連性があること、最大挙上重量やトレーニングで用いる重量が明確に把握できること、負荷の大きさが視覚的に確認できるためトレーニング中の実感が沸きやすく達成感も高いこと、などがあげられます。

ポイント3-4. トレーニングマシンの負荷の伝達の手段としては、主にピボット方式とカム方式の主に2種類がある。また、動作中に一定の負荷がかかる一定抵抗方式のタイプと動作中に負荷が変化する可変抵抗方式2つののタイプがある

トレーニングマシンの負荷伝達の手段としては、主に2つの種類があります。1つは、片側が固定されたバーの先端を握り、固定部とグリップの間に負荷となるウエイトスタックがあるタイプで、固定された部分が支点となって回転することから、ピボットマシンと呼ばれています。もう1つは、ウエイトスタックの上端につながれたケーブルが円形の滑車（プーリー）やカムと呼ばれる楕円形の回転板（カム）を介してトレーニング者との接点につながっているタイプで、カムマシンと呼ばれています。

トレーニングマシンには、動作中に負荷が変化しない一定抵抗（Dynamic Constant Resistance：DCR方式)のタイプと、動作中に負荷が変化する可変抵抗（Dynamic Variable Resistance：DVR方式)の2つのタイプがあります。可変抵抗のシステムは、関節角度によって発揮できる筋力に違いがあることから、強い力が発揮できる動作範囲では強い負荷がかかり、発揮できる力が弱まってしまう動作範囲では負荷が軽減されるように配慮されています。ピボットマシンの場合には、ウエイトスタックの負荷が加わる部分が挙上動作に伴ってグリップの方に近づいていくため、グリップにかかる負荷が強くなっていきます（図3-1）。また、カムマシンの場合には、楕円形の回転板の外側をケーブルが通過する際に負荷が調節される仕組みになっています（図3-2）。

2. トレーニング施設と器具の整備とメンテナンス

ポイント3-5. トレーニング場所（施設）を確保するための4つの方法
①既存の場所をトレーニングルームとして利用する
②新規にトレーニングルームを設置する
③一時的に器具を出してトレーニングするスペースと器具の保管場所を確保する
④外部の施設を利用する

> ポイント3-6．トレーニングルームのスペースは、1人あたり最低2．5㎡
> 1台の器具のスペースは1台あたり4．5㎡を目安とする

　これから器具をそろえようと考えている場合には、予算の捻出の前に、まずは既存の施設の中にトレーニング器具を設置できるスペースがあるかどうか検討してみて下さい。器具を常設したトレーニングルームをつくりたい場合には、どんな場所が考えられるでしょうか？学校の場合には、体育館の観覧席やフロアーサイド、踊り場、ピロティー、器具庫、空き教室などが候補としてあげられます。できるだけ雨がかからず、湿度の低い場所が理想です。

　もし、既存の施設に器具を設置できる場所がない場合には、どうしたらよいでしょうか。予算が豊富にあれば、トレーニングルームを新築することも考えてみましょう。高校の中には、父兄の協力でグラウンドの片隅にプレハブのトレーニングルームを作ったケースもあります。

　どうしても器具を常設する場所がない場合には、一時的に器具を出してトレーニングするスペースと器具を保管する場所が確保できるかどうか検討してみましょう。トレーニングルームのスペースは、1人あたり少なくとも2.5㎡は必要です（ＮＳＣＡのガイドラインではリフター1人あたり2.8～5.6㎡）。20名の選手が同時にトレーニングを行いたい場合には、最低50㎡（約15坪）の広さが欲しいところです。

　トレーニングを行うスペースがどうしても確保できない場合や、器具を購入する予算がとれない場合には、周辺の公共や民間のトレーニング施設を利用する方法もあります。公共施設であれば、1回ごとに比較的安い料金で利用できます。また、民間の施設では、チーム単位で契約したり、混雑しない時間帯だけの利用にすると料金が割安になる場合もあります。外部の施設を利用する場合には、料金や交通の便を検討すると共に、必要な器具がそろっているか？施設に熱心な指導者がいるか？などについてもチェックしておくようにします。

> ポイント3-7．学校において施設を整備したい場合
> ①複数のクラブの共同の予算で購入する
> ②複数のクラブが所有する器具を一ヶ所に集め、不足分の器具を購入する

　学校内の1つのクラブの単独の予算でトレーニング器具をそろえることは大変困難なことです。このような場合には、学校内の他のクラブに呼びかけて、共同の予算で長期的に少しずつ器具を購入していく方法を採ると良いでしょう。また、多くのクラブの同意が得られれば、各クラブが個別に保有していたトレーニング器具を一ヶ所に集め、どうしても足りない器具だけを購入する方法もあります。

> ポイント3-8．トレーニング器具の整備にあたっては、施設の広さ、同時にトレーニングを行う人数、実施したいプログラム、予算などの条件を踏まえ、フリーウエイト機器を中心に優先順位をつけてそろえていく

　20名が同時にトレーニングを行うためにそろえたい器具の目安は、
①バーベルシャフトとカラー（回転式：6セット、非回転式：2セット）
②プレート：各バーベルシャフトに20、15、10、5、2.5、1.25kg 各2枚ずつ
③ダンベル：1～20kg（2kgきざみで2個ずつ）
④ベンチプレスラック：2台
⑤スクワットラック：2台
⑥フラットベンチ：2台
　その他予算があれば、レッグカールマシン、ラットマシン各1台
といったものを揃えたいところです。

　限られた予算を有効に使うためには、どうしてもそろえておきたい器具や、購入の優先順位を知っておく必要があります。価格が安くても、耐久性や機能に問題がある場合がありますので、選定にあたっては十分に検討する必要があります。特に、高額なトレーニングマシンを購入する場合には、買ってから後悔しないように、実際に使ってみたり、すでにそのマシンを購入したユーザーに評判を聞いてみることが必要です。

　最低限そろえたい器具としては、バーベル、プレート、カラー、ダンベル、ベンチプレス台、スクワットラック、フラットベンチなどのフリーウエイト機器が挙げられます。バーベルについては、予算の許す限り回転式のオリンピックバーをそろえるようにします。

第3章　ウエイトトレーニングの施設及び器具の管理

図3-3．大規模トレーニング施設のレイアウト（東海大学トレーニングセンター総床面積1050平方ｍの例）

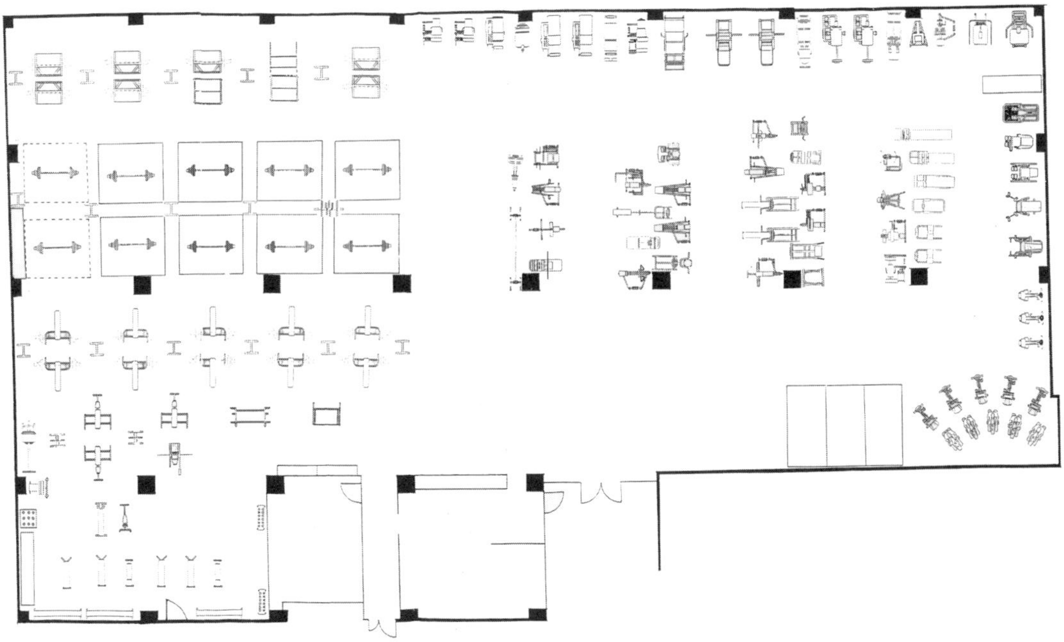

　ベンチプレス台やスクワットラックについては、通信販売などで安価なものが出回っていますが、耐荷重が非常に小さかったり、構造の弱いものが多いようです。多少価格に目をつぶっても、耐久性にすぐれた本格的なものを購入した方が最終的には得になります。

　スクワットラックは、バーベルを挙上できなくなった場合の安全のために、身長に合わせて高さが変えられる補助ラックがついたものを選ぶようにします。その他、プレートやダンベルを整理して収納するためのラックもそろえておくと便利です。

　トレーニングマシンについては、予算に余裕がある場合に優先順位をつけてそろえていきます。例えば、レッグカールを行うためのレッグカールマシンやラットプルダウンを行うためのラットマシンなどは、プログラムでは基本種目としてよく採用されるエクササイズですが、フリーウエイトでは実施しにくい動作ですので、このような器具を優先して購入を検討するようにします。

ポイント3-9．トレーニングルームの器具のレイアウトの際には、同系統の器具をまとめて設置する。また導線の確保、補助者や待機者やのスペースの確保、利用者の密集防止、各器具や壁との間隔、ラック類や鏡の配置等に配慮する。

　トレーニングルームの器具のレイアウトの基本的ガイドラインについて以下に説明します。
①同じ部位や動きのエクササイズを行う器具は原則としてまとめて配置する
②基本エクササイズ（ベンチプレス、スクワット、パワークリーン等）を実施をするための器具はできるだけ複数導入する。
③トレーニングルーム内の導線（通路）を確保する。導線の設定にあたっては、プログラムの内容に配慮する。通路の幅は90cm以上確保する。
④各トレーニング器具の補助を行うためのスペースとインターバル中や器具の待ち時間に待機するスペースを確保する
⑤多人数が同時にトレーニングを実施した時に、一つのエリアに密集しないように配慮する。
⑥自分自身でフォームをチェックしながら行うと効果的なエクササイズ（スクワット、パワークリーン、立って行うエクササイズなど）を実施する場所の前にはできるだけ鏡を設置する。
⑦各トレーニング器具の間隔は最低60cm以上空ける（できれば90cmが望ましい）
⑧バーベルを縦に並べて配置する場合には最低90cm以上の間隔を空ける。
⑨マシンと鏡の間には、最低15cm以上の間隔を空ける。
⑩プレートやダンベルの移動距離ができるだけ少なくて済むようにラックを配置する。

ポイント3-10．ウエイトトレーニング施設の設計にあたっては、特に設置場所、床の材質、天井高、空調や換気の能力、照明、出入口の大きさなどに配慮する

◎ウエイトトレーニング施設を整備する際の基本的なポイント
①できる限り1階や地下に設置し、階下や周辺に騒音や振動の影響を与えないように配慮する。
②フリーウエイトを設置するエリアについては、バーベルやダンベルなどの重量物が落下する場合を想定し、床の耐荷重は余裕のあるものにする（できれば1㎡あたり500〜700kg以上が望ましい）。また、床にはラバーなどの衝撃緩衝材を敷く
③天井の高さは、選手が立った状態でバーベルを頭上に挙上しても余裕がある高さにする。できれば、3.7m以上の高さが望ましい。
④空調については、多人数が同時にトレーニングを行った場合にも対応できるレベルのものを設置することが望ましい。通常の事務所や教室の2倍以上の能力が必要。また、換気や空気の流れを十分配慮した上で、換気扇や窓を設置する。空調の能力が低かったり、通風が悪かったりすると、器具への結露や錆の発生の原因となったり、夏場の室温上昇を抑えられない場合がある。
⑤出入口は、大型のトレーニング機器の搬入搬出がスムーズに行えるようにできるだけ間口を広くとる。
⑥クイックリフトを実施するプラットフォームのスペースは3.7×2.4mを確保する。

ポイント3-11．トレーニング器具のメンテナンスのポイントをマスターし、つねに良好な状態で器具が使用できるように準備しておく

◎ウエイトトレーニング機器の点検とメンテナンスのポイント
①バーベル
日常の点検項目と対応及びメンテナンス
1）バーが曲がっていないか？
　もし曲がっていたらすぐに使用を中止する。曲がってしまった原因としては、バーを勢いよくアンバランスに床に落下させた、バーが他の器具やラックに勢いよくぶつかった、プレートをつけっぱなしにして長時間放置したなどが考えられるので、これらの防止に努める。

バーの回転が悪いときはスプレー式の潤滑油などを注入する

2）バーの回転部分はスムーズか？
　動きが悪い場合には、ベアリング部分にスプレー式の潤滑剤やグリースを注入する（写真参照）。
3）グリップの部分に炭酸マグネシウム（滑り止め剤）が付着していないか？
　ブラシでよく落とした後、錆止め剤を塗布し、乾いた布で十分に拭き取る。
4）バーが錆びていないか？（他の器具についても同様）
　サビが発生した場合にはそのまま放置せず、錆落とし剤を使用してすぐに処置を行う。

◎メンテナンス上の注意点
プレートを装着する部分には潤滑剤を使用しない。潤滑剤が付着した状態でトレーニングを実施すると、動作中にプレートがはずれてしまう危険性がある。もし付着した場合には、十分に拭き取って乾燥させること。

②ダンベル
日常の点検項目と対応及びメンテナンス
1）ウエイトを固定するボルト等のゆるみはないか？
　トレーニング前には必ずダンベルのボルトのゆるみをチェックし、もしゆるんでいたらしっかりと締めてからトレーニングを行う。何度締めてもゆるんでしまう場合は、ネジ固定用の接着剤を使用する。
2）メッキのはがれはないか？
　ダンベルのメッキがはがれた状態でトレーニングを行うと、メッキのはげた部分で手を切ったり、メッキの破片が目に入ったりして大変危

第3章　ウエイトトレーニングの施設及び器具の管理

メッキのはがれたダンベル

ケーブルにたるみがある場合には、接続部のボルトやワッシャーを調節する

マシンのプーリー部分

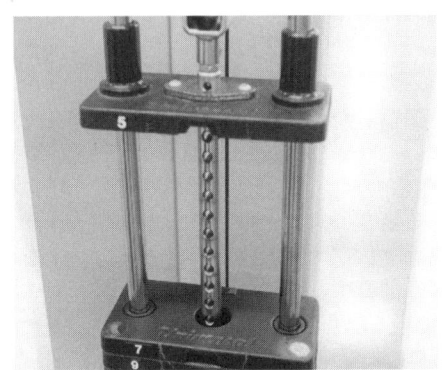

ウエイトスタックの差しピン部分

険。もしメッキがはがれてしまったら、周辺を透明のビニールテープ等で保護する。メッキがはがれてしまう原因としては、ダンベルを落下させたりダンベルどうしをぶつけたりしたことが考えられるので、これらを行わないように使用者に注意を促す。

③トレーニングマシン
日常の点検項目と対応及びメンテナンス
1）シート：破損や汚れはないか？
　シートが破損している場合には、放置せずにすぐ補修する。放置したままにしておくと破損個所が広がってしまう場合がある。シートの汚れが目立つ場合には、中性洗剤をお湯で適度に薄めたものを雑巾に湿らせて拭き取る。
　なお、シートへの雑菌の繁殖や皮膚病等の伝染を防ぐため、消毒液や除菌スプレーなどを定期的に塗布することが必要。

2）ケーブル：被覆の摩耗や損傷はないか？たるみや延びがないか？
　ケーブルのたるみがある場合には、ケーブル両端の接続部のボルトやワッシャーを調節し（写真）、ケーブルの長さを調節する。被覆の摩耗や損傷がある場合にはケーブル自体を交換する。ケーブルが摩耗したり損傷したりする原因として、プーリーとうまくかみ合わずこすれている場合があるのでチェックしてみる。

3）チェーン：ほこりが付着していないか？スムーズに動くか？たるみや延びがないか？
　日頃からチェーンのほこりを除去しておくとともに、グリースなどの蒸発しにくい潤滑油を塗布しておく。たるみや延びが生じた場合には、チェーン両端の接続部のボルトやワッシャーを調節したり、チェーン自体を短くする。

4）プーリー（滑車）：ゆるみやガタがないか？軸が安定しているか？ひっかかりや過度な摩擦がなくスムーズに回るか？
　プーリーにゆるみやガタがある場合には、プーリーを固定しているボルトを締めてみる。締めすぎると回らなくなる場合もあるので注意する。ボルトを締めても軸が安定しない場合は、プーリーのベアリングが損傷している場合があるので交換が必要。ひっかかりがある場合には、プーリーを固定しているボルトをややゆるめてみる。これで解決しない場合には、他の部品

やケーブルとの関連を調べ対策を講じる。

5）ウエイトスタック：ピンがスムーズに入るか？ひっかかりがなくスムーズに動くか？

　マシンを長く使用するとウエイトスタックの一部にピンがスムーズに入らなくなる場合があるが、これはウエイトスタックの中央を上下に貫く軸の穴と、ウエイトスタックの穴の位置の直線性がずれてしまったために発生するトラブル。軸は通常一番上のウエイト（トップウエイト）に固定されているため、この固定がゆるんでくるとこのようなことが起こりやすい。軸がしっかりと固定されているかどうかチェックしてみることが必要。

　ウエイトスタックの動きがスムーズでなくひっかかる感じがする場合には、ウエイトを支える軸がゆがんでいたり、ウエイトの中央部の軸の動きをスムーズに誘導するための芯（ウエイトコア）がゆるんでいる場合が多い。これらのメンテナンスを行う際には、不意にウエイトが落下したりウエイトに手を挟まれるなどの事故の危険を伴うため、メンテナンス作業はトレーニングマシン購入先の修理担当者に依頼することが望ましい。

6）ピン：曲がっていないか？
　ピンが曲がっている場合は、修復するか、新しいものに交換する。

7）フレーム：全体のゆがみや接続部のボルトのゆるみはないか？
　フレームのゆがみや接続部のボルトのゆるみがある場合には、ボルトを締め、フレームの微調整を行う。うまく改善されない場合は、購入先の担当者に修理を依頼する。

◎メンテナンス上の注意点
・トレーニングマシンのメンテナンスにあたっては、プレートに手を挟まれたり、プーリーに手を引き込まれたりすることがないように十分注意する。特に、ケーブル、チェーン、プーリー、ウエイトスタック、フレーム等のメンテナンスについては、事故の防止のため、マシンのメーカーの担当者に作業を依頼する。

3．ウエイトトレーニングの安全管理

ポイント3-12．安全の確保と円滑な運営、効率的なトレーニングプログラムの進行のため、トレーニングルームにおけるルールとマナーを利用者に徹底させる

◎トレーニングルームにおける一般的なルールとマナー
①トレーニング用のウエアとシューズを着用する（特に上半身裸で行わない）
②他の選手の集中の妨げになるような大声や私語を慎む
③セット間の休息時間には器具から離れる
④フリーウエイト機器が設置してあるエリアの床には座らない
⑤トレーニング動作を開始する時には周囲の安全を確認する
⑥トレーニングルーム内での食事、喫煙、ガムかみの禁止
⑥ヘッドホンステレオを使用しながらトレーニングを行わない
⑦器具の破損や故障を発見したらすぐに管理者に報告する

ポイント3-13．フリーウエイトを使用する際には以下のルールを守る

◎フリーウエイトを使用する際のルール
①フリーウエイトを使用する際には必ず補助者をつける（特に肩より高い位置にバーベルを挙上するエクササイズでは補助が絶対必要）。
②バーベルを使用する際にはカラー（留め金）を必ず使用し、カラーを投げたり、床に落下させたりしない。
③バーベルやプレートを投げたり落下させたりしない。（ただし危険を避けるためにやむを得ない場合を除く）
④プレートの装着は左右均等になるようにし、着脱は2名で左右一枚ずつ同時に行う。
⑤プレートやダンベルをベンチの上に置いたり、立てかけたりしない。
⑥使用したプレートやダンベルは必ずもとの場所に戻す。バーベルにプレートをつけたままラックにのせておくとバーが曲がってしまう。
⑦腰背部の姿勢保持が必要なエクササイズ（スクワット、パワークリーンなど）を実施する際には、トレーニング用ベルトを着用する

> ポイント3-14．トレーニングマシンを使用する際には以下のルールを守る

◎トレーニングマシンを使用する際のルール
①他者が使用しているマシンによりかかったり、ウエイトスタックやケーブル、プーリーなどに触れない。
②ウエイトスタック方式のトレーニングマシンを使用する際には、動いているウエイトが、動いていない下のウエイトにぶつからないようにする。また、ウエイトスタックを上方のフレーム部分にぶつけないように注意する。
③マシンのシートやフレームの長さなどを自分のからだにぴったり合うように調整してからトレーニングを開始する

図3-4．トレーニング施設の利用規約（大学施設の例）

```
1．利用資格
  ①施設の利用規約を遵守する者。
  ②体育会に在籍し、「トレーニングセンター・ガイダンス」を受講したクラブに所属する者。
  ③本施設が特別に許可した者。
2．利用時間
  月～金　9：00～21：00
  土　　　9：00～20：00
  ※試験期間及び長期休暇中の利用時間については、別途定めることとする。
  ※学校行事等で利用時間を変更する場合がある。
3．利用手続
 (1) 個人利用
  ①入館の際、受付に学生証を提出し、ロッカーキーを受け取る。この時、必ず所定の用紙に署名する。（ロッカーキーは、トレーニングセンターの利用を許可された証になる）
 (2) 団体利用
  ①同一時間帯に多人数の利用を希望するクラブは、団体利用の手続きによる許可を必要とする。毎月末までに翌月分の利用計画書を提出すること。
  ②団体利用に当たっては、クラブの代表者が毎回「団体利用クラブ名簿」を受付に提出し、利用者名と人数の確認を受ける。
  ③開館時間外や休日の利用を希望するクラブは、「開館時間外・休日利用届」を提出し、「開館時間外・休日利用許可証」の発行を受けること。
 (3) 学外者の利用
  ①学外者の利用については、原則として、本学教職員の推薦及び依頼があった場合のみ許可する。
  ②学外者が本施設の利用を希望する場合、「学外者利用許可願い」を受付に提出し「利用許可証」の発行を受ける。
  ③学外者が本施設を利用する際には、入館時に「利用許可証」を提出する。
 (4) 不正利用
  ①団体利用者以外でロッカーキーを所持していない者は「不正利用者」として即刻退館とし、以後の利用を制限する。
4．利用上のマナー
  ①トレーニングルームのマナーを理解し、常に他の者の迷惑にならないように心がける。
  ②器具についた汗は次に利用する人のことを考え、必ず自ら拭き取る。
5．私物の盗難、紛失
  ①利用者は私物の盗難や紛失に十分に注意すること。万一、施設内において利用者の私物の盗難、紛失が発生した場合、本施設は一切の責任を負わない。
6．忘れ物
  ①忘れ物については、拾得日より一週間の期間トレーニングセンターに保管するが、それ以降は学生課において管理される。
7．水分補給
  ①施設内において水分補給を行う場合は、ペットボトル等の「キャップの付いたプラスチック製の容器に入れた飲料」についてのみ持ち込みを許可する。
8．禁止事項
  本施設での禁止事項は以下の通りである。
  ①酒気を帯びた者、及び医師に運動を禁止された者の入館。
  ②バック類の持ち込み（バック類は、ロッカーに収納する）。
  ③煙草、食べ物（飴、ガム等も含む）の持ち込み。
  ④発火物、その他の危険と思われる物の持ち込み。
  ⑤シャワー、サウナ、風呂、更衣のみを目的とした利用。
  ⑥ヘッドホンステレオの使用（エクササイズバイク使用時に限り許可する）。
  ⑦無断でのスタッフ事務室への入室や電話の使用、及び窓、カーテンの開放。
  ⑧室内用トレーニングシューズを履いていない者の利用。
  ⑨馬鹿騒ぎや不必要な大声などをあげること。
  ⑩上半身裸やトレーニングウェア以外の衣服の着用による利用。
  ⑪フリーウエイトエリアからのプレートやダンベル等の持ち出し。
  ⑫シャフトにプレートを付けたまま放置すること。
  ⑬ベンチ等のシートの上にプレートやダンベル等を置くこと。
  ⑭施設や器具を汚したり破損させたりする行為。
  ⑮混雑時における、ストレッチマット上でのマッサージや長時間の独占。
  ⑯フリーウエイトエリア内で床に座ること。
9．利用上の注意
  ①トレーニングセンター利用規約を遵守し、スタッフの指示に従うこと。
  ②センター内で怪我が発生した場合や、施設や器具に何らかの異常が発生した場合には、即座にスタッフに報告すること。
  ③センター内の通路には、通行の支障にならないように、私物等の障害物を置かないこと。
  ④フリーウエイトを使用する際には、必ずシャフトにカラーを装着すること。
  ⑤使用した鏡、プレート、ダンベル等は、必ず元の位置に戻すこと。
  ⑥すべり止めの炭酸マグネシウムは、指定された場所で使用し、使用後は周辺を必ず清掃すること。
  ⑦セット間のインターバルは、マシンから離れてとること。
  ⑧ベンチプレスやスクワット等の補助を必要とする種目を実施する場合には、原則として2名以上で互いに補助をしながら行うこと。
  ⑨腰背部に負担のかかる種目を実施する場合は、必ず「トレーニング用ベルト」を着用すること。
  ⑩放置してある荷物等については発見後、場内放送によって通告後に撤去する。
10．退館処分と利用資格の剥奪
  ①本施設の規約を守らない者や施設スタッフの指示に従わない者は、即刻退館処分とし、以後の利用を制限する。
  ②故意による違反や悪質な違反等が発生した場合は、違反を起こした者の所属するクラブの施設利用を制限する場合がある。
```

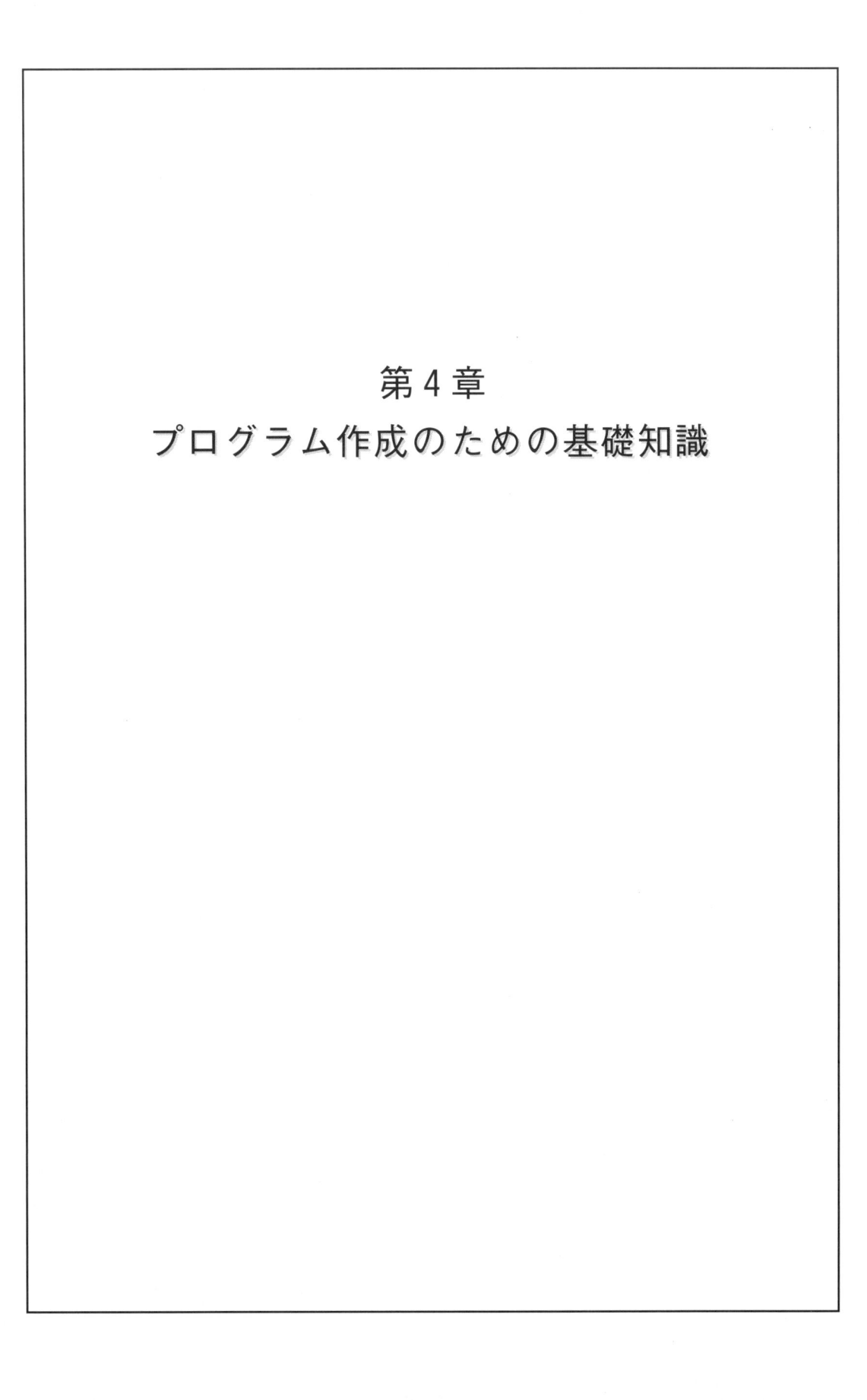

第4章
プログラム作成のための基礎知識

ウエイトトレーニングのプログラム作成においては、選手のトレーニング目的やレベル等に応じて、エクササイズの種類、重量、回数、セット数など、非常に多くの条件（変数）を的確に設定することが要求されます。この章では、スポーツ選手のためのプログラム作成にあたって、ぜひ知っておきたいウエイトトレーニングの各条件の詳細について解説します。

1．ウエイトトレーニングプログラム作成の手順

ポイント4-1．ウエイトトレーニングは、PLAN（計画）→DO（実行）→SEE（確認）の流れを踏まえ、プログラム作成→トレーニング実施→効果の把握とプログラムの調整という手順で行うとともに、実施者の日々のコンディションに応じて、微調整を行うことが必要である

ポイント4-2．ウエイトトレーニングのプログラムの作成にあたっては、対象の把握と目標設定を適切に行うことが必要

選手個人やチーム全体が、ウエイトトレーニングによる理想的な効果を得るためには、さまざまな項目について熟慮しながら、次のように段階的に進めていくことが望ましいと考えられます。

ウエイトトレーニングの実施の手順
（1）対象（選手個人やチーム）の把握
・選手の年齢、性別、健康状態、競技歴
・試合日程、練習のスケジュール、学業や仕事のスケジュール
・体力や形態の現状と過去からの推移
・生活状況（学業や仕事の内容、食生活、睡眠、ストレス度など）
・傷害の状況（現在の傷害と既往歴）
・ウエイトトレーニングの経験度、理解度
・性格や価値観、ウエイトトレーニングに対する意識、取り組み姿勢、自己管理能力など
（2）ウエイトトレーニングの目標設定
・選手個人やチーム全体の競技目標の設定（短期目標と中長期目標）
・選手個人やチーム全体の体力面や傷害面の課題の決定とウエイトトレーニングの目標の設定

（3）ウエイトトレーニングプログラムの作成
・対象把握と目標設定に基づく、効果的プログラムの作成
（4）プログラムの実施と調整
・作成したプログラムの実施状況の確認
・日々のコンディションの変化に応じたプログラム内容の調整
（5）トレーニング効果の把握
・測定等によるトレーニング効果の把握
（6）トレーニング効果の状況に基づく各項目の調整
・効果の状況を考慮し、プログラムの更新や調整を行う

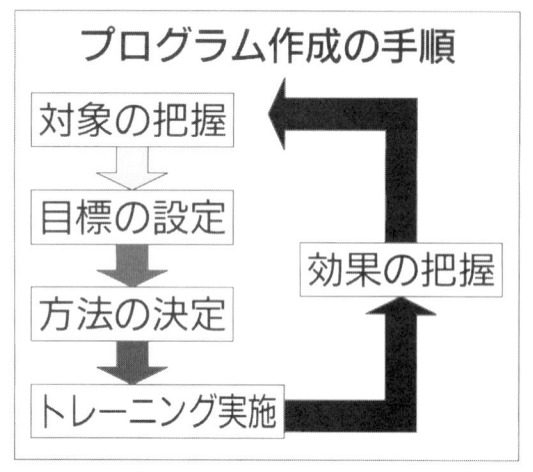

図4-1．プログラム作成の手順挿入

2．一般的ウエイトトレーニングと専門的ウエイトトレーニング

ポイント4-3．スポーツ選手が行うウエイトトレーニングは、一般的ウエイトトレーニングと専門的ウエイトトレーニングの2つに分類することができる

ポイント4-4．一般的ウエイトトレーニングによって、基礎的な筋力や筋力バランス、効果的で安全な動きを身につけてから、競技パフォーマンスに直結する専門的ウエイトトレーニングに移行することが望ましい。

スポーツ選手が競技において高いパフォーマンスを発揮するためには、基礎的な筋力（ベーシックストレングス）を高めておくことが非常に重要です。基礎的な筋力が不十分な状態で、競

第4章　プログラム作成のための基礎知識

図4-2．一般的トレーニングから専門的トレーニングへと移行する

一般的ウエイトトレーニング
選手の競技力の基盤となるからだづくりや筋力アップを図るとともに
傷害予防にも重点を置いたウエイトトレーニング

⬇　⬇　⬇

専門的ウエイトトレーニング
専門スポーツのパフォーマンスの向上をねらったトレーニング
専門スポーツにおいて要求される体力要素や運動形態を考慮して実施する

技に直結する専門的ウエイトトレーニングを実施しても、期待した効果が上げられないばかりか、ケガが発生する危険性もあります。

また、ウエイトトレーニングを実施していない選手の場合、競技の技術練習によって身体各部の筋力にアンバランスが生じてしまうことがあり、このような状態で、さらに競技でよく使われる筋肉の強化や動きの強化を行った場合には、筋力のアンバランスが大きくなってしまう可能性も考えられます。これらのことを予防するためにも、ウエイトトレーニングの初心者や高校選手の場合には、専門スポーツの競技特性にはあまりこだわらず、一般的ウエイトトレーニングをしっかりと年間を通じて実施することが大切です。

3．ウエイトトレーニングの開始時期

ポイント4-5．原則として、器具を使用して強い負荷をかける本格的なウエイトトレーニングは、第二次性徴が終了した後に開始する。男子は高校入学以降、女子は中学校高学年頃を目安とし、個人差を考慮して導入する。

ポイント4-6．ウエイトトレーニングの本格的開始時期の前にウエイトトレーニングを実施する場合には、低負荷を用い、正しい動作の習得や傷害予防に重点を置くことが望ましい。

身体の各機能の発育の時期やスピードは異なっており、骨格や筋肉などの一般型や、ウエイトトレーニングの効果に影響を与えるホルモンに関係する生殖型の発育が活発化するのが第2次性徴の頃となっています（図4-3のスキャモンの発育曲線参照）。したがって、ウエイトトレーニングの効果も、一般型や生殖型の発育のピークを過ぎた頃から顕著になってくることが予想されます。これらのことから、器具を使って強い負荷をかける本格的なウエイトトレーニングを開始するのは、男女とも思春期の第2次性徴が終了した頃（男子は高校入学以降、女子は中学校高学年頃）を目安とし、具体的には身長の年間発育量がピークを過ぎた頃を基準とするとよいでしょう。

ただし、第2次性徴の前にウエイトトレーニングを実施してはいけないというわけではありません。神経系の発育は、骨格や筋肉の発育より

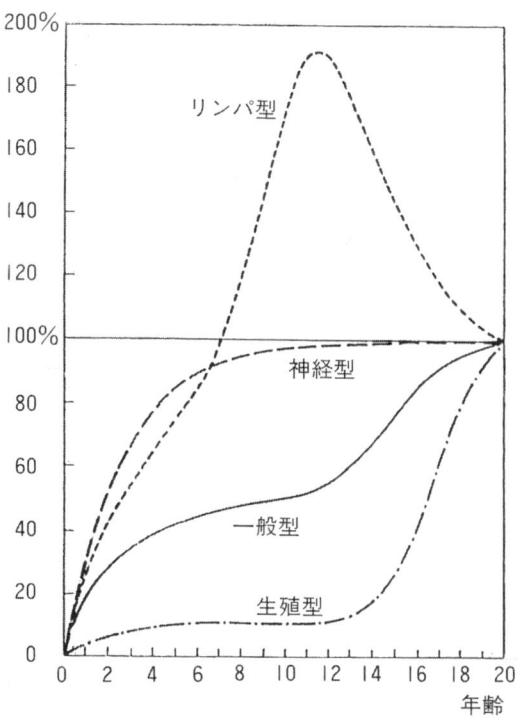

図4-3．Scammonの発育曲線

も早期に活発化するため、児童期には、さまざまな動きづくりのトレーニングを行わせることが理想的です。ウエイトトレーニングの本格的な開始に備えて、この時期には、比較的軽い負荷で、正しいフォームや傷害を防ぐための安全な動きを習得したり、筋肉の感覚を養うことを目的としたトレーニングを実施するとよいでしょう。思春期より前の時期に実施できるウエイトトレーニングの具体例については、第10章を参照して下さい。

4．プログラムの変数

ポイント4-7．ウエイトトレーニングのプログラム作成のためには、下記のような諸条件を適切に設定する必要がある。これらの条件のことをトレーニングにおいては「変数」と呼ぶ。

◎ウエイトトレーニングの変数
①エクササイズと使用器具
②エクササイズの配列
③負荷
④回数・持続時間
⑤セット数
⑥動作の速度、テンポ、可動範囲
⑦セット間の休息時間
⑧トレーニングの頻度
⑨期分け
⑩その他：トレーニングシステム、テクニックなど

5．エクササイズの種類

ポイント4-8．プログラムの作成においてエクササイズ（トレーニング種目）を選択し、これらの順序を決める際には、エクササイズを分類して理解しておくと効果的である。分類の基準としては、①動作中に参加する関節の数②使用する筋肉の部位や大きさ、③体重の荷重、④動作中の重心移動などがある。

ポイント4-9．トレーニング目的を達成するために重要度の高いエクササイズを主要エクササイズ（Main Exercise，Core Exercise）という。主要エクササイズに対して、補助的に実施するエクササイズを補助エクササイズ（Auxiliry Exercise）という

ポイント4-10．トレーニング動作に参加する関節の数によって①多関節エクササイズと②単関節エクササイズの2つに分類することができる。この分類は、エクササイズの選択や順序の決定の際に、最も基本的な判断基準となる。

ポイント4-11．多関節エクササイズは、その運動形態がスポーツ場面における筋力やパワー発揮と関連性があり、多くの筋群の協調作用（コーディネーション）を養いやすいため、スポーツ選手が優先的に実施すべきエクササイズである。

ポイント4-12．単関節エクササイズは、特定の部位を重点的に強化したり、特別な刺激を与えたい場合に効果的であり、傷害を起こした選手のリハビリテーションにも重要なエクササイズである。

分類の基準	エクササイズの分類
動作に参加する関節の数	多関節エクササイズ、単関節エクササイズ
使用する主働筋の大きさ	大筋群エクササイズ、小筋群エクササイズ
体重の荷重	荷重エクササイズ、部分荷重エクササイズ、非荷重エクササイズ
動作中の重心移動	重心移動エクササイズ、非重心移動エクササイズ
スポーツ特性やパフォーマンスとの関連	主要エクササイズ、補助エクササイズ
	一般的エクササイズ、専門的エクササイズ

表4-1．エクササイズの主な分類

第4章　プログラム作成のための基礎知識

	多関節エクササイズ	単関節エクササイズ
胸部	ベンチプレス	ダンベルフライ
背部	ベントローイング	プルオーバー
肩部	ショルダープレス	サイドレイズ
脚部	スクワット	レッグエクステンション

表4－2．多関節エクササイズと単関節エクササイズの例

　プログラムの作成にあたって、適切なエクササイズを選択するためには、多くのエクササイズを特徴によって分類して理解しておくことが効果的です。エクササイズの分類にはさまざまな基準がありますが、トレーニングの動作中に使用される関節の数を考慮した分類は、エクササイズの選択や順序を決定する際に最も基本的な判断基準となるものです。

　ベンチプレスやスクワットのように、トレーニング動作中に使用される関節が複数の場合を多関節エクササイズ、レッグエクステンションやサイドレイズのように使用される関節が単一の場合を単関節エクササイズと呼んでいます。

　多関節エクササイズでは、動作中に複数の関節が使用されるため、運動にかかわる個々の筋肉の力やパワーをタイミングよく協調的に発揮する能力を改善しやすく、スポーツの場面に役立つ実用的な能力を養いやすいといえます。例えば、スクワットは非常に多くの筋群が使用される多関節エクササイズであり、動作中には、股関節、膝関節、足関節が動的に、体幹部の筋群が姿勢を維持するために静的に機能しています。正しい方法でトレーニングを行えば、動作に関係する筋肉を協調的に使う能力（コーディネーション）を養うことができます。

　また、多関節エクササイズでは、胸や背中、大腿部、臀部などの大筋群とともに、肩や腕などの小筋群も使用されるため、特に初心者のプログラムにおいては、小筋群のエクササイズを省略し、全体のエクササイズ数を減らすことが可能となります。例えば、初心者の場合には、肩や肘の関節が動員されるベンチプレスを行うと、主働筋の大胸筋だけでなく、三角筋や上腕三頭筋も十分刺激を受けるため、肩や腕のエクササイズを省略することができます。

　多関節エクササイズは、上記のような多くの利点を持つ反面、初心者にとってフォームを習得しにくく、主働筋だけを分離して強化することが難しいという欠点を持っています。例えば、スクワットの場合、初心者がすぐに正しい動作をマスターしたり、動作中に大腿部だけを単独で分離して強化することが難しいといえます。

　一方、単関節エクササイズは、一つの関節のみを動かすエクササイズであるため、使用する筋肉を限定することが可能となります。このため、特定の部位だけをトレーニングしたい場合や、ケガのために多関節エクササイズができない場合などに役立ちます。例えば、大腿部だけにトレーニング刺激を与えたい場合には、スクワットやレッグプレスのような多関節エクササイズではなく、レッグエクステンションのような単関節エクササイズを採用した方が効率的といえます。

> ポイント4-13．動作中に使用される主働筋の大きさによって、①大筋群エクササイズと②小筋群エクササイズの2つに分類することができる

◎大筋群エクササイズと小筋群エクササイズの分類

大筋群エクササイズ・・・胸部、背部、大腿部
　　　　　　　　　　　　のエクササイズ

小筋群エクササイズ・・・肩部、腕部、下腿部
　　　　　　　　　　　　のエクササイズ

　大筋群は外部に対して大きなパワーを発揮する際の原動力となる部位であり、大筋群エクササイズは、スポーツ選手にとって優先すべき主要なエクササイズといえます。一方、小筋群は、大筋群とともに共働的・補助的に使用されることが多く、プログラムにおいて小筋群エクササイズはほとんどの場合、補助エクササイズとして位置づけられます。

> ポイント4-14．動作中の体重の荷重の状況によって、①荷重エクササイズ、②部分荷重エクササイズ、③非荷重エクササイズの3つに分類することができる。

　トレーニング動作中に体重が負荷として作用しているかどうかを基準にした分類です。動作中に体重が荷重された状態で行う「荷重エクササイズ」と、体重が部分的に荷重される「部分荷重エクササイズ」、全く荷重しない状態で動作を

スクワット（荷重エクササイズ）　ハックスクワット（部分荷重エクササイズ）　レッグエクステンション（非荷重エクササイズ）

行う「非荷重エクササイズ」、の3つに分類することができます。

荷重エクササイズは、スクワットやランジのように、自分の体重が負荷として加わるため、姿勢を維持したり重心をコントロールする能力を養いやすく、スポーツに実用的なエクササイズといえます。

一方、部分荷重エクササイズは、体重の一部が負荷として加わる種目であり、ハックスクワットやスミスマシンによるスクワットなどがあげられます。また、非荷重エクササイズは、トレーニングマシンやシートなどに体重を預けた状態で体重が負荷としてほとんど加わらないエクササイズで、脚部の種目としてはレッグプレスや

レッグエクステンションなどの種目があげられます。部分荷重エクササイズや非荷重エクササイズは、バランスをとる能力が要求されないため、動作中に使用される部位に意識を集中しやすく、特定の部位を限定して強化したい場合に採用すると効果的です。なお、傷害からの回復過程のトレーニングにおいては、非荷重エクササイズ→部分荷重エクササイズ→荷重（全荷重）エクササイズへと移行するパターンが一般的です。

> ポイント4-15. 動作中の重心移動の状況によって、①重心移動エクササイズと②非重心移動エクササイズの2つに分類することができる

レッグプレス（重心移動のほとんどないエクササイズ）

フォワードランジ（重心移動エクササイズ）

トレーニング動作において重心移動を伴うエクササイズは、前項の荷重エクササイズと同じように、姿勢を維持しながら重心をコントロールする能力を養うのに適しています。重心の移動がある種目は、その移動の方向によって、①重心が上下に移動する種目（スクワット、デッドリフトなど）、②重心が前後に移動する種目（フォワードランジ、バックワードランジなど）③重心が側方に移動する種目（サイドランジなど）の3つに分けることができます。傷害からの回復過程においては、重心移動を伴わないエクササイズから少しずつ重心移動を伴うエクササイズへと移行していくと効果的です。

6．エクササイズの配列

> ポイント4-16．エクササイズの配列の一般的原則
> ①多関節エクササイズ→単関節エクササイズ
> ②大筋群のエクササイズ→小筋群のエクササイズ
> ③筋力やパワーを向上させたいエクササイズを先に行う
> ④クイックリフトなど高度なテクニックやコーディネーションが必要なエクササイズを先に行う
> ⑤特に効果を上げたいエクササイズを先に行う

ウエイトトレーニングのプログラムの後半に行うエクササイズは、前半に行ったエクササイズの影響を少なからず受けることになります。エクササイズの配列が適切でなかった場合、後に行うエクササイズの効果が十分に得られないばかりでなく、特定の部位のオーバーワークや、けがの発生などの弊害を招く可能性があるので注意が必要です。例えば、スクワットを行う前に腰背部のエクササイズを行ってしまうと、スクワットの動作中に正しいフォームが維持できなくなる可能性があります。

エクササイズの順序の決定にあたっては、多関節エクササイズ→単関節エクササイズ、大筋群エクササイズ→小筋群エクササイズという方法が最も重要な基準となっています。

例えば、大筋群（胸部）を主働筋として使用するベンチプレス（多関節エクササイズ）の前に、サイドレイズ（三角筋の単関節エクササイズ）やトライセプスプレスダウン（上腕三頭筋の単関節エクササイズ）のような共働筋として使用される部位のエクササイズを行った場合には、これらの部位の疲労によって、ベンチプレスで十分な重量を扱うことが困難となり、筋力やパワーの向上に支障をきたします

なお、筋力やパワーを向上させたいエクササイズ、クイックリフトなどの高度なテクニックやコーディネーションが必要なエクササイズ、特に効果を上げたいエクササイズや弱点としているエクササイズについては、疲労していない状態で、集中して全力で行った方が効果的であるため、できるだけ先に行うように配慮します。

7．負荷の決定

> ポイント4-17．ウエイトトレーニングの負荷決定の基準には主に2つの方法がある
> ①最大挙上重量に対する割合（％）を基準とした負荷の決定
> ②最大反復回数（RM）を基準とした負荷の決定

> ポイント4-18．最大挙上重量の向上を目的とする主要なエクササイズでは最大挙上重量に対する割合（％）を基準とした方法で負荷を決定すると効果的。

負荷決定の基準として最も広く知られているのが、最大挙上重量に対する割合（％）によって負荷を決定する方法です。例えば「最大挙上重量の70％で8回行う」といった使い方をします。

このような最大挙上重量に対する割合を基準とした負荷の決定は、単純でわかりやすく実用的な方法です。しかし、初心者に対して最大挙上重量を測定することは、大きな負担を強いるとともに、けがなどの危険性も考えられます。ま

％1RM	反復回数	％1RM	反復回数
100	1	77	9
95	2	75	10
93	3	70	12
90	4	67	15
87	5	65	18
85	6	60	20
80	8	－60	＋20

表4-3．1RMに対する割合（％）と反復回数の目安（ロジャー・アール、ウエイトトレーニングエクササイズの処方、CPT受験ハンドブック、NSCAジャパン1996より引用）

た、腹筋や腕などの小筋群のエクササイズのように、最大挙上重量を測定する意義が低い（必要ない）ものもあります。これらのことから、最大挙上重量に対する割合を基準として負荷の決定を行うのは、ある程度のトレーニング経験を積んだ選手が、最大挙上重量を伸ばしたい場合に限定することが望ましいと考えられます。

初心者に対して負担をかけずに最大挙上重量を把握したい場合には、軽めの負荷（10回程度反復可能な負荷）で繰り返しができなくなるまで反復し、この反復回数を表4－3や巻末にある換算表にあてはめて最大挙上重量を推定する方法があります。例えば、60kgで8回反復できた場合、表4－3より8回反復できる重量は80％に相当するため、60kg÷0.8＝75kgが推定最大挙上重量となります。このような1RMを推定するための換算表は、過去に多くの種類のものが作成されてきていますが、換算表の利用にあたっては、エクササイズの種類やトレーニングの経験度などによって、大きな誤差が生じる場合があるので、あくまでも目安として活用する程度にとどめておくのが無難です。

> ポイント4-19．RMとは"Repetition Maximum"の頭文字をとったもので、「最大反復回数」を意味する。トレーニング用語としては、通例RMの前に数字をつけることによって、「その数字の回数だけ反復できる最大の負荷」という意味になる。

	1RM → 80％ → 反復回数
ベンチプレス	100kg → 80kg → 8回
アームカール	20kg → 16kg → 12回

表4-4．％法による負荷の決定と反復回数の違いの例

> ポイント4-20．初心者がトレーニングを行う場合や、最大挙上重量の向上を目的としない補助エクササイズの負荷を決定する際には最大反復回数（RM）によって負荷を決定する

RM法とは、反復可能な回数によって負荷を決定する方法です。RMとは"Repetition Maximum"の頭文字をとったもので、「最大反復回数」を意味します。ただし、トレーニング用語としては、通例RMの前に数字をつけることによって、「その数字の回数反復できる最大の負荷」という意味になります。例えば、10RMとは、10回ぎりぎり反復できる（11回目は反復できない）負荷のことを指し、実際のプログラムにおいては、12RM×8回、15RM×10回というように表記します。

RMによる負荷の決定は、最大挙上重量を測定しなくても、負荷の設定が可能であるため、初心者がトレーニングを行う場合や、最大挙上重量の向上を目的としない補助エクササイズを実施する場合には、有効な負荷決定の手段となります。

8．目的別の負荷、回数、休息時間の決定

目的	筋力向上	筋肥大	最大パワー向上	筋持久力向上
使用重量	80％(8RM)以上	70～80％(8～12RM)	60～70％(12～20RM)	60％(20RM)以下
反復回数	1～5回	最大反復	10～20回	20回以上
インターバル	2～4分	30～90秒	2～4分	1～2分
ポイント	・集中して行う ・1～2回余裕を残してセットを終える	・各セットオールアウトまで実施	・動作はできるだけ速く	・粘り強く反復する

表4-5．目的別トレーニング条件

> ポイント4-21. 最大筋力の向上を目的とした場合のトレーニング条件の目安
> 負荷：1RMの80％（8RM）以上、回数：1～5回、休息時間：2～4分

　最大筋力を向上させるためには、筋肉に命令を送る神経の働きを活性化させ、筋肉が強い収縮力を発揮できるようにトレーニングすることが大切です。このためには、1RMの80％以上の高重量を用い、反復回数は1～5回と少なく抑えることが有効です。各セットとも反復できなくなる（オールアウト）まで行う必要はありません。あと1～2回反復できそうな時点でセットを終えるようにします。休息時間については、次のセットで再び全力が発揮できるようにするために、2～4分と長めにとって、前のセットの疲労を十分に回復させるように努めます。

> ポイント4-22. 筋肥大を目的とした場合のトレーニング条件の目安
> 負荷：1RMの70～80％（8～12RM）、回数：8～12回（最大反復）、休憩時間：30～90秒

　筋肉を肥大させるためには、中等度の負荷を用いてオールアウトするまで反復（最大反復）することが有効であるといわれています。したがって、筋力を向上させるときよりもやや軽めの70～80％1RMの負荷を用いて、8～12回、反復できなくなるまで動作を行います。セット間の休息時間は30～90秒と短くし、前のセットの疲労が完全に回復する前に次のセットを行うようにすると効果的です。

9．セットの組み方

> ポイント4-23. セットの組み方には、セット法（マルチセット法）、シングルセット法、サーキット法、スーパーセット法などがある

> ポイント4-24. セット法（マルチセット法）とは、一つのエクササイズについて、休息をとりながら数セット連続して行う方法。筋力及びパワーの向上や筋肥大を目的とした場合には、ほとんどの場合セット法が用いられている。

　スポーツ選手が、筋力及びパワーの向上や筋肥大を目的にウエイトトレーニングを実施する際には、ほとんどの場合セット法が用いられています。

> ポイント4-25. サーキット法とは、いくつかのエクササイズを1セットずつ実施し、これを数循環繰り返す方法である。オールラウンドな体力強化を目的とした場合のほか、競技特性を考慮した専門的トレーニングとしても応用することができる。

　サーキット法とは、各エクササイズを1セットずつ実施し、これを数循環繰り返す方法です。筋力アップや筋肥大を目的とするのではなく、ウエイトトレーニングを通じて全身にバランスよく適度な刺激を与えたり、身体各部の血液循環をよくしたり、有酸素的能力などの他の体力要素も同時に向上させるなど、総合的な体力づくりを目的とした場合に効果的です。

　サーキット法に基づくプログラムの例として、サーキットウエイトトレーニングと呼ばれる方法の一例を紹介します（表4-8）。まず、各部位をまんべんなくトレーニングできるように考慮して、身体各部位のエクササイズを8～12種目選択します。これらのエクササイズは、上半身をトレーニングしたら、次は下半身あるいは体幹というように、連続して同じ部位のトレーニングを行わないように配列します。こうすることによって、一つの部位をトレーニングしている間に、別の部位の筋疲労を回復させ、特定の部位のみがオールアウトしてしまうことを防ぐことができます。

　それぞれのエクササイズについては、1RMの50～65％（15～25RM）程度の負荷を用いて、15～20回の反復を1セットずつ行い、エクササイズ間のインターバルは30秒程度とします。インターバルが短いため、負荷の設定や種目間の移動に時間がかからないように、体重負荷やマシンによるトレーニングをメインに行ったり、器具のレイアウトを考慮してエクササイズの順序を決定するとよいでしょう。

　実施にあたっては、各エクササイズについて1RMの30～40％の負荷で8～10回のウォーミングアップを必ず1セットずつ行います。ウォーミングアップが終わったら、前述の条件でプログラムを開始し、各種目1セットずつ

1循環したら3～5分程度の休息を入れて2～3循環くり返すようにします。

表4-6．サーキット法に基づくプログラム例
1．チェストプレス　2．レッグプレス　3．ラットプルダウン　4．レッグカール　5．ショルダープレス　6．トランクカール　7．アームカール　8．レッグエクステンション
負荷：1RMの50～60%(15～25RM)　回数：15～20回　インターバル：30秒以内
※各エクササイズを1セットずつ連続して行い、これを3循環繰り返す

> ポイント4-26．スーパーセット法とは、2つのエクササイズを1セットずつ連続して行い、これを数循環繰り返す方法である。筋肥大を目的としたトレーニングの手段として有効である。

スーパーセット法は、互いに拮抗する筋肉どうしのエクササイズを2つ選択するのが一般的です。例えば、上腕部の場合には、バーベルカールとトライセプスエクステンション、大腿部の場合には、レッグエクステンションとレッグカールのように組み合わせます。

一方、特定の一つの部位の筋肥大をねらいたい場合には、その部位のエクササイズを2つ連続して行うコンパウンドセット法という方法があります。例えば、胸部の場合には、ベンチプレスとダンベルフライ、背部の場合には、ラットプルダウンとシーティッドローイング、肩部の場合には、ショルダープレスとサイドレイズのように、多関節と単関節のエクササイズを組み合わせたり、動きや性質の異なるエクササイズどうしを連続して行うようにします。

その他、同一部位の3つのエクササイズを連続して行うトライセット法や、4つ以上のエクササイズを連続して行うジャイアントセット法があります。

◎スーパーセット法とバリエーションの例
1．スーパーセット法
互いに拮抗する筋肉のエクササイズを2つ連続して行い、これを数循環行う方法。
上腕部の例）バーベルカール＋トライセプスエクステンション
大腿部の例）レッグエクステンション＋レッグカール

2．コンパウンドセット法
同じ筋肉のエクササイズを2つ連続して行い、これを数循環行う方法。
胸部の例）ベンチプレス＋ダンベルフライ
背部の例）ラットプルダウン＋シーティッドローイング
肩部の例）ショルダープレス＋サイドレイズ

3．トライセット法
同じ筋肉のエクササイズを3つ連続して行い、これを数循環行う方法。
胸部の例）ベンチプレス＋インクラインベンチプレス＋ダンベルフライ
腕部の例）バーベルカール＋インクラインダンベルカール＋コンセントレーションカール

4．ジャイアントセット法
同じ筋肉のエクササイズを4つ以上連続して行い、これを数循環行う方法。
腹部の例）トランクカール＋ダンベルサイドベンド＋トランクツイスト＋レッグレイズ

10．セットごとの重量や回数の設定

> ポイント4-27．セットごとの重量や回数の設定の方法としては、重量固定法、ピラミッド法、ウエイトリダクション法などがある。

> ポイント4-28．重量固定法とは、実施する全てのセットについて同じ重量でトレーニングを行う方法であり、主にフォームの習得や筋力の維持を目的とした場合などに用いられる。

重量固定法とは、軽い負荷でウォーミングアップを行った後、実施する全てのセットについて同じ重量でトレーニングを行う方法です。初心者がフォームの習得を目的とした場合や、スポーツ選手がシーズン中に筋力の維持を目的とした場合などに用いられるケースが多いようです。

例えば、初心者がエクササイズの正しいフォームを習得し、重さに慣れることを目的とした場合には、余裕を持って自由に重量をコントロールできる12～20RMの負荷で10～

15回、重量や回数を変えずに2〜3セット程度実施する方法が一般的です。また、試合シーズン中に筋力を維持したい場合には、1RMの70％の負荷で、5回3セット程度行うといった方法を採用する場合があります。

表4-7．重量固定法によるトレーニング例
（シーズン中の筋力維持を目的とした場合）

セット	負荷×回数
1	50％×10回
2	70％×5回
3	70％×5回
4	70％×5回

ポイント4-29．ピラミッド法とは、実施するセットにおいて、重量を重くするにしたがって反復回数を減らし、重量を減らすにしたがって回数を増やす方法であり、最大筋力の向上を目的とした場合に効果的。

セット	負荷×回数
1	50〜60％×8〜10回
2	70％×5回
3	80％×3回
4	90％×1〜2回
5	80％×5回
6	70％×8回

表4-8．ピラミッド法の実施例1（フルピラミッド）

セット	負荷×回数
1	60％×8〜10回
2	80％×5回
3	90％×1〜2回
4	90％×1〜2回
5	90％×1〜2回

表4-9．ピラミッド法の実施例2（フラットピラミッド）

ピラミッド法とは、一般的には重量を重くするにしたがって回数を減らし、重量を減らすにしたがって回数を増やすという方法です。特に最大筋力の向上を目的とした場合には大変効果的な方法です。重量を増やして回数を減らすだけの方法や、重量を減らして回数を増やすだけの方法についてもピラミッド法と呼ばれており、前者はアセンディング・ピラミッド法、後者はディセンディング・ピラミッド法、両者を合わせて実施する方法はフル（ダブル）・ピラミッド法と呼ばれています。

ウォーミングアップのセットでは、メインの高重量のセットに備えて、筋肉や神経系に適度な負荷や刺激を与えて活動水準を徐々に高めるとともに、精神的にもテンションが上がってくるように負荷や回数などの条件を設定します。ただし、反復回数については、筋肉を疲労させない程度にとどめておくことが大切です。

ウォームアップのセットが終わったら、メインのセットに入ります。メインのセットにおいては、集中力をできるだけ高めた状態で最大努力で動作を行い、筋肉に命令を送る神経系の働きを改善させ、各部位の協調的な筋力の発揮能力を高めることをねらいとします。メインセットが終わったら、重量を下げて反復回数を増やしていきますが、ここで最大反復（オールアウトまで反復すること）を行えば、筋力向上とともに筋肥大の効果も得ることができます。

ポイント4-30．ウエイトリダクション法とは、セットごとに重量を減らしていく方法であり、筋肥大を目的とした場合に効果的な方法である。

①60kg×10回（ウォームアップ）
②70kg×5回（ウォームアップ）
③80kg×8回 ⎫
④75kg×8回 ⎬ 各セット開始時のコンディ
⑤70kg×8回 ⎪ ションで8RM×最大反復
⑥65kg×8回 ⎭
※1RM：100kgの場合

表4-10．ウエイトリダクション法の実施例

筋肥大を目的としたトレーニングでは、各セットとも8〜12RMの負荷で最大反復することが必要となります。例えば、ウォームアップを除く全てのセットで8回目にオールアウトになるようにトレーニングしたい場合、1セット目に8RMで8回の最大反復を行ってしまうと、2セット目には1セット目と同じ重さでは、疲労のために8回の反復ができません。そこで、2セット目以降は、その時の疲労の状態で8回反復できる重量まで減らして、最大反復するようにします。このようにすると、複数のセットを

行っても、常にターゲットの回数になったところでオールアウトさせることができ、効率的な筋肥大トレーニングが可能となります。

11. トレーニング動作のスピードとテンポ

> ポイント4-31. ウエイトトレーニングの動作は、動きのスピードの観点からスピードリフトとスローリフトの2つに大別することができる。

> ポイント4-32. 筋力向上やパワー向上を目的とした場合にはスピードリフト、筋肥大やフォームづくりを目的とした場合にはスローリフトを用いる。

表4-11. トレーニングの動作の2つの分類

- **スピードリフト**
  できるだけ素早く行う
  挙上動作に意識を集中する
  運動単位の動員とコーディネーションの向上に効果的
  筋力・パワーアップに効果的
- **スローリフト**
  加速をつけず、一定スピードで動作を行う
  使用部位を意識する
  特定の部位の強化に効果的
  フォームの習得や筋肥大に効果的

ウエイトトレーニングの動作は、動きのスピードの観点から、大きく分けてスピードリフトとスローリフトの2つに分けることができます。

スピードリフトとは、ウエイトを全力ですばやく動かすトレーニング動作を指します。力強く全力で動作を行うことによって、神経系の働きや動きの改善がなされ、筋力やパワーの向上に役立ちます。

一方、スローリフトは、ウエイトをコントロールしながら加速をつけずに一定のスピードで動かすトレーニング動作を指します。ゆっくりとした動作を行うことによって、全ての可動範囲にわたって、筋肉に十分な刺激を与えることが可能となり、筋肥大に効果的です。また、正しいフォームを習得する際にもスローリフトを採用するのが一般的です。

スピードリフトでは、効率よくすばやく挙上することに重点が置かれているのに対し、スローリフトでは、動作よりも使用している部位や筋肉に刺激を与えることを重視しているという違いがあります。同じエクササイズを実施したとしても、スピードリフトで動作を行った場合と、スローリフトで動作を行った場合では効果の面で大きな違いが生じることになるため、トレーニング目的に適したスピードで動作を行うことが重要です。

> ポイント4-33. トレーニング目的に応じた動作のテンポの目安は次の通りである。

トレーニング動作のテンポについては、明確な基準が明らかにされていないのが実状です。しかし、トレーニング指導の際には、具体的な目安を示すことが必要となってきますので、経験的に導き出された動作のテンポを表4-12に示しました。例えば、筋肥大を目的とした場合の動作のテンポは、つねに一定のスピードで2カウントでウエイトを上げ、2～3カウントでウエイトを下ろすようにします。また、筋力やパワーを向上させたい場合には全力スピードでウエイ

表4-12. トレーニング動作のテンポの目安

目的	上げる動作	下ろす動作	動作スピード
フォームの習得	3	3～4	一定スピード
筋肥大	2	2～3	一定スピード
筋力 パワーアップ	全力	1～2	上げる：加速 下ろす：一定または加速

トを上げ、脱力せずコントロールしながら1～2カウントでウエイトを下ろすようにします。

12. トレーニング頻度の決定

> ポイント4-34. ウエイトトレーニングの頻度の決定にあたっては、トレーニングによる疲労と回復のサイクルを考慮する。

> ポイント4-35. ウエイトトレーニングの頻度の決定にあたって、考慮すべき主なポイントは以下の通りである。

1. 超回復現象
2. トレーニングの強度と量
3. 筋の伸張性収縮と筋肉痛
4. 部位による回復時間の違い
5. トレーニング以外の身体活動、睡眠、食事、ストレス

トレーニング頻度は、強度や量とともに、3つのトレーニング条件の中の一つに含まれており、プログラム作成のための重要な要素となるものです。ウエイトトレーニングについては、週2～3回、1～2日の休養日を設けて実施することが一般的な目安となっていますが、実際にはトレーニングの内容やその他の条件によって、調整が必要となってきます。また、選手の個人差も大きいので、トレーニング頻度の決定にあたっては、最初は一般的なガイドラインに基づいた方法で選手にトレーニングを行わせ、回復状況や体調などをみて、試行錯誤しながら最適なトレーニング頻度を探っていくようにします。

> ポイント4-36. トレーニング頻度の決定にあたっては、トレーニングの強度や量に配慮する

トレーニングの強度や量は、トレーニング後の疲労や回復時間に大きな影響を与える要素です。例えば、非常に大きな負荷（最大の90％以上）でトレーニングを行う場合や、最大反復を行ってからさらに補助者の助けを借りて数回反復するような疲労度の高いトレーニングを行う場合などには、トレーニング実施日の間隔を通常より1～2日くらい長めに設定するようにします。

一方、20RMで15回というような余裕のある条件でトレーニングを行う場合や、ごく軽い負荷でトレーニングを行う場合には、筋肉へのダメージが比較的少なく、疲労もそれほど強くないため、通常よりも高い頻度でトレーニングを行うことができます。

> ポイント4-37. トレーニング頻度の決定にあたっては、筋肉の伸張性収縮や筋肉痛について考慮する

ウエイトを下ろす動作を意識的にゆっくり行ったり、下ろす時に強い負荷をかけるようなトレーニングは、ネガティブトレーニングと呼ばれており、これを重点的に行った場合には、筋肉組織がダメージを受けたり、翌日や2日後に筋肉痛が発生しやすくなります。筋肉痛が起こった時には、原則として回復するまではその部位のトレーニングを控えることが必要です。痛みがあるのに無理をしてトレーニングを行ってしまうと、筋肉内のダメージを受けた部分がさらに損傷を起こして回復が遅れたり、けがの原因になることがあります。筋肉痛が起こったら、たとえトレーニングが予定されていたとしても、筋肉痛がとれるまではその部位のトレーニングを行わないようにすることが大切です。

> ポイント4-38. トレーニング頻度の決定にあたっては、部位による回復時間の違いを考慮する

各部位について同じような条件でトレーニングを行ったのに、翌日の疲労が部位によって異なるという経験を持っている人は多いと思います。これは、部位によってトレーニングによるダメージの受け方や回復時間が異なるために起こる現象と考えられます。

大きい筋肉の方が小さい筋肉よりも回復に時間がかかる傾向があるため、肩や腕のような小筋群のエクササイズよりも、大腿部や胸部、背部などの大筋群のエクササイズのトレーニング頻度を低めに抑えるように配慮します。特に、腰部（脊柱起立筋群）の疲労は回復しにくいため、疲労が残っている状態で、スクワットや立って行うエクササイズなどを行うと、正しい姿勢が維持できなくなることがあるので注意して下さい。

> ポイント4-39. トレーニング頻度の決定にあたっては、トレーニング以外の身体活動や

睡眠・食事・ストレスなどについて考慮する

　スポーツ選手が、競技の練習以外に、学校や職場において何らかの身体活動を行っている場合には、この内容や疲労度を考慮することが必要です。その他、睡眠時間や食事の内容、精神的ストレスなどについても、トレーニングによる疲労の回復に影響を与える因子として十分考慮するようにします。

13. トレーニングプログラムの分割

ポイント4－40．トレーニングプログラム全体をいくつかのコースに分けて実施する方法を分割法と呼ぶ。

ポイント4－41．プログラムの分割のメリットとしては、1回のトレーニングコースの質を高めて量や時間を抑えてることができること、トレーニング実施日であっても他のコースで使用する部位を休養させることができること、多人数が同時にトレーニングを実施する場合に使用する器具を分散させることができることなどがあげられる。

　初心者の場合、1回のトレーニングで、実施すべき全てのエクササイズを行うのが一般的です。しかし、トレーニング経験を積むと、トレーニングの強度や量が高まり、1回のトレーニングで全ての内容を実施することが難しくなってきます。このような場合には、全体のプログラムをいくつかのコースに分割して行う分割法を採用すると、1回あたりのトレーニングの質を高めるとともに、トレーニングの量や実施時間を少なく抑えることができます。

　また、トレーニングを分割して行えば、あるコースを行っている日に他のコースでトレーニングした部位を休養させることができるというメリットがあります。さらに、多人数の選手が同時にトレーニングを行う際に、全員が同じプログラムであった場合には、混雑のため器具の待ち時間が長くなってしまいますが、分割法を採用すればこのような不都合を解決することができます。

ポイント4-42．プログラムを分割する際には、分割された各コースの疲労の影響、トレーニング部位やエクササイズによる回復時間の違い、特に強化したい部位やエクササイズ等に配慮する。

◎プログラムの分割のポイント
①部位やエクササイズによる疲労の回復時間の違いを考慮する
②前に行ったトレーニングコースの疲労が、次に行うトレーニングコースに影響を与えないように配慮する。
③同一トレーニングコースにおいて、前に行うエクササイズの疲労が後に行うエクササイズに影響を及ぼさないように配慮して、各トレーニングコースで実施するエクササイズを決定する。

2分割の実施例（ABコース）

	月	火	水	木	金	土	日	月	火	水	木	金	土	日
パターン1	A	B	休	A	B	休	休	A	B	休	A	B	休	休
パターン2	A	B	休	休	A	B	休	休	A	B	休	休	A	B
パターン3	A	休	B	休	A	休	B	休	A	休	B	休	A	休

3分割の実施例（ABCコース）

	月	火	水	木	金	土	日	月	火	水	木	金	土	日
パターン1	A	B	C	休	A	B	C	休	A	B	C	休	A	B
パターン2	A	B	休	C	A	休	休	B	C	休	A	B	休	休
パターン3	A	休	B	休	C	休	A	休	B	休	C	休	A	休

表4-13．プログラムの分割の実施例

トレーニングプログラムの分割を行う際には、分割された各コースの相互間の疲労の影響や、トレーニング部位及びエクササイズによる疲労からの回復時間の違いなどを考慮する必要があります。例えば、月曜日にデッドリフト、水曜日にスクワットを行った場合、月曜日に実施したデッドリフトによる下背部の疲労が、水曜日までに回復せず、スクワットを行う際に正しいフォームが保てなくなったり、十分に重いウエイトが扱えなくなったりすることがあります。このような場合には、スクワットとデッドリフトを同じ日に実施した方が効果的といえます。

また、特に強化したい部位やエクササイズがある場合には、そのエクササイズを各コースに振り分け、それぞれのコースの最初や前半に実施する方法もあります。強化したいエクササイズを先に行うことによって、疲労していない状態で集中して質の高いトレーニングを行うことができます。

> ポイント4-43. 分割の方法には、上半身と下半身、共働筋のエクササイズを同じ日に行う方法、拮抗筋のエクササイズを同じ日に行う方法などがある。

トレーニングプログラムの分割の方法については、いくつかの代表的な方法がありますが、実施したエクササイズによる身体の反応や疲労の回復能力には個人差があるため、試行錯誤しながら個人に最適な方法を見いだすとともに、その日のコンディションによってトレーニング内容を微調整することが必要となります。

トレーニングの分割方法の代表的な例とそれぞれのポイントについて以下に述べます。

（1）上半身と下半身の分割

初めて分割法を導入する場合には、プログラム全体を上半身と下半身のプログラムに分割する方法が多く用いられています。上半身には下半身よりもトレーニングすべき部位やエクササイズが多いため、どうしても上半身のプログラムの全体量が多くなりがちです。このような場合には、上半身のエクササイズの中でも比較的負担の少ない、上腕や前腕のエクササイズを下半身のコースで行うようにするとよいでしょう。

（2）共働筋のエクササイズを同じ日に行う方法

ベンチプレスを行った翌日に、肩や上腕三頭筋のエクササイズを実施した場合、予定していた重量や回数でトレーニングが行えない場合があります。これは、前日のベンチプレスで、共働筋である肩や上腕三頭筋が疲労してしまったことが原因です。また逆に、肩や上腕三頭筋のエクササイズを行った翌日には、これらの筋肉の疲労によって、ベンチプレスで思ったような重量や回数が行えない場合もあります。このようなこと防ぐためには、胸、肩、上腕三頭筋といった押す動作で共働的に用いられる筋肉のエクササイズを同じ日に実施すると効果的です。

共働筋のエクササイズを同じ日に実施するようにプログラムを分割する方法としては、Aコースでは押す動作で用いられる部位（胸・肩・上腕三頭筋）のエクササイズを行い、Bコースでは引く動作で用いられる部位（背・上腕二頭筋・前腕）のエクササイズ、Cコースでは下半身や体幹のエクササイズを行うといった例があげられます。

（3）大筋群と小筋群のエクササイズを分割して行う方法

大筋群のエクササイズを行う日と小筋群のエクササイズを行う日を分割して行う方法です。さきほど述べた共働筋のエクササイズを同じ日に行う方法は、次のトレーニングコースに疲労の影響を及ぼさないように配慮されたものでしたが、この方法は、同一のコースの中で、前に行ったエクササイズの疲労が、後に行うエクササイズに支障をきたさないように配慮したものです。

例えば、1日のトレーニングコースの中で、肩や上腕三頭筋のエクササイズをベンチプレスの直後に行った場合には、前に行った場合に比べて使用する重量や回数がどうしても低下しがちです。このような場合には、大筋群と小筋群のエクササイズを分割して行うようにすると解決できます。プログラムとしては、Aコースで胸と背部のエクササイズ、Bコースで肩と腕のエクササイズ、Cコースで下半身と体幹のエクササイズというように分割するようにします。

14. トレーニングシステムとテクニックに関する基礎事項

> ポイント4-44. 特定のトレーニング目的のために作られたプログラム上の工夫をトレーニングシステムという。また、ウエイトトレーニングの実技上の工夫をトレーニングテクニックという。

◎トレーニングシステムの例
①フォーストレップス法
反復できなくなってから、補助者の力を借りてさらに数回反復する方法

②マルチパウンデッジ法
最大反復を行った後、重量を減らして休息を入れずにさらに反復を継続する方法

◎トレーニングテクニックの例
①チーティング法
安全な範囲内ではずみを用いた動作を行ったり、他の部位の動きを使って動作を行ったりする方法

②ピークコントラクション法
トレーニング動作のフィニッシュ時に使用する筋肉を意識的に収縮させる方法

第5章
パワーの養成と
専門的ウエイトトレーニング

努力して身につけた筋力を、スポーツのパフォーマンス向上に結びつけるためには、バーベルの最大挙上重量に代表される「一般的筋力」を、最大下の重量のバーベルをすばやく挙上するための「一般的パワー」や、競技の動作や条件にマッチした「専門的パワー」の向上へと橋渡しをするトレーニングが必要となってきます。この章では、パワーの養成や専門的ウエイトトレーニングのプログラム作成と実施にあたって、ぜひ身につけておきたい基本事項について紹介します。

1. パワー向上のためのウエイトトレーニングプログラムの作成と実施にあたって

1）パワーとは

「あの選手はパワーがある」とか「パワフルなプレー」というように、「パワー」は「力強さ」を表す言葉として日常的によく使われていますが、「パワー」とは、単に「力」の強さだけでなく、「スピード」の要素も加味されたものであり、力×スピードで表すことができます。

　また、パワーとは、本来「一定時間内にどれくらい多くの仕事ができたか」ということを意味しており、「パワー＝仕事÷時間」で表すことができます。これらのことから、パワーとは、単発的に発揮されるものだけでなく、これを継続的あるいは断続的に発揮する能力などを含む、幅広い意味があることを理解しておく必要があります。

2）最大筋力向上によるパワーやスピードの向上とトレーニング

> ポイント5－1．最大パワーを向上させるためには、最大筋力を向上させることが重要

　パワーを向上させるためには、力とスピードの両方の要素を向上させればよいわけですが、スピードの能力は先天的な要因に左右されやすいため、トレーニングによる改善が比較的難しいといわれています。しかし、力（筋力）の要素については、計画的な正しいウエイトトレーニングを継続して実施すればある程度までは改善することが可能なため、スポーツ選手にとって、パワーを効率よく向上させるためには、筋力基盤を高めることが重要なポイントであるといえます。

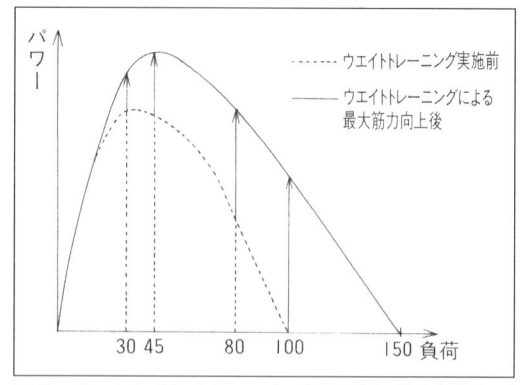

図5－1．ウエイトトレーニングの実施に伴う負荷とパワーの関係の変化の例（最大能力の向上によって、最大パワーが向上しやすくなると共に、最大下の同一負荷におけるパワーも向上しやすくなる）

　図5－1は、ウエイトトレーニングによって最大筋力が向上した場合、さまざまな負荷において発揮できるパワーがどのように変化するかを示したものです。力×スピードで表されるパワーは、最大筋力の約30％程度のところで最大になると言われています。

　例えば、ベンチプレスの最大挙上重量が100kgの人が、30kgのバーベルを全力で挙上した時に、力×スピードの値（パワー）が最大になったとします。この人がウエイトトレーニングを行い、最大挙上重量が150kgまで向上したとすると、単純計算で45kgのバーベルを使用したときに最大のパワーが発揮できることになり、パワーそのものの値も向上することになります。また、ベンチプレスの最大挙上重量が100gから150kgに向上することによって、80kgや100kgのバーベルを以前より速く挙上することも可能になります。これらのことから、最大筋力を向上させることがパワー向上に大きな効果をもたらすことが理解できると思います。

　ただし、最大挙上重量に近い負荷だけでトレーニングを行っていた人の場合には、最大の30％以下のような軽い負荷で大きなパワーを発揮しようとしたときに、軽い負荷での動作やすばやい動きに神経系が適応していないため、思ったほど大きなパワーが発揮できない場合があります。そこで、長期的なウエイトトレーニングのプログラムにおいては、最大筋力養成期で重い重量による挙上能力を向上させ、筋力基盤を十分に構築した後に、一般的及び専門的パワー養成

期において、軽めの負荷で全力スピードで動作を行うトレーニングを行って、筋力をスピードの要素の高いパワーへと転化していくことが必要となります。

3）最大パワーを高めるためのウエイトトレーニングの方法

ポイント5-2．最大パワーを向上させるためには、最大筋力を向上させるとともに、高負荷でできるだけすばやく動作が行えるようにすることが重要。また、一般的には、最大筋力の30%程度の負荷条件で得られる最大パワーを高めるためには、最大筋力の60%程度の負荷を用いて5～10回程度全力スピードで動作を行うと効果的。

ポイント5-3．最大パワーを向上させるためのウエイトトレーニングの具体的方法としては、次の3つがあげられる
　①挙上速度を向上させる
　②一定回数の所要時間を短縮していく
　③一定時間内の反復回数を増やしていく

ウエイトトレーニングの基本的なエクササイズによって、最大パワー（一般的パワー）を向上させるためには、まず第一に、そのエクササイズの最大挙上重量をある程度のレベルまで向上させることが必要条件となります。少なくとも高校生の筋力目標値程度（第6章表6-1参照）の筋力は養っておきたいものです。

前述したように、パワーは最大筋力の30%程度の負荷の時に最大になりますが、このような最大パワーを向上させるためには、最大筋力の60%程度の負荷を用いて全力スピードで5～12回程度の反復を行うことが有効であるといわれています。トレーニングの効果を具体的に把握するための工夫として、一定の反復回数の所要時間や一定時間内の反復回数を測定する方法があります。

例えば、ベンチプレスで10回の反復を全力スピードで行ったときに12秒かかる重量を用いて、できるだけすばやく10回の反復を行い、3分程度の休息時間を入れながら3セット行います。各セットともパートナーにストップウォッチで10回の所要時間を計測してもらい、これを短縮するように努力していきます。トレーニ

第5章　パワーの養成と専門的ウエイトトレーニング

ング開始当初10回の反復に12秒かかっていた条件で、所要時間を10秒まで短縮することができたら、重量をやや増やして再び10回の反復に12秒かかる条件に調整して、トレーニングを継続していきます。

同じように、12秒間に10回反復できる条件でトレーニングを実施し、12秒間内の反復回数を増やしていくように努力し、12回反復できるようになったら重量を増量するという方法もあります。

最大パワーを向上させるためのウエイトトレーニングの条件については、個人の特徴や専門競技によって異なることが考えられますので、上記の方法を参考にして選手やチームに最も合った方法に調整して実施するとよいでしょう。

表5-1．ベンチプレスの最大パワー向上のためのウエイトトレーニングの具体例

例1）一定回数の所要時間を短縮していく方法　10回の反復に12秒かかる重量×10回×3セット（休憩時間3分）
※各セット10回反復する所要時間を短縮していくように努力し、10回の反復が10秒でできるようになったら、重量を増やして再び12秒かかる重量に調整する

例2）一定時間内の反復回数を増やしていく方法
12秒間に10回反復できる重量×10回×3セット（休憩時間3分）
※12秒間の反復回数を増やしていくように努力し、12秒間に12回反復できるようになったら、重量を増やして再び全力努力で10回反復できる重量に調整する

4）爆発的パワーを向上させるためのウエイトトレーニング

ポイント5-4．爆発的パワーを向上させるためのトレーニング手段としては、以下のような方法がある
①クイックリフト
②伸張性収縮から短縮性収縮への切り替えをすばやく行うプライオメトリックトレーニング
③反動を利用したトレーニング動作の採用

図5-2は、時間経過に伴う力の発揮の様子を示したものです。握力や背筋力を測る際の測定中の数値の変化として考えるとわかりやすいと思います。図中のA選手はじわじわと大きな力を発揮する能力についてはB選手に劣りますが、B選手よりも早期に大きな筋力を発揮でき、最大値に達するまでの立ち上がりの時間が短いため、短時間で大きな力を発揮する能力に優れているといえます。

　多くのスポーツ動作の中では、じわじわと力を発揮する能力ではなく、ダッシュやジャンプ動作のように、瞬間的に大きな力を発揮する「爆発的パワー」が必要とされています。このような爆発的なパワーの発揮能力を高めるためには、まず第一に身体各部位を巧みに効率よく使って、一気にウエイトを挙上するクイックリフトが効果的です。正しいフォームを身につけ、重量の扱いに慣れてきたら、少しずつ重量を増加し、最終的には、80％以上の負荷で1～5回程度の反復を全力で行うようにします。

　また、爆発的なパワーの発揮能力を高めるためには、神経系に強い刺激を与え、伸張反射の機能を最大限に活用するためのプライオメトリックトレーニングが効果的です。年間のトレーニング期の中でも、パワー養成期にはジャンプドリルやメディシンボールエクササイズを中心としたプライオメトリックトレーニングを実施するとともに、ウエイトトレーニングにおいても、重量を下ろす動作から上げる動作へ切り返す局面をすばやく行ったり、安全な範囲内で、トレーニング動作に反動を使用すると効果的です。

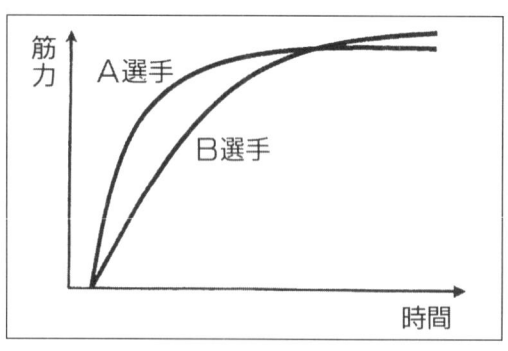

図5-2．動作中の力の発揮パターンの例
（A選手はじわじわと大きな力を発揮する能力はB選手に劣るが、瞬間的に大きな力を発揮する能力はB選手より優れているといえる）

2．専門的パワー養成のためのウエイトトレーニングのプログラム作成と実施にあたって

1）ローギアパワーとハイギアパワー

ポイント5-5．さまざまな負荷条件下で発揮されるパワーは以下の3つに分類される
①ローギアパワー（高負荷の条件下で発揮されるパワー）
②ミドルギアパワー（中等度の負荷条件下で発揮されるパワー）
③ハイギアパワー（低負荷の条件下で発揮されるパワー）

　パワーは力×スピードで表されることを繰り返し述べてきましたが、競技のパフォーマンス向上に役立つ専門的パワーを高めるためのトレーニングを実施する際には、競技によって要求されるパワーの質が異なることに注目する必要があります。

　表5-2に、負荷の大きさによるパワーの分類とスポーツとの関連について示しました。全力で動作を行うスポーツ動作は、強い負荷に打ち勝ちながらパワーを発揮するローギアパワーの動作と、中等度の負荷条件の中でパワーを発揮するミドルギアパワーの動作、そして低い負荷条件の中でパワーを発揮するハイギアパワーの動作の3つに分類することができます。これらの分類は自動車のギアをイメージすれば理解しやすいと思います。例えば、自動車を発進させたり、坂道を登る時のように大きな負荷がかかる時にはローギア、加速過程ではミドルギア、加速したスピードを維持するときにはハイギアで運転します。これと同じように、人間が静止した状態からダッシュを開始するときには、体重が負荷として作用するため、ローギアパワーが重要となり、加速過程ではミドルギア、十分に加速がついたらすばやいスピードを維持するためのハイギアパワーが必要となります。また、砲丸投げの動作においては、強い負荷に打ち勝ちながら動作を行うため、高負荷の条件下で大きなパワーを発揮するためのローギアパワーが重要であり、野球のボールを投げたり、卓球のスマッシュを行うような場合は、運動中にはそれほど負荷がかからず非常に速いスピード能力が要求

表5-2．負荷の大きさによるパワーの分類とスポーツとの関連

	負荷	スピード	スポーツにおける例
ローギアパワー	高	低速	静止状態からのダッシュ ラグビーのスクラムで押す動作、砲丸投げ ダッシュからの急激なストップや方向転換
ミドルギアパワー	中等度	中速	ダッシュの加速の局面 ハンドボールの遠投
ハイギアパワー	低	高速	ダッシュにおいて加速されたスピードを維持する局面 卓球のスマッシュ

されるため、低負荷の条件で高いパワーを発揮するためのハイギアパワーが必要となります。

各競技の専門的パワーを向上させるためのウエイトトレーニングを実施する際には、要求されるパワーの質について十分考慮し、パワーを構成する負荷やスピードの条件について検討することが重要です。

2）専門的パワー養成のためのウエイトトレーニングの条件設定

ポイント5-6．専門的パワー養成のためのウエイトトレーニングの動作や条件の設定にあたっては、専門競技のバイオメカニクス的な特異性と生理学的な特異性を十分考慮することが重要

各部位の個々の筋力や、スクワットなどの一般的エクササイズの筋力が十分に備わったとしても、これを専門スポーツのパフォーマンスに役立つように転化させることができなければ宝の持ち腐れになってしまいます。一般的な筋力やパワーを専門的パワーに効率よく転化させるためには、競技の動きや運動特性をさまざまな角度から分析し、専門的エクササイズを適切な動作や条件で実施することが重要です。また、専門的エクササイズの方法の決定にあたっては、客観的な分析から得られた情報だけでなく、指導者自身の運動実践や指導経験に基づくアイデアも採り入れ、トレーニングを実施する選手やチームに合ったトレーニング方法を開発していくべきであると考えられます。

表5-3．専門的ウエイトトレーニングの動作を決定するためのポイント

1：運動パターンの特異性：どんな動きか？
2：運動部位の特異性：どの筋肉を使用するか？
3：運動方向の特異性：力を発揮する方向や動きの軌道は？
4：運動範囲の特異性：動作における関節角度や関節可動範囲は？

表5-4．専門的ウエイトトレーニングの条件を条件を決定するためのポイント

1：運動負荷の特異性：動作中にどのくらいの負荷がかかるか？
　（これに対して発揮する力、パワー、スピードの大きさはどのくらいか？）
2：運動速度の特異性：動作中のスピードの変化は？(加速・等速・減速・変速・停止)
3：エネルギー供給機構（代謝）の特異性：力やパワーの発揮時間や休息時間、エネルギーの供給機構は？
4：筋収縮タイプの特異性：動作中の筋肉の収縮様式は？
5：その他
　　筋線維タイプの特異性：どのタイプの筋線維が動員されているか？
　　生化学的適応の特異性：スポーツ動作による筋細胞内の生化学的変化はどうか？

専門的エクササイズの動きや条件を検討するにあたっては、競技特性とトレーニングの効果の特異性を十分考慮することが必要です。まず、トレーニング動作を決定する際には、バイオメカニクス的（身体運動学的・運動力学的）な特異性に着目し、実際のスポーツ動作に近い動きや力を発揮する方向、使用する筋肉などを検討するようにします。一方、エクササイズの条件を決定する際には、生理学的な特異性に着目し、実際の競技場面で選手に加わる負荷の大きさや力を発揮する時間、エネルギーの供給機構、筋収縮様式などについて検討するようにします。

ポイント5-7．専門的ウエイトトレーニングの動作を決定する際には、主に次のポイントについて検討する。
①運動パターンの特異性
②運動部位の特異性
③運動方向の特異性
④運動範囲の特異性

専門的パワー向上のためのウエイトトレーニングの動作を決定する際には、主に次のようなポイントについて検討します。

【運動パターンの特異性】

専門とするスポーツの動きを十分に観察・分析し、実際の動きをそのままトレーニング動作に取り入れたり（全習的方法）、分解した動作（分習的方法）や、似通った動作（模倣的方法）など考慮してトレーニング動作を決定する方法です。競技特有の動きに負荷をかける方法としては、バーベルやダンベルを手に持ったり、かついだりして動作を行う方法が一般的ですが、その他には、メディシンボールを使用したり、ラケットなどの用具を重くする方法、ウエイトジャケットを着用したり、手首や足首にウエイトベルトを巻き付ける方法、負荷を牽引する方法、踏み台（ボックス）や階段、坂道などを利用する方法、プーリーやマニュアルレジスタンス（徒手抵抗）を利用する方法などがあります。

実施にあたっては、選手の競技レベルや筋力レベルを考慮して、部分的で単純な動きのエクササイズから、複合的もしくは全体的なエクササイズへと徐々に移行するようにします。

【運動部位の特異性】

専門とするスポーツ動作で特に使用される筋肉（主働筋）や補助的に使用される筋肉（共働筋）、運動中に動作を安定させたり（スタビライザー）、動作の終末局面でブレーキをかける役割を果たしている筋肉などを考慮してエクササイズの動作を決定する方法です。

スポーツ動作で使用する筋肉を個々に強化するトレーニングは、準備期の前半の、筋肥大期や最大筋力養成期までに行っておくべきですが、専門的ウエイトトレーニングとして実施する場合には、負荷や回数などを競技場面に近い条件で行うようにします。

【運動方向の特異性】

スポーツの動作中に力を加える方向や、身体各部位や用具の動きの軌道、身体が移動する方向などについて考慮してエクササイズの動作を決定する方法です。実際のトレーニングの実施にあたっては、スポーツ動作中に力を発揮する方向とともに、エクササイズ中に負荷が加わる方向についても考慮することが大切です。特に、フリーウエイトによるトレーニングの場合には、負荷は常に重力の方向（真下）にしか加わらないため、このような特性を考えた上でエクササイズのポジショニング（最初の姿勢）や動きを決定するようにします。

たとえば、砲丸投げの専門的ウエイトトレーニングとして、直立した状態でバーベルを胸の上に保持し、砲丸を突き出す方向（斜め上前方）にすばやくプッシュして引き戻す動作によるトレーニング（写真）がよく行われていますが、バーベルの負荷は重力方向（下方向）に作用しているため、負荷を重くするにしたがって、バーベルを下方向に落下するのを防ぐために必要な筋肉が動員されてしまう場合があります（軽い負

メディシンボール（左）やウエイトジャケット（右）を用いたトレーニング

荷で行う場合には問題はなく、効果的なトレーニング手段といえます)。

プーリー(ウエイトに連結されたケーブルを引っ張るトレーニング器具)利用して専門的な動作に負荷をかける場合には、力を発揮する方向を考慮するだけでなく、ケーブルの角度やケーブルの起始部分の位置などについても考慮することが必要です。また、プーリーは、単純に直線的に負荷をかける場合には非常に有効ですが、投球動作やテニスのストローク動作のように動作の軌道が円を描くタイプの場合には、実際の負荷のかかり方とは異なってきます。このように軌道が円を描くタイプの動きのパワーを向上させたい場合には、メディシンボールを使用すると効果的です。

身体が移動する方向について考慮する場合には、ウエイトトレーニングの動作中に重心移動を伴うエクササイズの導入を検討すると良いでしょう。例えば、ランジや踏み台(ボックス)を利用したステップアップなどのエクササイズは、バランスをとりながら重心移動を行う能力を高めるのに効果的です。

斜め上前方へバーベルを突き出す動作(左)とプーリーを使用した動作(右)

【運動範囲の特異性】

実際のスポーツ動作において、大きな力やパワーの発揮が必要な関節角度や、動作の可動範囲を考慮してエクササイズの動作を決定する方法です。例えば、野球のキャッチャーの場合には、実際のプレーの中では、膝を深く曲げてしゃがんだ状態から、打球を捕るために前方へダッシュをするような場面があり、通常のスクワット動作における膝の関節可動域よりも大きい関節角度での筋力発揮が必要となります。

> ポイント5-8.専門的ウエイトトレーニングの条件を決定する際には、主に次のポイントについて検討する。
> ①運動負荷の特異性
> ②運動速度の特異性
> ③エネルギー供給機構(代謝)の特異性
> ④筋収縮タイプの特異性
> ⑤その他:筋線維タイプの特異性、生化学的適応の特異性

> ポイント5-9.専門的パワー向上のためのトレーニングの負荷決定にあたっては、実際の競技場面で加わる負荷よりもわずかに強めの負荷をかけるようにし、負荷が強くなりすぎないように注意する

> ポイント5-10.チューブやトレーニングマシン(可変抵抗方式、油圧・空気圧方式など)を使用する場合には、負荷のかかり方の特徴を考慮し、トレーニング目的に応じて使い分ける。

専門的ウエイトトレーニングの条件を決定する際には、主に次のようなポイントについて検討します。

【運動負荷の特異性】

専門的パワーを向上させるためのウエイトトレーニングにおいては、基本的には実際の競技場面で加わる負荷よりもやや強めの負荷(オーバーロード)をかけるようにします。
負荷が強すぎた場合には、
a)エクササイズのフォームが崩れる
b)強い負荷条件に適応したフォームや運動感覚が形成されてしまう
c)特定の部位に過剰な負担がかかりケガが発生する

などの可能性が考えられます。したがって、専門的パワーを向上させるためのウエイトトレーニングの負荷の設定にあたっては、負荷の上限をどの程度にするかが重要なポイントとなります。トレーニングの実施にあたっては、やや軽めの負荷から開始して、様子を見ながら少しずつ負荷を上げていくようにします。

また、専門的ウエイトトレーニングの負荷の設定にあたっては、使用する器具や負荷手段によって、負荷のかかり方に違いがあることを理

解しておくことも大切です。例えば、チューブやバネの抵抗を利用したトレーニングでは、引っ張るほど負荷が増加します。また、トレーニングマシンを使用する場合には、カムなどの可変抵抗機構がついていて関節角度によって負荷が変化するものや、カウンターバランスがついていて運動中の負荷が軽減されたり慣性の働きに影響を及ぼすもの、油圧や空気圧方式のトレーニングマシンのように特殊な負荷がかかるものなどがあります。専門的ウエイトトレーニングの実施にあたっては、それぞれの負荷のかかり方の特徴を十分に理解し、実際の競技場面で加わる負荷のタイプに類似した器具を選択することが大切です。

なお、チューブやマシンによるトレーニングをスポーツ選手が実施することに否定的な立場をとる指導者もいますが、それぞれの機構や機能を十分理解し、適切な用途に対して使用すれば、それに見合った十分な効果を得ることができます。これらのトレーニング方法をむやみに否定すべきではありません。

【運動速度の特異性】
　実際のスポーツで行われる動作のスピードや、スピードの変化について考慮した上でトレーニング動作の速度やテンポを決定するようにします。

　スポーツの動作においては、ジャンプやダッシュのように加速する場面が多く見られることから、従来、加速動作に重点を置いたトレーニングがよく行われてきましたが、球技などにおいては、ダッシュからのストップや方向転換、ジャンプからの着地の動作が重要であるため、減速や停止に重点を置いたトレーニングも必要であると考えられます。

【エネルギー供給機構（代謝）の特異性】
　実際の競技場面において、全力でパワーを発揮する時間がどのくらいなのか、あるいはこれをどのように（継続的・断続的など）発揮するのかについて把握し、1セットの反復回数や所要時間、セット間の休息時間などを決定します。トレーニング条件の決定にあたっては、1セットの所要時間を実際の競技のパワー発揮の持続時間よりもやや長めに設定したり、休みをはさみながら断続的にパワーを発揮する競技の場合には、セット間の休息時間を実際よりもやや短めにするなどの方法があります。

【筋収縮様式の特異性】
　専門的ウエイトトレーニングの条件決定にあたっては、強化したいスポーツ動作がどのような筋収縮様式で行われているかを考慮してトレーニングを実施するようにします。

　多くのスポーツ動作においては、動的に筋肉を短縮させていく、短縮性収縮（コンセントリックコントラクション）による筋力やパワーの発揮が重要となりますが、競技場面によっては、異なる筋収縮タイプ（様式）が重要になる場合もあります。例えば、フィギュアスケートにおける回転ジャンプからの着地や、球技におけるダッシュからの方向転換やストップ、ボールの正確なキャッチ、柔道における組み手の保持の際などには、伸張性収縮（エキセントリックコントラクション）による筋力やパワーの発揮が重要となります。また、爆発的なパワー発揮の際には、伸張性収縮から短縮性収縮にすばやく

段階	運動時間	エネルギー獲得機構	スポーツの種類（例）
1	30秒以下	非乳酸性機構	砲丸投げ、100M走、盗塁、ゴルフ、アメリカンフットボールのバックスのランニング・プレー
2	30秒〜1分30秒	非乳酸性機構＋乳酸性機構	200M走、400M走、スピードスケート（500M、1000M）100M競泳
3	1分30秒〜3分	乳酸性機構＋有酸素性機構	800M走、体操競技、ボクシング（1ラウンド）、レスリング（1ピリオド）
4	3分以上	有酸素性機構	1500M競泳、スピードスケート（1000M）、クロスカントリースキー、マラソン、ジョギング

表5-5．エネルギー獲得機構からみたスポーツ種目（フォックス、1979）

表5-6. 筋収縮タイプと動作

筋収縮タイプ	スポーツ動作
短縮性収縮	静止状態からのジャンプ
伸張性収縮	ジャンプからの着地、ダッシュからのストップ
等尺性収縮	一定姿勢の維持
等速性収縮	水中での動作

切り返すプライオメトリック的な筋収縮パターンが重要となります。さらに、射撃や弓道のように一定の姿勢を維持し続けなければならない競技の場合には等尺性収縮（アイソメトリックコントラクション）が、水中運動では等速性筋収縮（アイソキネティックコントラクション）によるトレーニングを実施する場合もあります。

なお、部位によって運動中の筋肉の収縮様式が異なる場合があることにも考慮することが必要です。例えば、体幹部は上肢や下肢の筋群が動的に収縮して活動している際に、脊柱の正しい姿勢を維持するために静的に働いている場合があります。

3）専門的パワー養成のためのウエイトトレーニングの実施にあたってのチェックポイント

ポイント5-11．専門的ウエイトトレーニングは原則として、一般的ウエイトトレーニングによって十分な体力基盤が形成されてから導入する。

ポイント5-12．専門的ウエイトトレーニングを開始するにあたってのチェックポイントとしては以下の項目があげられる。
①専門的ウエイトトレーニングの実施に耐えられる筋力レベルに達しているか？
②各部位の筋力バランスはどうか？
③体幹部の姿勢を支持する能力は十分か？
④心理的限界が高められているか？
⑤トレーニングの意義を理解しているか？
⑥技術レベルはどうか？

これまでに繰り返し述べてきたように、専門的パワー向上のためのウエイトトレーニングで効率よく効果を上げるためには、一般的ウエイトトレーニングによって十分な基礎的筋力や正しいフォームを身につけておくことが重要です。しかし、スポーツ現場では、パフォーマンスへの即効的な効果を求めようとする傾向が強く、一般的・基礎的エクササイズをおろそかにしたり、最初から競技パフォーマンスの向上をねらった専門的ウエイトトレーニングに固執してしまうケースが多くみられます。一般的筋力が不十分な状態で無理に専門的ウエイトトレーニングを行った場合には、トレーニング効果をなかなか引き出せないばかりか、ケガを引き起こす可能性が高くなるので注意が必要です。専門的パワー向上のためのウエイトトレーニングの導入にあたっては、以下のような項目について十分配慮することが大切であり、もし、専門的ウエイトトレーニングを実施する条件に満たないと判断された場合には、年間を通じて、一般的ウエイ

種目	男子	女子
ベンチプレス1RM	体重の1.5倍	体重の0.9倍
チンニング	連続5回反復	ラットマシーンによるプルダウンで体重の0.8倍で連続5回反復
バックプレス1RM	体重の0.8倍	体重の0.6倍
スクワット1RM	体重の2倍	体重の1.7倍（体重の1.5倍で5回反復でも可）
レッグカール1RM	体重の0.6倍	体重の0.5倍
トランクカール（プレートを胸の上に保持して）	連続10回反復（10kgプレート）	連続10回反復（5kgプレート）

表5-7．専門的ウエイトトレーニング開始のための筋力目標値の設定例（パワー系競技の場合）

表5-8. 柔道選手の体重別筋力目標値

男子

	60kg級、66kg級	73kg級、81kg級	90kg級、100kg級	100kg超級
パワークリーン	体重の1.4倍	体重の1.3倍	体重の1.2倍	体重の1.0倍
スクワット	体重の2.2倍	体重の2.1倍	体重の2.0倍	体重の1.8倍
ベンチプレス	体重の1.7倍	体重の1.6倍	体重の1.5倍	体重の1.4倍
けんすい	18回以上	15回以上	10回以上	7回以上

女子

	48kg級、52kg級	57kg級、63kg級、70kg級	78kg級、78kg超級
パワークリーン	体重の1.2倍	体重の1.1倍	体重の1.0倍
スクワット	体重の2.0倍	体重の1.8倍	体重の1.6倍
ベンチプレス	体重の1.3倍	体重の1.2倍	体重の1.1倍
けんすい	15回以上	10回以上	5回以上

表5-9. バスケットボール選手の段階別筋力目標値設定例

高校バスケットボール選手の筋力目標値の目安

種目	男子	女子
ベンチプレス	体重の1.2倍の重量で1回反復	体重の0.8倍の重量で1回反復
ラットプルダウン	体重と同じ重量で5回反復	体重の0.7倍の重量で5回反復
パラレルスクワット	体重の1.5倍の重量で5回反復	体重の1.2倍の重量で5回反復
レッグカール	体重の0.4倍の重量で5回反復	体重の0.4倍の重量で5回反復
トランクカール	5kgのウエイトを胸に保持して10回反復	3kgのウエイトを胸に保持して10回反復

大学・実業団のバスケットボール選手の筋力目標値の目安

種目	男子	女子
ベンチプレス	体重の1.4倍の重量で1回反復	体重の0.9倍の重量で1回反復
ラットプルダウン	体重の1.2倍の重量で5回反復	体重の0.8倍の重量で5回反復
パラレルスクワット	体重の1.7倍の重量で5回反復	体重の1.4倍の重量で5回反復
レッグカール	体重の0.5倍の重量で5回反復	体重の0.5倍の重量で5回反復
トランクカール	8kgのウエイトを胸に保持して10回反復	5kgのウエイトを胸に保持して10回反復

※ラットプルダウン：ラットマシンを用いて、バーをベンチプレスと同じ幅で握り、肘を伸ばした状態からバーをあごの高さまで引き下げる動作。
※パラレルスクワット：太ももの上部が床と平行になるまでしゃがむスクワット。
※レッグカール：レッグカールマシンを使用し、できるだけ大きくひざを曲げる動作を行う。
※トランクカール：プレートやダンベルなどのおもりを胸の上に保持し、平らなマットの上に仰向けになり、ひざを曲げて脚部を固定し、反動や加速をつけずに腰部だけを丸める動作を行う。おもりは左右の手をクロスさせて持ち、両手が肩に触れた状態で、肘が太ももに触れるまで上体を起こす。

トトレーニングによる基礎的筋力の強化やウィークポイントの克服に重点を置くようにします。

a）専門的ウエイトトレーニングの実施に耐えられる筋力レベルに達しているか？

　専門的ウエイトトレーニングでは、競技特有の動きの中で負荷をかけることが多いため、部分的に過剰な負荷が身体にかかる場合があります。また、専門的ウエイトトレーニングの動作においては、姿勢を維持したりバランスをとったりする能力が要求されることが多いため、一定以上の筋力がないと、トレーニング中に姿勢やバランスを崩してケガをする危険性があります。また、ダッシュからの急激な方向転換やストップ、ジャンプからの着地のような動作では、身体に大きな衝撃が加わってくるため、選手の体重に見合った筋力を身につけることが必要です。表5-7に高いパワーが要求されるスポーツ競技の選手を対象とした、専門的ウエイトトレーニング導入のための筋力の目安を示しておきましたので、参考にして下さい。柔道のように階級制のあるスポーツの場合には、表5-8のように体重によって目標とすべき筋力を具体的に提示しておくと効果的です。また、表5-9のように年齢やレベル別に筋力の目標値を設定する方法もあります。

b）各部位の筋力バランスはどうか？

　専門競技の技術練習だけを長期にわたって実施していくと、よく使う部位や強い負荷のかかる部位は、ある程度のレベルまでは強化されますが、あまり使用しない部位や競技の動作で負荷がかかりにくい部位については、技術練習だけでは十分に強化できず、両者の差がはっきりしてきます。このような状態でいきなり専門的な動きに負荷をかけるトレーニングを行った場合、日頃から練習の中でよく使う部位をさらに負荷をかけて強化することになり、競技であまり負荷のかからない部位との筋力の差が広がることになってしまいます。

　専門的ウエイトトレーニングを導入するにあたっては、技術練習の中であまり使用されない部位や負荷のかかりにくい部位を考慮し、一般的エクササイズを用いて、身体の上下、左右、拮抗筋などのバランスをある程度改善しておくことが必要です。

◎筋力バランスを配慮すべきポイント
①上半身と下半身の筋力のバランス
②右側と左側の筋力のバランス
③拮抗筋どうしの筋力のバランス
　（押すと引く、伸ばすと曲げるなど）

c）体幹部の姿勢を支持する能力は十分か？

　専門的パワー向上のためのウエイトトレーニングにおいては、クイックリフトをはじめとする全身的・複合的エクササイズが中心となるため、これらの動作中の姿勢を安定させたり、下肢のパワーを上肢に伝達したりする際に、体幹部の高い筋力が重要となります。通常、体幹部の腹筋や脊柱起立筋群、外腹斜筋などの部位のウエイトトレーニングは、低負荷高回数で実施される場合が多いようですが、専門的ウエイトトレーニングを安全に行うためには、体幹部のエクササイズを実施する際にも、正しい動作が可能なレベルで10～15RM程度の負荷をかけ、体幹部の最大筋力や耐筋力（負荷に対して持ちこたえる筋力）を養成しておくことが必要であると考えられます。

d）心理的限界が高められているか？

　専門的ウエイトトレーニングの実施の際には、心理的限界や追い込む能力の高さが必要となります。例えば、30秒から40秒程度の全力発揮動作を1分程度の休息をはさみながら断続的に何セットも実施するようなウエイトトレーニングでは、かなりの苦痛を伴うため、これに打ち勝ち全力を出しきる精神的な強さがなければ十分な効果を上げることができません。また、ハイスピードで行うトレーニングや、爆発的な筋力発揮のトレーニングにおいては、同時に多くの筋群や筋線維を動員する必要があるため、心理的限界の低い人では十分な効果を引き出すことができません。

　専門的ウエイトトレーニングの開始にあたっては、効果を十分に引き出すためにも、まずは一般的ウエイトトレーニングを十分に積んで、全力を出し切ったり自らを追い込む能力や心理的限界を高める訓練をしておくことが重要です。

e）トレーニングの意義を理解しているか？

　自分の最大のパワーを出し切ったり、限界まで追い込むようなトレーニングを実施する際に

は、精神力はもちろんのこと、そのトレーニングを行う意義について理解し、十分な動機づけがなされていることが必要です。

また、専門的ウエイトトレーニングを実施できるレベルになると、各選手の個別性がより求められるようになり、個人的なトレーニング課題や目標が明確に打ち出されるようになってきます。さらに、1つ1つのエクササイズにも、固有のねらいがはっきりしてくるようになり、「スピードを重視するエクササイズ」、「反動的な動作を重視するエクササイズ」、「筋力を向上させるエクササイズ」、「維持度でよいエクササイズ」、「けがの予防を目的としたエクササイズ」など、1回のプログラムの中で、ねらいの異なるエクササイズを次々と実施していくことが要求されるようになります。専門的ウエイトトレーニングの効果を十分に引き出すためには、選手自身がトレーニングの意義やそれぞれのエクササイズのねらいを高いレベルで理解することが重要となります。

f）技術レベルはどうか？

専門的ウエイトトレーニングにおいては、実際の競技の動作そのものや、模倣もしくは分解した動きの中で負荷をかける場合があります。このような負荷をかけた動作では、実際の競技場面の動きよりも正しいフォームを維持することが難しくなります。このため、専門競技の技術レベルの低い選手の場合には、トレーニングで正しい動作を行うことが一段と困難になり、これが実際の競技の技術に悪影響をもたらしたり、ケガの発生に発展する危険性が考えられます。専門的ウエイトトレーニングを実施する際には、専門競技の技術についても一定以上のレベルに到達していることが必要です。

---

①基礎的筋力（ベーシックストレングス）の養成の段階
- しっかりとした筋力ベースをつくる段階
- ウェイトトレーニングの基本種目（例：スクワット）を用いて、体重に見合った筋力（最大筋力）を身につける。
- 全身の各部位の筋力バランスに配慮する。

▼

②基礎的パワー養成の段階
- 爆発的なパワーの出し方を神経や筋肉に覚え込ませる段階。
- 最大下のウェイトを用いて、できるだけすばやく、爆発的に動作を行なう。
- クイックリフト（例：ハイクリーン）も積極的に導入する。

▼

③専門的パワー養成の段階
- 高めたパワーを競技のジャンプ形態に応用する段階。
- 各種ジャンプドリル（ウェイトを用いない）による実戦的トレーニング。
- 踏み台（ボックス）、ハードル、コーン、メディシンボールなどの器具を利用して、さまざまな形態のジャンプを行ない、多角的な強化を図る。

● 各段階を通じて実施するトレーニング
ⓐジャンプ力向上にプラスとなる動的柔軟性を獲得するためのトレーニング
　（例：股関節周辺のダイナミックストレッチング）
ⓑ正しい体の使い方を習得するためのドリル
　（例：ジャンプ動作を分解したドリル、各種もも上げドリル、各種マット運動など）

表5-10．ジャンプ力向上のための段階的トレーニング例

第6章
初心者のプログラム作成の実際

本格的な負荷をかけるウエイトトレーニングは、一般的には、高校に入学してから開始します。高校生の時期は、選手としての高度な競技力を獲得するための体力基盤を築き上げる大切な時期であり、この時期に実施するウエイトトレーニングの効果が、その後の選手の競技力の向上やケガの発生に大きく関わってくると言っても過言ではありません。この章では、高校生の初心者がウエイトトレーニングを開始する際の段階的なプログラム例を、できるだけ具体的に紹介します。

1．高校生初心者のプログラム作成のねらい

　高校生が初めてウエイトトレーニングを実施するにあたっては、次の4つのポイントに配慮してプログラムを作成するとよいでしょう。

◎高校初心者のウエイトトレーニングの4つのポイント
1．安全で正しいフォームの習得
2．自分の体重や体格に見合った筋力を身につける
3．バランスに配慮した筋力強化を図る
4．傷害を起こしやすい部位の重点的強化

（1）安全で正しいフォームの習得

　ウエイトトレーニングの開始時に正しいフォーム（エクササイズテクニック）を習得することは、その後のトレーニング効果を効率よく得るために非常に重要なことです。間違ったフォームでは、十分な効果が得られないばかりか、ケガを引き起こす危険性もあります。ウエイトトレーニングを正しく行えば傷害を予防することが可能であるのに、トレーニングの実施によってケガを起こしてしまったとしたら、本末転倒と言わざるを得ません。

　また、ウエイトトレーニングを開始して間もない時期に、正しいフォームの指導がなされなかった場合には、自己流のフォームが身についてしまう場合もあります。いったん悪いフォームを覚えてしまうと、正しいフォームに修正するのに非常に時間と労力がかかるとともに、その後のトレーニング効果にも悪影響が及び、トレーニング意欲が減退してしまう場合もあります。

　ウエイトトレーニングを開始してから数ヶ月間は、指導者が選手の実施するウエイトトレーニングをできるだけ監督し、各選手のフォームやトレーニング条件をチェックすることが大切です。毎回トレーニングに立ち合うことは大変なことですが、3ヶ月も経てば、ほとんどの選手がフォームをマスターして重さに慣れるとともに、挙上重量の向上などの初期効果を実感することができ、「もっとやってみたい」という意欲も高まってきます。

（2）自分の体重や体格に見合った筋力を身につける

　ダッシュやジャンプなどの身体の移動の際には、自分の体重が負荷として作用するため、パフォーマンスの向上のためには、自分の体重や体格に見合った筋力を養成することが必要です。また、体重に見合った筋力を身につけることは、運動中に外部から加わる衝撃をやわらげるのに役立ち、傷害の予防にも効果的です。例えば、爆発的パワーを向上させるためのトレーニング手段としてプライオメトリックトレーニングがありますが、その中でも台から飛び下りてすぐにジャンプを行うデプスジャンプというエクササイズの場合には、着地時に非常に大きな衝撃が加わるため、安全に実施するためには、男女共にスクワットで少なくとも自分の体重の1．5倍（理想的には2倍以上）の重量を上げられるようにすることが必要であると言われています。

　高校生の場合には、表6−1のような基本エクササイズの筋力目標値を設定し、これを達成することを目標に日々のトレーニングを行うようにするとよいでしょう。例えば、男子の場合、スクワットでは体重の1．5倍、ベンチプレスでは体重の1．2倍を目標値とします。なお、身長の高い選手の場合には、一般的な体格の選手に比べて腰背部の正しい姿勢を維持しにくい傾向がみられるので特に体幹部周辺の筋力強化を図ることが大切です。

表6−1．高校生の筋力目標値（最大挙上重量）の設定例

スクワット	男子	体重の1．5倍
	女子	体重の1．2倍
ベンチプレス	男子	体重の1．2倍
	女子	体重の0．8倍
パワークリーン	男子	体重の1．0倍
	女子	体重の0．7倍

表6-2．スポーツ選手として身につけたい一般的筋力の最終的な目標値の設定例（パワー系競技の場合）

スクワット　　　男子・・・体重の２倍
　　　　　　　　女子・・・体重の１．７倍
ベンチプレス　　男子・・・体重の１．５倍
　　　　　　　　女子・・・体重の０．８倍
パワークリーン　男子・・・体重の１．２倍
　　　　　　　　女子・・・体重の１．０倍

（３）バランスに配慮した筋力強化を図る

　基本エクササイズの挙上重量を向上させると共に、各部位の筋力バランスに配慮することも大切です。例えば、スクワットを行うことによって大腿四頭筋を強化することはできますが、大腿部後面のハムストリングスを十分強化することはできません。そこで、ハムストリングスを強化するためのエクササイズとしてレッグカールなどを採用することが必要となってきます。

　また、上半身のエクササイズでは、ベンチプレスがよく行われていますが、ベンチプレスでは、押す動作で用いられる胸や肩の筋肉や上腕三頭筋は強化されますが、引く動作で用いられる背部の筋肉や上腕二頭筋を強化することができません。このため、チンニング（懸垂腕屈伸）やバーベルカールなどのエクササイズも実施して筋力バランスの調整を図る必要があります。

　ベンチプレスの場合、仰向けの楽な姿勢で比較的重い重量が扱えて達成感が高く、主働筋である胸の筋肉の発達が目で見て確認しやすいことなどから、初心者がトレーニングを開始すると、ベンチプレスの挙上重量を追求することだけに興味が向けられてしまうことが多いようです。指導者は、他のエクササイズの効用や筋力バランスの重要性について説明するとともに、ベンチプレス以外のエクササイズについても具体的な目標値を明確にし、プログラム全体の調和のとれた向上を目指すように配慮することが大切です。

（４）傷害を起こしやすい部位の重点強化

　傷害の予防や再発予防のために、ケガをしたことがある部位や、専門競技で傷害を起こしやすい部位については、その周辺の筋力を高めておくことが大切です。傷害を起こした部位の周辺は、筋力が低下したり、関節が不安定になったりすることが多いため、周辺の筋力を強化しておくことがその後の傷害の再発予防に大変役に立ちます。

　実際のウエイトトレーニングの実施においては、各選手に傷害を起こしたことがある部位を申告させ、チーム全体のプログラムの最後に、個別の強化エクササイズによって傷害部位周辺の強化を図るようにします。

２．高校生の初心者のための段階的プログラム例

（１）高校初心者のプログラムの進め方

　トレーニングプログラムには、「これがベスト」というものは存在せず、トレーニングを実施する選手の特徴や目的、チームの状況やトレーニング環境等に応じて試行錯誤しながらベターなものを追求していくことが必要となります。

　ここでは、前述した高校生のウエイトトレーニングのねらいと、トレーニング開始当初のからだの反応を考慮して作成した、段階的なプログラムのモデルケースを紹介します。

　プログラムで実施するエクササイズは、一般的なものを中心に必要最小限に抑えています。また、プログラム全体は、状況に応じて自由にアレンジできるように、できるかぎりシンプルに構成しています。

　表6-4は、高校生が初めてウエイトトレーニングを開始する場合の１６週間の段階的なプログラムの例を示したものです。この一連のプログラムを実施することによって、正しいフォームをマスターするとともに、基礎的な筋力をバランスよく獲得することができ、１６週間後には、年間の試合や練習日程に沿った上級生とほぼ同様のプログラムに合流することが可能となります。

エクササイズ	筋力バランスの観点から実施すべきエクササイズ例
ベンチプレス	チンニング、ラットプルダウン
スクワット	レッグカール、トランクカール

表6-3．バランスを考慮したエクササイズの選択例

表6-4．高校生の初心者のための段階的なプログラムの進め方の例

段階	期間	ねらい
第1段階	4週間	フォームの習得
↓		
第2段階	4週間	一定重量を用いて反復回数の増加を図る
↓		
第3段階	8週間	最大挙上重量の向上

（2）第1段階のプログラム

　表6-5は、高校生が初めてウエイトトレーニングを開始する場合の第1段階のプログラムです。この段階では、トレーニング器具の安全な扱い方とビッグスリーと呼ばれるパワークリーン、スクワット、ベンチプレスの主要3種目の正しいフォームをマスターすることを主なねらいとし、週3回、中1日から2日空けて実施します。1～3のビッグスリーのエクササイズについては、いずれも15回以上フォームを崩さずに反復できる程度の重量で10回4セット、90秒程度の休息時間をはさんで行います。開始重量は、表中の目安を参考にして、15回正確に反復できる程度で「やや軽い」と感じる程度の重量に設定するようにして下さい。また、各エクササイズを行う前には、ごく軽い重量でウォーミングアップを行うようにします。

　ビッグスリーが終わった後には、腹筋の強化種目としてトランクカールを行います。正確な動作を心がけ、腹筋の動きを十分意識しながら12回2セット実施します。

　2週間もすると、正しいフォームがほぼできあがってくると思います。フォームができるようになってきたら無理のない範囲で重量を少しずつ増やしていっても構いません。ただし、12～15回正確に反復できる範囲の重量にとどめておいて下さい。

　この段階の最後のトレーニング実施時には、10回ぎりぎり反復できる重量(10RM)を調べてみましょう。ウォーミングアップが終わったら、通常使用している重量よりも5～10kg程度増やして反復を行い、ちょうど10回反復できる重量を見つけだして下さい。重量を増やして反復を行ってみて、5回を越えたところで10回以上反復できそうだと感じたらその時点で反復をやめ、2～3分の休息後にさらに増量して反復回数を調べてみます。ここで測定した10RMは、次の第2段階で用いる重量となります。

（3）第2段階のプログラム

　表6-6は、第2段階の4週間のプログラムです。この段階では、ビッグスリーの正しいフォームを完成させるとともに、一定の重量による反復回数を増やすことによって重量に慣れ、筋力アップを図ることを主なねらいとします。第1段階では週3回実施しましたが、第2段階では強度や全体の量が増えるので、疲労の回復を考慮して週2回、中2～3日休んで行うよう

表6-5．第1段階のプログラム例

	種目	重量	開始重量の目安	回数	セット	セット間の休息時間
1	パワークリーン	15RM	男子20～30kg 女子10～20kg	10回	4	90秒
2	スクワット	15RM	男子35～45kg 女子20～35kg	10回	4	90秒
3	ベンチプレス	15RM	男子35～45kg 女子20～35kg	10回	4	90秒
4	トランクカール	15RM		12回	4	90秒

期間：4週間
頻度：週3回、中1～2日空けて実施
ねらい：トレーニング器具の安全な扱い方と基本エクササイズの正しいフォームをマスターする
備考：第1段階終了時にビッグスリー（パワークリーン、スクワット、ベンチプレス）の10RMを測定する

表6-6. 第2段階のプログラム例

	種目	重量	回数	セット	インターバル	エクササイズの位置付けと強化部位・強化目的
1	パワークリーン	10RM	5回	4	2分	主要（コーディネーション、爆発的パワー）
2	スクワット	10RM	8回	4	2分	主要（大腿部、臀部、体幹部）
3	ベンチプレス	10RM	8回	4	2分	主要（胸部、肩部、上腕伸筋）
4	ラットプルダウン	10RM	10回	3	1分	補助（上背部）
5	サイドレイズ	10RM	10回	3	1分	補助（肩部）
6	レッグカール	10RM	10回	3	1分	補助（ハムストリングス）
7	トランクカール		12回	2	1分	補助（腹部）

期間：4週間
実施頻度：週2回、中2～3日空けて実施
ねらい：1．一定重量による反復回数を増加させることによってビッグスリーの筋力向上とフォームの完成を図る
　　　　2．補助エクササイズの導入により身体各部位のバランスを考慮した強化を図る
主な方法：1．ビッグスリーは10RM×8回×4セット（ただしパワークリーンは5回）
　　　　　2．補助エクササイズは10RM×10回×3セット
　　　　　3．各エクササイズについて1～2セットのウオーミングアップを行う
　　　　　4．セット間の休息時間はビッグスリーは2分、その他のエクササイズは1分
　　　　　5．プログラムの総所要時間は1時間以内を目安にする
備考：1．ビッグスリーについては、2週間後に10RMを測定し、使用重量を調整する
　　　2．第2段階終了時にビッグスリーの1RMを測定し、第3段階の条件設定の目安とする

にします。

　ビッグスリーのエクササイズについては、第1段階の最後に測定した10RMを用い、スクワットとベンチプレスは8回、パワークリーンは5回の反復を行います。補助エクササイズとしては、ビッグスリーで強化される部位との筋力バランスを考慮して、ラットプルダウン（背部のエクササイズ）、サイドレイズ（肩のエクササイズ）、レッグカール（ハムストリングスのエクササイズ）を加え、それぞれ10RMの重量で10回3セット行うようにします。

　1セット目に10RMで10回行うと、1セット目の疲労によって、2セット目や3セット目に10回の反復ができなくなります。このような場合には、セットごとに重量を少しずつ（2.5kg程度）減らすようにします。

　第2段階のプログラムを開始して2週間程度経つと、ビッグスリーでは最初に設定した重量が軽く感じられるようになってくるはずです。そこで、2週間目の最後のトレーニング時にビッグスリーの10RMを再度測定し、使用重量の調整を行ってみて下さい。補助エクササイズについては、毎回のトレーニングの際に10回反復したところで余裕があれば、その都度重量を少しずつ増やしていくようにします。

　4週間経過してこの段階の最後のトレーニング実施時には、ビッグスリーの1RMを測定してみましょう。1RMを測定する方法については、第8章を参考にして下さい。1RMは、正しいフォームで挙上できる最大の重量であり、フォームを崩さないように注意して下さい。スクワットやパワークリーンの正しいフォームが十分マスターできていない選手の場合は、1RMではなく5RMの測定でも構いません。

　1RMを測定することには賛否両論がありますが、指導者の監督の下で、きちんと補助者をつけて正しいフォームで実施すれば大きな弊害はないと考えられます。1RMを測定することによって、重い重量に対する恐怖心を取り除くことができるほか、最大筋力を出し切る能力（心理的限界）を高めることにも役立ちます。

　心理的限界の低い選手（特に女子選手）の場合は、1RMの測定の際に、積極的に高重量に挑戦しようとしない選手が多い傾向にあります。指

表6-7．第3段階のプログラムの実施方法

期間：前半4週間、後半4週間
実施頻度：2つのコースを交互に週3回、中1～2日空けて実施
ねらい：1．ピラミッド法の導入による最大挙上重量の向上
　　　　2．分割法によるプログラムの質の向上と1回のトレーニング時間の短縮
　　　　3．補助エクササイズの導入による身体部位のバランスを考慮した強化
主な方法：1．ビッグスリーの重量と回数の設定方法
　　　　　前半4週間　　1）50%×10回　2）70%×5回　3）85%×3回
　　　　　　　　　　　　4）80%×5回　 5）70%×10回　6）60%×10回
　　　　　後半4週間　　1）50%×10回　2）75%×5回　3）85%×3回
　　　　　　　　　　　　4）90%×1～2回　5）85%×5回　6）80%×7回
　　　　　2．補助エクササイズは8～10RM×8～10回×2～3セット
　　　　　3．補助エクササイズについては1～2セットのウォーミングアップを行う
　　　　　4．セット間の休息時間はビッグスリーは2～3分、その他のエクササイズは1分
　　　　　5．プログラムの総所要時間は40～50分
　　　　　6．実施例
　　　　　　　　月火水木金土日月火水木金土日
　　　　　　　　A休B休A休休B休A休B休休
備考：ビッグスリーについては、前半と後半の終了時に、それぞれ1RMを測定し、筋力の変化を把握するとともに、使用重量の調整を行う

導者は、選手に働きかけて重い重量に挑戦させるように導くことが必要です。

（4）第3段階のプログラム
　表6-7～9に、第3段階の8週間（前半4週間、後半4週間）のプログラムの具体的なプログラム例とその実施方法を示しました。この段階では、いよいよビッグスリーの最大挙上重量の向上をねらっていきます。
　第3段階のプログラムは全体を2つに分割し、AコースとBコースを交互に週3回実施するようにします。このような分割法を採用することによって、トレーニングの質を高めるとともに、1回あたりのトレーニング時間を短縮することが可能となります。また、この段階からは、補助エクササイズをさらに増やすことによって、広範囲にわたるバランスを考慮した強化を図ることができるようになります
　ビッグスリーのエクササイズについては、第2段階の最後に測定した1RMを基準とし、この値に対する割合（%）で負荷の設定を行います。前半の4週間は、1セット目に50%で10回、2セット目に70%で5回のウォームアップを行った後、3セット目に最も重い85%で3回行い、集中して全力を発揮します。ここまでのセットでは主として神経系に強い刺激を与えて最大筋力の向上を目指すことがねらいとなります。
　その後重量を減らして、4セット目に80%で5回、5セット目に70%で10回、6セット目に60%で10回行います。これらのセットの中でも特に5セット目と6セット目は最大反復に近いところまで追い込むことになるので、筋肥大の効果を得ることができます。セット間の休息時間は2～3分程度と長めにとるようにします。
　後半の4週間は、1セット目に50%で10回、2セット目に75%で5回のウォームアップを行った後、3セット目に85%で3回、4セット目に90%で1～2回、集中して全力を発揮します。さらに、5セット目には3セット目と同じ85%で5回、6セット目には重量を下げて80%で7回反復し、前半のように最大反復に近いところまでは追い込まず、余裕のある反復回数の中で全力発揮を行い、パワーの向上をねらっていきます。
　前半と後半の終了時には1RMの測定を行い、筋力の変化を調べるとともに、1RMの変化に応じて各セットで用いる重量の調整を行います。

（5）第3段階終了後のチェックポイント
　16週間にわたる段階的なプログラムを実施

表6-8. 第3段階前半4週間のプログラム

Aコース（下半身と体幹の強化）

	種目	重量	回数	セット	インターバル	エクササイズの位置付けと強化部位・強化目的
1	パワークリーン	欄外参照			2～3分	主要（コーディネーション、爆発的パワー）
2	スクワット	欄外参照			2～3分	主要（大腿部、臀部、体幹部）
3	レッグカール	10RM	10回	3	1分	補助（ハムストリングス）
4	シングルカーフレイズ		15回	2	1分	補助（下腿部）
5	トランクカール	10RM	10回	3	1分	補助（腹部）
6	バックエクステンション		10回	3	1分	補助（脊柱起立筋、ハムストリングス、臀部）

Bコース（上半身の強化）

	種目	重量	回数	セット	インターバル	エクササイズの位置付けと強化部位・強化目的
1	ベンチプレス	欄外参照			2～3分	主要（胸部、肩部、上腕伸筋）
2	ラットプルダウン	10RM	10回	3	2～3分	補助（上背部）
3	バックプレス	10RM	10回	3	1分	補助（肩部）
4	バーベルカール	10RM	10回	3	1分	補助（上腕屈筋）
5	リストカール		15回	2	1分	補助（前腕部）

※ビッグスリーの実施方法
1）50％×10回　2）70％×5回　3）85％×3回
4）80％×5回　5）70％×10回　6）60％×10回

表6-9. 第3段階後半4週間のプログラム

Aコース（下半身と体幹の強化）

	種目	重量	回数	セット	インターバル	エクササイズの位置付けと強化部位・強化目的
1	パワークリーン	欄外参照			2～3分	主要（コーディネーション、爆発的パワー）
2	スクワット	欄外参照			2～3分	主要（大腿部、臀部、ハムストリングス）
3	デッドリフト	男子：65～85kg×10回×3 女子：45～65kg×10回×3			2分	補助（ハムストリングス、臀部、体幹部）
4	レッグカール	8RM	8回	3	1分	補助（ハムストリングス）
5	シングルカーフレイズ		15回	2	1分	補助（下腿部）
6	トランクカール		12回	2	1分	補助（腹部）
7	バックエクステンシ		12回	2	1分	補助（脊柱起立筋）

Bコース（上半身の強化）

	種目	重量	回数	セット	インターバル	エクササイズの位置付けと強化部位・強化目的
1	ベンチプレス	欄外参照			2～3分	主要（胸部、肩部、上腕伸筋）
2	ラットプルダウンまたはチンニング	8RM	10回 10回	3 2	1分	補助（上背部）
3	ワンハンドロー	10RM	10回	2	1分	補助（上背部）
4	バックプレス	8RM	8回	3	1分	補助（肩部、上腕伸筋）
5	サイドレイズ	10RM	10回	2	1分	補助（肩部）
6	ライイングトライセップスエクステンション	10RM	10回	3	1分	補助（上腕伸筋）
7	バーベルカール	10RM	10回	3	1分	補助（上腕屈筋）
8	リストカール	15RM	15回	2	1分	補助（前腕部）

※ビッグスリーの実施方法
1）50％×10回　2）75％×5回　3）85％×3回
4）90％×1～2回　5）85％×5回　6）80％×7回

することによって、ほとんどの選手は、正しいフォームをマスターするとともに、基礎的な筋力をバランスよく獲得することができ、年間の試合や練習日程に沿った上級生とほぼ同様のプログラムに合流することが可能となります。4月の入学当初にプログラムを開始した選手の場合には、4ヶ月経過後の8月ごろから上級生と同じプログラムを実施しても支障がない状態になります。

　上級生と同じプログラムに合流するにあたっては、次の2つのポイントについてチェックしてみましょう。

①筋力目標値との比較
　表6-1の高校生の筋力目標値を参考にして、各選手の1RMがこの目標値に対して何％に達しているか調べてみましょう。専門競技によって若干異なりますが、この目標値の70％に達しない選手の場合には、筋力が向上しない原因を探るとともに、基礎的な筋力強化を図るプログラムを年間を通じて実施する必要があります。

②フォームのチェックと修正
　第3段階が終了した時点で、ビッグスリーについては、フォームのチェックリスト（巻末資料参照）を使用して、正しいフォームがマスターできているかどうか調べてみましょう。フォームチェックの結果は、選手に直ちにフィードバックし、正しくできていない部分については何度も反復練習を行わせ、フォームを修正するように指導します。

第7章
ウエイトトレーニングの長期プログラムと各期のトレーニングの実際

ウエイトトレーニングを正しく継続的に実践していけば、バーベルの挙上重量は確実に向上していきます。しかし、バーベルの挙上能力を、専門競技のパフォーマンスの向上に効率よく結びつけるためには、年単位あるいは数年単位の長期にわたる計画的なプログラムが不可欠です。この章では、目標とした試合で高いパフォーマンスを発揮するためのウエイトトレーニングの長期計画の作成について紹介します。

1. 長期プログラム作成のための基礎知識

> ポイント7-1. トレーニングプログラムを作成する際に、いくつかのトレーニング期間に区分することを、トレーニングの「期分け」または「周期化」（Periodization・ピリオダイゼーション）と呼ぶ。

ウエイトトレーニングの年間計画を作成する際には、目標とする試合で高いパフォーマンスが発揮できるように、数週間ごとのいくつかの期間に分けてプログラムを展開していきます。このようにトレーニング期間を区切り、一定の期間ごとに計画的にプログラムを変化させていくことをトレーニングの「期分け」または「周期化」（Periodization・ピリオダイゼーション）と呼んでいます。

> ポイント7-2. トレーニングによって最善に準備された状態のことを「競技的状態」（Sport form・スポーツフォーム）と呼ぶ

トレーニングの実施によって、選手の競技への準備体勢（いわゆるコンディション）が変化していきますが、試合に出場するにあたって最もよい状態に準備された状態のことを競技的状態（Sport form・スポーツフォーム）と呼んでいます。トレーニングの長期計画においては、このような競技的状態をいかに高いレベルでタイミングよく形成するかが課題となります。

> ポイント7-3. トレーニングの期分けは、ストレスに対する身体の反応や超回復現象がベースとなっている

どんなに効果的で最適と思われるプログラムでも、一定の期間を経過すると効果が思わしくなくなり、現状維持どころか効果の停滞や体調の悪化などに陥ってしまう場合もあります。このような現象は、トレーニング刺激のマンネリ化や、無意識のうちに起こるオーバーワークなどによってもたらされることが多く、トレーニング刺激やストレスに対する人間のからだの反応を理解し、これをプログラムに反映させることが必要となります。

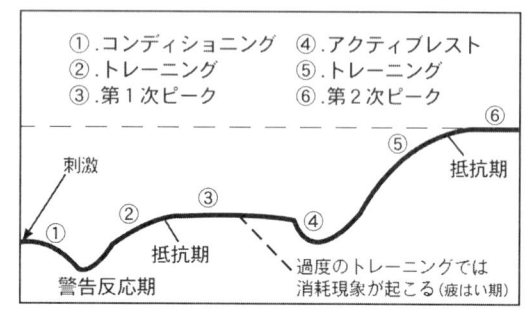

図7-1 一般的適応症候群のウエイトトレーニングプログラムへの適用

> ポイント7-4. 競技的状態を高いレベルに向上させるためには、形成－維持－消失の3つの段階を周期的に更新していくことが必要

年間を通じてよいコンディションを維持し続けることは難しく、むしろ身体に対して大きな負担を強いることになります。長期的な超回復を得るためにも、試合の時期に応じてコンディションを周期的に変化させることが必要です。

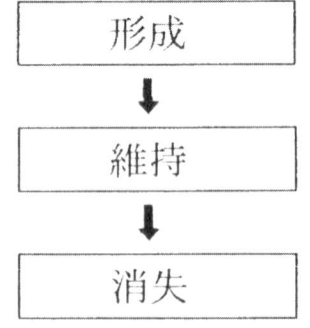

形成 → 維持 → 消失

表7-1 スポーツフォームの周期

> ポイント7-5. 期分けの基本単位としては、マクロサイクル、メゾサイクル、ミクロサイクル、トレーニングセッション（トレーニングレッスン）の4つがある。

第7章　ウエイトトレーニングの長期プログラムと各期のトレーニングの実際

表7-2．期分けの基本単位とその期間

マクロサイクル	・・・・・数ヶ月単位
メゾサイクル	・・・・・およそ1ヶ月単位
ミクロサイクル	・・・・・およそ1週間単位
トレーニングセッション	・・1回のトレーニング

ポイント7-6．マクロサイクルとは、競技的状態の形成－維持－消失の周期に対応する、最も大きな数ヶ月単位のサイクルであり、準備期－試合期－移行期の3つに分けることができる。

ポイント7-7．メゾサイクルとは、同じタイプまたは数タイプのミクロサイクルが3～6個程度組合わさったもので、通常1ヶ月程度（3～8週間程度）の期間となる。

ポイント7-8．ミクロサイクルとは、通常1週間（3～8日程度）のまとまりのあるプログラムの単位のこと指す。

ポイント7-9．トレーニングセッションとは、トレーニングの最小単位であり、通常1回のトレーニング構成のことを指す。

ポイント7-10．トレーニングプログラムにおいては、原則として一般的トレーニングから専門的トレーニングへと移行するようにし、両者の配分を対象や目的に応じて変化させていく。

　試合期に高いパフォーマンスを発揮するためには、準備期の前半には一般的なトレーニングの割合を多くし、試合期が近づくにつれて専門的なトレーニングの割合を多くしていくようにする。

ポイント7-11．ある体力要素の向上を関連する別の体力要素の向上に結びつけることを「転化」という。

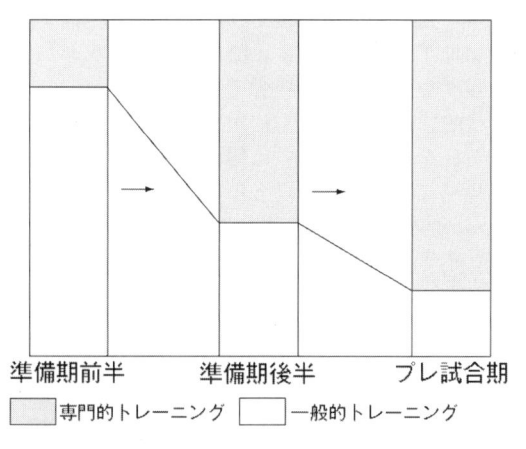

図7-2　各トレーニング期における一般的トレーニングと専門的トレーニングの配分の例

表7-3．ウエイトトレーニングの期分けの模式図

マクロサイクル	準備期			試合期		移行期
メゾサイクル	筋肥大期	筋力養成期	パワー養成期	ピーキング期	維持期	移行期
ミクロサイクル						

※ピーキング期は準備期に入れる場合もある

表7-4．ウエイトトレーニングの期分けの模式図（補助期間を含めたもの）

マクロサイクル	準備期			試合前		移行期
マクロサイクルの補助期間	一般的準備期		専門的準備期	プレ試合期	主要試合期	
メゾサイクル	筋肥大期	筋力養成期	パワー養成期	ピーキング期	維持期	
メゾサイクルの補助期間	I　II	I　II	I　II			
ミクロサイクル						

```
┌──────────────┐
│  一般的筋力  │
└──────────────┘
       ↓ 転化
┌──────────────┐
│  一般的パワー │
└──────────────┘
       ↓ 転化
┌──────────────┐
│  専門的パワー │
└──────────────┘
```

表7-5　一般的筋力を専門的パワーに転化させることが重要

　最大筋力を高めることは、最大下の負荷におけるパワーやスピードの基盤として役立ちます。また、一般的エクササイズのパワーを高めることは、競技の専門的パワーの向上のための基礎づくりに役立ちます。このように、ある体力要素の向上を関連する他の体力要素の向上に役立てることを、「転化あるいは特化」といいます。

> ポイント7-12．プログラムの期分けやサイクルの設定にあたっては、超回復の短期的サイクルだけでなく、週単位、月単位といった中長期的な超回復のサイクルも十分考慮し、意識的にトレーニング条件に強弱をつけることが効果的

　毎回のトレーニングごとの短期的な超回復については比較的把握しやすいと考えられますが、週単位や月単位といった、中・長期的な超回復についてはなかなか把握しにくいものです。毎回のトレーニングごとの短期的な超回復を十分考慮していても、長期にわたって継続していくうちに、知らず知らずのうちにオーバーワークや精神的なバーンアウトに陥ってしまうことがあります。このようなことを防ぐためには、トレーニングが順調に進行していると感じる時でも、定期的にトレーニングの内容に変化をつけたり、一定期間の積極的休養（ウエイトトレーニング以外の軽い運動を行う）の期間を設けることが必要です。

　中・長期的な超回復をウエイトトレーニングのプログラムに応用する際には、トレーニングの強度や量を個人の疲労度や回復状況に応じて波状的に変化させる方法が一般的ですが、これらの日々の把握や調整は難しく、チーム単位でトレーニングを行う場合には現実的ではありません。そこで単純な方法として、その日の主要なエクササイズの使用重量に強弱をつける方法や、トレーニング頻度に変化をつける方法などがあります（図7-3）。

2．ウエイトトレーニングの長期プログラム作成の実際

（1）ウエイトトレーニングの長期的構想の作成

図7-3．主要エクササイズの使用重量の変化のつけ方の例
　　　　（プログラムを分割せず、実施曜日を固定した場合）
2パターン変化の場合

	月	火	水	木	金	土	日	月	火	水	木	金	土	日
第1例	高		低		高		低		高		低		高	
第2例	高		高		低		高		高		低		低	

3パターン変化の場合

	月	火	水	木	金	土	日
第1例	低		中		高		低		中		高		休
第2例	中		高		低		中		高		低		休
第3例	低		高		中		中		高		中		休

※例えばスクワットやベンチプレスのその日の最大重量を、「高」の日は1RMの90％、「中」の日は80％、「低」の日は70％に調整して実施する

図7-4．ウエイトトレーニングの頻度のバリエーション例

```
月 火 水 木 金 土 日 月 火 水 木 金 土 日
A  B  休 A  B  休 A  B  休 A  B  休 A  B    2オン1オフシステム(中2日休)
A  休 B  休 A  休 B  休 A  休 B  休 A  休   1オン1オフシステム(中3日休)
A  B  休 休 A  B  休 休 A  B  休 休 A  B    2オン2オフシステム(中3日休)
A  休 B  休 休 A  休 B  休 休 A  休 B  休 休  1オン1オフシステムの応用
                                            (中3～4日休)
```

表7-6 ウエイトトレーニングの長期構想の例

段　階	ウエイトトレーニングのねらい
中学生期	正しいフォームづくり
高校生期	フォームの完成、基礎的筋力と筋力バランスの養成
大学生期	基礎的筋力の完成と専門的パワーの養成
社会人期	専門的パワーの完成と維持

ウエイトトレーニングの長期プログラムは通常1年単位で作成されますが、ウエイトトレーニングによって養成された基礎的な筋力が、実際のパフォーマンスの向上に役に立つようになるまでには、最低でも2～3年の年月がかかります。したがって、1年間のプログラムを作成するのに先立ち、今後の各選手の競技選手としてのビジョンとトレーニングの長期的な構想を練るようにします（表7-5）。

（2）ウエイトトレーニングの年間プログラムの期分け

ウエイトトレーニングの1年間のプログラムは、競技特性によって異なりますが、詳細に期分けを行った場合には以下のようになります。

1．準備期
①一般的準備期
　1）導入期
　2）筋肥大期
　3）筋力養成期
　4）一般的パワー養成期
②専門的準備期
　1）専門的パワー養成期
　2）ピーキング期
2．試合期
3．移行期

準備期は、試合期に高い競技力を発揮するための体力強化を図る時期であり、前半の体力基盤を養成する期間を一般的準備期、後半の競技パフォーマンスの向上に直結した体力強化を行う期間を専門的準備期と言います。

一般的準備期は、ウエイトトレーニングのねらいによって、導入期、筋肥大期、筋力養成期、一般的パワー養成期の4つの期間に分けることができます。

最初の導入期は、軽い負荷を使用して、トレーニングにからだを慣らすとともに、基本エクササイズのフォームの確認を行います。そして、次の筋肥大期には、最大筋力や最大パワーを高めるための土台となる筋肉づくりを目指すとともに、靱帯や腱にも適度な刺激を与え、以降に実施する大きな負荷や衝撃がかかるトレーニングへの耐性を高めます。

基礎筋力養成期には、主としてビッグスリーを中心とした主要エクササイズの最大挙上重量を高めることをねらいとし、これに続く一般的パワー養成期には、一般的なエクササイズによって、すばやい動作でトレーニングを行い、最大パワーを高めるトレーニングを行います。なお、一般的パワー養成期は、一つのトレーニング期として独立させることはまれであり、続いて行われる専門的パワー養成期と兼ねる場合がほとんどです。

専門的準備期は、専門的パワー養成期とピーキング期の2つの期間に分けることができます。専門的パワー養成期においては、養成された一般的な筋力やパワーを、競技パフォーマンスに直結する専門的パワーに転化することをねらいとし、これに続くピーキング期には、試合期にピークパフォーマンスが発揮できるようにトレーニング量や強度を調整し、体調を整えていきます。

試合期に入ったら、高めた筋力やパワーの維

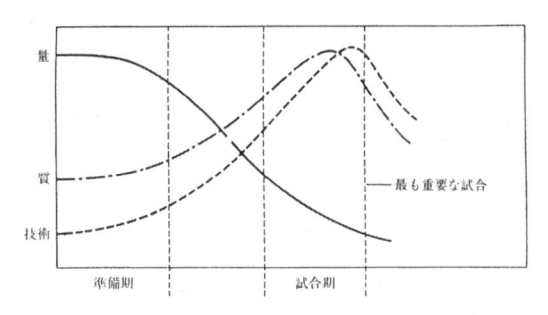

図7-5．シーズンを考慮したトレーニングの量と質
(Stone, M. H., and H. S. O`Bryant. Weight Training: A Scientific Approach. Minneapolis, MN: Burgess. 1987.)

表７－７．ウエイトトレーニングの１年間の期分け

１．準備期
①一般的準備期：基本エクササイズによる筋力及びパワーの強化や筋肉づくりを重視する期間
１）導入期‥基本エクササイズのフォームチェックとからだ慣らし
２）筋肥大期‥競技選手の土台となるバランスを考慮した筋肉づくり 傷害防止の為、靭帯や腱の耐性を高める
３）筋力養成期‥基本エクササイズの最大挙上重量の向上
４）一般的パワー養成期‥基本エクササイズの最大パワーの向上
②専門的準備期：競技の専門性を考慮したパワーの向上や試合期に向けた調整を行う時期
１）専門的パワー養成期‥専門競技で要求される体力要素や動きを考慮した 筋力やパワーの向上を狙う
２）ピーキング期‥試合に備えたコンディションの調整
３）試合期‥準備期に養成した筋力・パワーの維持
４）移行期‥試合期の疲労の回復や精神的リラックスを図る ウェイトトレーニングは補正的にごく軽く実施

持に重点を置きます。そして、試合期が終わった後の移行期には、ウエイトトレーニングは行わず、積極的休養によって心身の回復を図ります。

（３）試合シーズンに対応したウエイトトレーニングの期分け

競技によって試合の時期が異なりますが大別すると、メインの試合が１つの時期に集中して

図７－６．１シーズン制競技（大学アメリカンフットボールチーム）の年間ウエイトトレーニングプログラム例

週番号	月	週開始日(月曜日)	競技・練習日程	2～4年生(レギュラー選手)		1年生	形態・体力測定(2～4年生)	形態・体力測定(1年生)
1	1	5		一般的準備期	導入期			
2		12						
3		19			筋肥大期①			
4		26						
5	2	2						
6		9						
7		16					○	
8		23			筋肥大期②			
9	3	2						
10		9						
11		16						
12		23						
13		30			最大筋力養成期①			
14	4	6	オープン戦			第１段階のプログラム	△	△
15		13	オープン戦					
16		20	オープン戦					
17		27	オープン戦					
18	5	4	オープン戦		最大筋力養成期②	第２段階のプログラム		
19		11	オープン戦					
20		18	オープン戦					
21		25	オープン戦					
22	6	1	オープン戦	専門的準備期	パワー養成期①	第３段階前半のプログラム		
23		8	オープン戦					
24		15	オープン戦					
25		22						
26		29						
27	7	6			パワー養成期②	第３段階後半のプログラム	○	○
28		13						
29		20						
30		27						
31	8	3						
32		10	夏合宿		ピーキング期	2～4年生と合流		
33		17	夏合宿					
34		24						
35	9	31	リーグ戦	試合期	維持・調整期	レギュラー外選手は筋肥大プログラム		
36		7	リーグ戦					
37		14	リーグ戦					
38		21	リーグ戦					
39		28	リーグ戦					
40	10	5	リーグ戦			レギュラー外選手は筋力強化①プログラム		
41		12	リーグ戦					
42		19	リーグ戦					
43		26	リーグ戦					
44	11	2	リーグ戦					
45		9	リーグ戦			レギュラー外選手は筋力強化②プログラム		
46		16	決勝リーグ					
47		23	決勝リーグ					
48		30	決勝リーグ					
49	12	7	決勝リーグ					○
50		14		移行期	実施しない	実施しない		
51		21						
52		28						

△：形態測定のみ実施

図７－７．２シーズン制競技（大学バレーボールチーム）の年間ウエイトトレーニングプログラム例

週番号	月	週開始日(月曜日)	競技・練習日程	2～4年生(レギュラー選手)		1年生	形態・体力測定(2～4年生)	形態・体力測定(1年生)
1	12	14		準備期①	導入期			
2		21						
3		28			筋肥大期		○	
4	1	5						
5		12						
6		19						
7		26						
8	2	2			最大筋力養成期			
9		9						
10		16						
11		23						
12	3	2					○	
13		9			パワー養成期			
14		16						
15		23						
16		30						
17	4	6				第１段階のプログラム		△
18		13	春季リーグ戦	試合期①	維持・調整期			
19		20	春季リーグ戦					
20		27	春季リーグ戦					
21	5	4	春季リーグ戦			第２段階のプログラム		
22		11	春季リーグ戦					
23		18	春季リーグ戦					
24		25						○
25	6	1				第３段階前半のプログラム		
26		8						
27		15						
28		22	東日本学生					
29		29		準備期②	筋力養成期			
30	7	6				第３段階後半のプログラム		
31		13						
32		20						
33		27						
34	8	3					○	○
35		10	夏合宿		パワー養成期	2～4年生のプログラムに合流		
36		17	夏合宿					
37		24						
38		31						
39	9	7						
40		14	秋期リーグ戦	試合期②	維持・調整期	レギュラー外選手は筋肥大プログラム		
41		21	秋期リーグ戦					
42		28	秋期リーグ戦					
43	10	5	秋期リーグ戦					
44		12	秋期リーグ戦					
45		19	秋期リーグ戦			レギュラー外選手は筋力養成プログラム		
46		26						
47	11	2						
48		9						
49		16	全日本学生					
50		23		移行期	実施しない	実施しない		
51		30						
52	12	7						

△：形態測定のみ実施

いる1シーズン制の競技と、2つあるいはそれ以上に試合の時期が分散している多シーズン制の競技にわけることができます。ここでは、1シーズン制と2シーズン制の競技におけるウエイトトレーニングプログラムの期分けの例を示します。なお、新人選手については、トレーニング経験や体力レベルに応じて、3ヶ月～6ヶ月程度はチーム全体とは別のプログラムを実施するようにします。

3．各期のウエイトトレーニングの実際

（1）導入期のウエイトトレーニングプログラム

一般的準備期の最初には、2～4週間程度の導入期を設定し、ウエイトトレーニングから遠ざかっていたからだをトレーニングに徐々に慣らしていきます。導入期のウエイトトレーニングでは、各エクササイズを最大挙上重量の50～60％程度の余裕のある負荷を用いて、ゆっくりと正確な動作を心がけるようにします。無理に重い重量を使用したり、限界まで反復する必要はありません。「もう少しやってみたい」「ちょっと物足りない」と思うくらいにとどめておくのがポイントです。

この時期には、以降のトレーニング期に重量を増加させても傷害をおこさないようにするために、基本エクササイズのフォームをチェックし、正しいフォームが確実に行えるようにしておきます。

指導者がトレーニング動作のフォームチェックを行うにあたっては、チェックリストを使って具体的な評価を行うとともに、フォームの修正すべきポイントを選手に把握させた後、選手同士でお互いにその内容について重点的にチェックし合うようにすると効果的です。

◆導入期のウエイトトレーニングのねらい

1）ウエイトトレーニングの動作や負荷に体を慣らす
2）基本エクササイズの正しいフォームの確認を行う

（2）筋肥大期のウエイトトレーニングプログラム

①筋肥大期のウエイトトレーニングのねらい

表7－8．導入期のトレーニング条件のガイドライン

採用するエクササイズ：各部位の代表的な基本エクササイズを中心に5～7種類選択
重量：12RMより軽い負荷（50～70％1RM程度）
回数：10回程度
セット数：主要エクササイズについては4～5セット、補助エクササイズについては2～3セット
セット間の休息時間：60～90秒
頻度：週2～3回（中1～2日空ける）
備考：加速をつけずゆっくりとしたスピードで動作を行う

表7－9．導入期のウエイトトレーニングプログラム例

実施方法：週3回、中1～2日空けて2週間実施
ねらい：体慣らしとエクササイズの正しいフォームの確認

No	エクササイズ名（主働筋、種類）	重量×回数×セット数	セット間の休息時間
1．	スクワット（大腿伸筋、臀部・多）	50％×10回×3セット	全て60～90秒
2．	ベンチプレス（胸・多）	50％×10回×3セット	
3．	ラットプルダウン（背・多）	12RM×10回×3セット	
4．	サイドレイズ（肩・単）	12RM×10回×3セット	
5．	レッグカール（ハムストリングス・単）	12RM×10回×3セット	
6．	トランクカール（腹・単）	15回×3セット	
7．	個人の傷害予防エクササイズ		

※多：多関節エクササイズ　単：単関節エクササイズ

筋肥大期には、最大筋力や最大パワーを高めるための土台となる筋肉づくりを行うとともに、できるだけ大きな可動範囲でトレーニング動作を行い、靱帯や腱に適度な刺激を与えて、強度の高いエクササイズへの耐性を高めるようにします。
　また、この時期には、身体各部位についてまんべんなく刺激を与えることができるようにエクササイズを選択し、バランス良く強化することが大切です。特に、主要エクササイズであるベンチプレス、スクワット、パワークリーンの3種目で使用される主働筋以外の部位（上背部や腹部、ハムストリングス等）については複数のエクササイズを採用し、重点的に強化するように努めます。

②筋肥大期のウエイトトレーニングの指導ポイント
　筋肥大期は、年間の中でも最も多くのエクササイズを実施できる唯一の期間であり、この時期にしっかりとしたからだを作ることが、以降の筋力やパワーの向上によい結果をもたらすことを選手に十分理解させるようにします。
　競技によっては、選手が筋肥大に抵抗感を持っている場合があります。例えば、相手チームとのコンタクトプレーがなく高くジャンプすることが要求されるバレーボールや、心肺持久性が要求される持久的競技の選手の場合には、筋肥大することによって無駄な筋肉や体重が増え、動きが鈍くなったり、競技力のマイナスになると考えているケースがあります。筋肉は単なる「おもり」ではなく動力源であること、筋肉づくりをするのは年間の中でも限られた期間だけであり、段階的にパフォーマンス向上に向けたプログラムを実施していることなどをわかりやすく伝え、誤解を解いておくことが必要です。
　なお、筋肥大期や筋力養成期には、食事や休養に十分配慮する必要があります。例えば、アメリカンフットボールやラグビーのようなコンタクトスポーツの選手の場合には、この時期に体重を増やしておくことが非常に重要なことであり、必要なエネルギーやタンパク質をしっかりと摂取するように心がけます。また、疲労の回復能力には個人差があるため、チーム全体のプログラムを全員に強制するとオーバーワークになってしまう場合があります。指導者は、選手各自の疲労や回復の状況を把握して、プログラム内容の調整を行ったり、筋肉痛のある部位のエクササイズについては、回復するまで延期するように指示したりします。

③筋肥大期のプログラムの条件設定
　筋肥大期には、通常5週間から10週間程度充当します。6週間以上の期間を筋肥大期に充てることができる場合には、筋肥大期全体を2つの期間に分けて、負荷や回数などに変化をつけたり、エクササイズの種類を変えたりしてプログラムがマンネリ化しないように配慮します。高校生レベルでは、エクササイズの種類はあまり多くしないようにして、基本エクササイズに重点を置くようにします。
　筋肥大期のウエイトトレーニングプログラムにおいては、身体各部のバランスを考慮し、多関節エクササイズとともに単関節エクササイズも多く導入して細部まで刺激を与えるようにします。例えば、胸部の筋肉を使用する多関節エクササイズであるベンチプレスを、反復できなくなるまで行っても、胸部の筋肉自体は十分にオールアウトしているとは限りません。そこで、ベンチプレスの後に、胸の筋肉を重点的に使用するダンベルフライやバーチカルチェストのような単関節エクササイズを実施することによって、胸部の筋肉自体を十分にオールアウトさせることができます。
　使用する重量は8～12RM（70～80％1RM）程度を目安とし、加速をつけずにゆっくりとしたスピードで、各セットとも繰り返しができなくなる最後の1回まで全力を出し切って反復するようにします。反復できなくなった後に、補助者の力を借りてさらに2～3回反復するフォーストレップス法を採用すると大変効果的です。セット間の休息時間は60～90秒以内とします。1セット目に最大反復を行うと、2セット目以降同じ重量では決められた回数を反復することができません。そこで、2セット目以降はその時点の疲労度で所定の回数の反復が可能な重量まで減らしてトレーニングを行うようにします（ウエイトリダクション法という）。
　なお、ビッグスリーの中でもパワークリーンとスクワットについては、最大反復を無理に行おうとすると、フォームが崩れて怪我を引き起こす危険性があります。ウォーミングアップを行った後に、所定の負荷（8～12RM）にセットして、余裕のある回数（あと1～2回フォームを崩さずに反復できる程度）でセットを終えるよ

表7-10. 筋肥大期のトレーニング条件の一般的なガイドライン

> 採用するエクササイズ：身体各部のバランスを考慮し、多関節エクササイズとともに単関節エクササイズも導入して細部にわたる強化を図る。大筋群（胸、背、大腿など）については2〜3種類のエクササイズ、小筋群（肩、腕など）については1〜2種類のエクササイズを選択し、各部位のエクササイズごとにまとめて実施する。1回のトレーニングのトータルエクササイズ数は10を越えない程度にとどめておく。
> 重量：8〜12RM（70〜80％1RM）
> 回数：最大反復（反復できなくなるまで繰り返す）
> 　　　補助者の力を借りてさらに数回反復してもよい（フォーストレップス法）
> セット間の休息時間：60〜90秒
> 備考：加速をつけずゆっくりとしたスピードで動作を行う
> 　　　分割法を採用する

うにします。

④効果を上げるためのテクニック
1）フォーストレップス法
　筋肥大期には、反復できなくなったところで、補助者の助けを借りてさらに2〜3回反復するフォーストレップス法を用いると効果的であるといわれています。

　フォーストレップス法を実施する場合には、挙上できなくなったところでトレーニング者が補助者に合図をし、補助者は力を抜かないように指示しながら2〜3秒程度でゆっくりとフィニッシュのポジションまで挙上を手伝います。ウエイトを下ろす動作の時には、筋肉の伸張性収縮（エキセントリックコントラクション）を意識しながら、できる限りトレーニング者自身の力でゆっくりと行うようにします（万一に備えて補助者は手を添えておいて下さい）。ウエイトトレーニングの動作においては、通常、可動範囲の中で最も力が発揮しにくいポジション（スティッキングポイント）で挙上できなくなりますが、スティッキングポイント以外の可動範囲では挙上できなくなった時点でもまだ余力が残っています。このため、補助者は、スティッキングポイント周辺については力を貸して補助し、スティッキングポイント以外の範囲においては補助の力をややゆるめるようにして、トレーニング者の余力を最後まで出し切るように導きます。

2）ネガティブトレーニング
　筋肥大を効率的に促すための手段として、重量を下ろす動作を3〜5秒程度かけて、ゆっくりと行う方法を用いる場合があります。ただし、このようなテクニックを用いると、筋肉の遅発性筋肉痛（トレーニングの翌日から2日後に発生し、回復に時間がかかる筋肉痛）が起こりやすくなるため、筋肉痛の回復を考慮してトレーニング頻度を調整するようにします。なお、筋肉痛が残った状態で、ハードな技術練習やプライオメトリックトレーニングを実施した場合、オーバーワークや傷害を招く危険性が考えられるので十分に注意して下さい。

（3）筋力養成期のウエイトトレーニングプログラム
①筋力養成期のウエイトトレーニングのねらい
　この期間のウエイトトレーニングのねらいは、主要エクササイズ（特にスクワット、ベンチプレス、バックプレスなど）の最大挙上重量（1RM）を向上させ、パワー発揮のためのしっかりとした筋力基盤を作ることにあります。また、高負荷を用いることによって、集中力や心理的限界を高めたり、各部位の協調的な筋力発揮能力を向上させることなども目的とします。

②指導ポイント
　最大筋力を高めるトレーニングの実施にあたっては、まず第一に現在の筋力を具体的に把握し、適切な目標値を設定することが重要です。筋肥大期が終了した時点で主要エクササイズの最大挙上重量（1RM）の測定を行い、その数値をもとに、各選手の具体的な目標値を決定します。この時点で設定する目標値は、2〜3ヶ月後に実施する次回の測定の際に達成できそうな5〜10％増くらいの数値を目安にするとよいでしょ

表7-11. 筋肥大期のウエイトトレーニングのねらい
1）身体各部位のバランスのとれた筋肥大
2）腱や靱帯の強化と強度の高いエクササイズへの耐性の向上

表7-12. 筋肥大期（前半）のウエイトトレーニングプログラム例
方法：週3回、各コースを交互に実施、5週間実施
ねらい：身体各部位のバランスを考慮した筋肉づくり、クイックリフトの動きづくり

Aコース（胸部、背部、肩部、腹部の強化）		
No エクササイズ名（主働筋・種類）	重量×回数×セット数	セット間の休息時間
1．ベンチプレス(胸・多)	①50％×10×1 ②10RM×最大反復×3	全て60～90秒
2．ダンベルフライ（胸・単）	①10RM×最大反復×3	
3．ベントオーバーローイング（背・多）	①15RM×8～10×1 (ウォームアップセット) ②10RM×最大反復×3	
4．ラットプルダウン（背・多）	①10RM×最大反復×3	
5．バックプレス（肩・多）	①15RM×8～10×1 ②10RM×最大反復×3	
6．サイドレイズ（肩・単）	①10RM×最大反復×2	
7．トランクカール（腹・単）	①15RM×15×3	
8．個人の傷害予防エクササイズ		

Bコース（脚部、臀部、腕部、脊柱起立筋群の強化）		
No エクササイズ名（主働筋・種類）	重量×回数×セット数	セット間の休息時間
1．パワークリーン(複合・多)	①40～50％×8×4	90秒
2．スクワット（大腿伸筋、臀部・多）	①50％×10×1 ②60～70％×8×3	以下60～90秒
3．レッグエクステンション（大腿伸筋・単）	①15RM×8～10×1 ②10RM×最大反復×3	
4．レッグカール（大腿屈筋・単）	①15RM×8～10×1 ②10RM×最大反復×3	
5．バーベルカール（上腕屈筋・単）	①15RM×10×1 ②10RM×最大反復×2	
6．ライイングトライセプスエクステンション （上腕伸筋・多）	①15RM×10×1 ②10RM×最大反復×2	
7．バックエクステンション（脊柱起立筋・単）	①15RM×15×3	
8．個人の傷害予防エクササイズ		

※10RM×最大反復とは10回反復できる重量で反復できなくなるまで繰り返すことであり、調子の良い時には10回以上反復できる場合もあるのでこのように表記します（以下同様）。

第7章　ウエイトトレーニングの長期プログラムと各期のトレーニングの実際

表7－13．筋肥大期（後半）のウエイトトレーニングプログラム例
方法：週4回、A，B，Cコースを循環しながら5週間実施
　　　実施例）月　火　水　木　金　土　日　月　火　水　木　金　土　日
　　　　　　　A　B　休　C　A　休　休　B　C　休　A　B　休　休
ねらい：身体各部位のバランスを考慮した筋肉づくり、クイックリフトの動きづくり

Aコース（胸部、背部、腹部の強化）		
No　エクササイズ名（主働筋・種類）	重量×回数×セット数	セット間の休息時間
1．ベンチプレス(胸・多)	①50%×10×1 ②8RM×最大反復×3	全て60秒以内
2．インクラインベンチプレス(胸上部・多)	①15RM×10×1 ①8RM×最大反復×3	
3．ダンベルフライまたはバーチカルチェスト(胸・単)	①8RM×最大反復×2	
3．チンニング（背・多）	①体重×10×2	
4．ラットプルダウン（背・多）	①8RM×最大反復×3	
5．ワンハンドダンベルローイング（背・多）	①8RM×最大反復×左右2	
6．ツイスティングシットアップ（腹・多）	①15RM×10×左右2	
7．トランクカール（腹・単）	①12RM×12×2	
8．個人の傷害予防エクササイズ		

Bコース（肩部、腕部の強化）		
No　エクササイズ名（主働筋・種類）	重量×回数×セット数	セット間の休息時間
1．バックプレス（肩・多）	①50%×10×1 ②8RM×最大反復×3	全て60秒以内
2．サイドレイズ（肩・単）	①10RM×最大反復×2	
3．ベントオーバーサイドレイズ（肩・単）	①10RM×最大反復×2	
4．ライイングトライセプスエクステンション（上腕伸筋・単）	①15RM×10 ②8RM×最大反復×3	
5．トライセプスプレスダウン(上腕伸筋・単)	①8RM×最大反復×2	
6．バーベルカール（上腕屈筋・単）	①15RM×10回 ②8RM×最大反復×3	
7．コンセントレーションカール(上腕屈筋・単)	①8RM×最大反復×左右2	
8．リストカール（前腕・単）	①15RM×最大反復×2	
9．個人の傷害予防エクササイズ		

Cコース（脚部、臀部、脊柱起立筋群の強化）		
No　エクササイズ名（主働筋・種類）	重量×回数×セット数	セット間の休息時間
1．パワークリーン（複合・多）	①65～70%×8×4	2分
2．スクワット(大腿伸筋、臀部・多)	①50%×10 ②70～75%×8×5	以降60秒以内
3．レッグエクステンション(大腿伸筋・単)	①15RM×8～10 ②10RM×8×3	
4．スティッフレッグドデッドリフト（大腿屈筋・単）	①15RM×8～10 ②10RM×8×4	
5．カーフレイズ（下腿・単）	①15RM×15×3	
6．バックエクステンション（脊柱起立筋群・単）	①15RM×15×3	
7．個人エクササイズ		

う。また、垂直跳びや反復横跳びなど、ウエイトトレーニングによる筋力向上に影響を受けやすい測定値についても並行して測定し、筋力の向上がパフォーマンスにどの程度の影響を与えるのかを選手に把握させるようにすると効果的です。

最大筋力養成のためのプログラムにおいては、実施する各セットの重量や回数の的確な設定が不可欠です。主要エクササイズの場合には、1RMの～％という方法で重量設定を行いますが、端数が出る場合があるので、パーセンテージチャート（巻末資料参照）を利用して正確な重量でトレーニングを行うように努めます。指導者は、フォームのチェックとともに、選手のプログ

表7－14．筋力向上のためのトレーニングサイクルの一例

第1週　重い日　①50％×8回　②70％×8回×3セット
　　　　軽い日　①50％×8回　②60％×10回×3セット

第2週　重い日　①50％×8回　②75％×7回×3セット
　　　　軽い日　①50％×8回　②65％×10回×3セット

第3週　重い日　①50％×8回　②80％×5回×3セット
　　　　軽い日　①50％×8回　②70％×10回×3セット

第4週　重い日　①50％×8回　②70％×5回　③85％×3回×3セット
　　　　軽い日　①50％×8回　②70％×10回×3セット

第5週　重い日　①50％×8回　②75％×5回　③90％×2回×3セット
　　　　軽い日　①50％×8回　②75％×8回×3セット

第6週　重い日　①50％×8回　②80％×5回　③95％×1～2回×2セット
　　　　軽い日　①50％×8回　②75％×8回×3セット

第7週　重い日　①50％×8回　②80％×5回　③90％×1回　④100％×1～2回×2セット
　　　　軽い日　①50％×8回　②80％×5回×3セット

第8週　重い日　①50％×8回　②80％×5回　③90％×1回　④100～105％×1～2回×2セット
　　　　軽い日　①50％×8回　②80％×5回×3セット

第7章　ウエイトトレーニングの長期プログラムと各期のトレーニングの実際

表7－15．筋力養成期のウエイトトレーニングのねらい
①主要エクササイズの最大挙上重量の向上
②心理的限界を高めるとともに、トレーニング動作における各部位の協調的な筋力の発揮能力を向上させる

表7－16．筋力養成期のトレーニング条件の一般的なガイドライン
採用するエクササイズ
・主要な多関節エクササイズを中心に実施
　（1RMの向上をねらう主要エクササイズとしては、パワークリーン、スクワット、ベンチプレス、バックプレス、インクラインベンチプレスなどがあげられる）
・補助エクササイズについては主要エクササイズへの疲労の影響を配慮して少なめに抑える

使用重量と回数の設定
・1RMの向上をねらう主要エクササイズについてはピラミッド法を採用し、1RMの80〜90%以上の重量を用いる
・補助エクササイズについては、8〜12RM（70〜80%1RM）の負荷を用いて8〜12回の反復を行う。

セット間の休息時間：1RMの向上をねらう主要エクササイズについては2〜3分程度、補助エクササイズについては、1分程度を目安とする

備考：主要エクササイズについては、挙上動作をできるだけすばやく行い、補助エクササイズについてはウエイトをコントロールしながら、ゆっくりと動作を行う。分割法を採用する

ラムやトレーニング記録を照らし合わせながら、的確な重量でトレーニングが行われているかどうか確認することが大切です。

計画的にごく軽い負荷から重い負荷へと週ごとに重量を少しずつ増加させていくサイクルを考慮したプログラム（例：表7－14）を採用する際には、前半の軽い重量を用いる時期に、選手がどうしても物足りなさを感じて、重い重量を扱いたがるケースが多いようです。このような場合には、指導者は、次の段階のプログラムで大きな成果を出すための準備段階として、あえて軽い重量を用いていることを選手に納得させることが必要です。

一方、最大に近い重量を扱う時期（サイクル）になってくると、1セット1セット集中力を高めて、全力を出すことが要求されるようになります。指導者は選手に対し、トレーニング中には集中力を妨げるような私語を慎むことや、補助者がトレーニングを行う選手に気合いを入れたり、かけ声をかけるようにすることなどについて指示するようにします。また、最大に近い重量を扱う場合には、挙上できなくなったり、バランスを崩すと事故につながる危険性があります。指導者は、正しいフォームでトレーニングを行うこと、正しいフォームが維持できる範囲の重量を用いること、補助者はトレーニング者の動作から目を離さず、バランスを崩しそうになったらすぐに補助を行うことなどを選手に強調しておきます。

③条件設定
　筋力養成期には、筋肥大期と同様に通常5〜10週間を充当します。6週間以上の期間をこのトレーニング期に充てることができる場合には、さらに前半と後半の2つの時期に分け、補助エクササイズを変えるなどしてプログラムの内容に変化をつけるようにします。

1RMの向上を目的とした主要エクササイズについては、できる限り疲労していない状態で行うことが理想であるため、プログラムの各コースの最初に実施するようにします。筋肥大期には、主要エクササイズの共働筋として使用される部

表7－17．最大筋力養成期のウエイトトレーニングプログラム例①
方法：週3回、各コースを交互に10週間実施
実施例）月　火　水　木　金　土　日　月　火　水　木　金　土　日
　　　　A　休　B　休　A　休　休　B　休　A　休　B　休　休
ねらい：主要エクササイズの最大挙上重量の向上

Aコース
　No　エクササイズ名（主働筋・種類）　　　重量×回数×セット数
　1．ベンチプレス(胸・多)　　　　　　①50%×10　②75%×5　③85%×3
　　　　　　　　　　　　　　　　　　　④95～105%×1（2回に1回の割合で実施）
　　　　　　　　　　　　　　　　　　　⑤90%×2～3
　　　　　　　　　　　　　　　　　　　※表7－10のサイクルを採用してもよい
　2．バックプレス（肩・多）　　　　　　①50%×10　②75%×5　③85%×5
　　　　　　　　　　　　　　　　　　　④80%×5
　3．ベントオーバーローイング（背・多）　①15RM×8～10(ウォームアップ)　②10RM×10×3
　4．バーベルカール（上腕屈筋・単）　　①15RM×8～10　②8RM×8×2
　5．ライイングトライセプスエクステンション（上腕伸筋・単）　①15RM×8～10　②8RM×8×2
　6．各競技の専門的エクササイズまたは個人の傷害予防エクササイズ　1～2種目
※セット間の休息時間：1～2は2～3分、3～6は1分
※RMで負荷を設定するエクササイズについては、実施時点の最大反復回数を基準に負荷を決定する
（他のコースも同様）

Bコース
　No　エクササイズ名（主働筋・種類）　　　重量×回数×セット数
　1．パワークリーン(複合・多)　　　　　①50%×10　②70%×3　③80%×5×3
　2．スクワット(大腿伸筋、臀部・多)　　①50%×10　②75%×5　③85%×3
　　　　　　　　　　　　　　　　　　　④90%×1（2回に1回の割合で実施）　⑤80～85%×3
　　　　　　　　　　　　　　　　　　　※表7-14のサイクルを採用してもよい
　3．デッドリフト（臀部、脚部・多）　　①50%×10　②70%×8×3
　4．フォワードランジ（大腿伸筋、臀部・多）①ごく軽い負荷×10×3
　5．レッグカール（大腿屈筋・単）　　　①15RM×8～10×1
　　　　　　　　　　　　　　　　　　　②10RM×10×2
　6．ツイスティングシットアップ（腹部・単）①15RM×10×左右2
　7．トランクカール（腹部・単）　　　　①10RM×10×2
　8．各競技の専門的エクササイズまたは個人の傷害予防エクササイズ
※セット間の休息時間：1～4は2～3分、5～8は1分

位のエクササイズや、腕などの小筋群のエクササイズも多く行いましたが、最大筋力養成期には、これらの補助エクササイズを減らし、主要エクササイズが良いコンディションで実施できるように配慮します。
　主要エクササイズについては、ピラミッド法を採用して、セットごとに重量を増やしながら回数を減らし、最大で1RMの80～90%（場合によっては100%以上）の負荷を使用します。回数については、原則として最大反復は行わず、あと1～2回反復できそうなところでセットを終えるようにします。セット間の休息時間は、2～3分（場合によってはそれ以上）を確保し、前のセットの疲労をできるだけ回復させてから次のセットを開始するようにします。なお、最大筋力養成期には、毎回1RMやこれに近い高重量を

表7−18．最大筋力養成期のウエイトトレーニングプログラム例②
方法：週4回、A～Dの各コースを循環しながら10週間実施
　　実施例）月　火　水　木　金　土　日
　　　　　　A　B　休　C　D　休　休
ねらい：主要エクササイズの最大挙上重量の向上

Aコース
No　エクササイズ名（主働筋・種類）　　重量×回数×セット数
1．ベンチプレス(胸・多)　高重量のコース
　　　　　　　　　　　　　　　　　　　①50%×10　②75%×5　③85%×3　④95%×1
　　　　　　　　　　　　　　　　　　　⑤90%×2～3　⑥80%×5
※表7-14（重い日）のサイクルを採用してもよい
2．バックプレス（肩・多）　　　　　　　①50%×10　②75%×5　③85%×5
3．男子はチンニング（背・多）　　　　　10回×2セット
　　女子はラットプルダウン（背・多）　　①15RM×8～10(ｳｫｰﾑｱｯﾌﾟ)　②10RM×10×3
4．ベントオーバーローイング（背・多）　①15RM×8～10(ｳｫｰﾑｱｯﾌﾟ)　②10RM×10×3
5．バーベルカール（上腕屈筋・単）　　　①15RM×8～10　②8RM×8×2
6．ライイングトライセプスエクステンション(上腕伸筋・単)　①15RM×8～10　②8RM×8×2
7．各競技の専門的エクササイズまたは個人の傷害予防エクササイズ　1～2種目
※セット間の休息時間：1～2は2～3分、3～7は1分
※RMで負荷を設定するエクササイズについては、実施時点の最大反復回数を基準に負荷を決定する
（他のコースも同様）

Bコース
No　エクササイズ名（主働筋・種類）　　重量×回数×セット数
1．パワークリーン(複合・多)　高重量コース
　　　　　　　　　　　　　　　　　　　①50%×10　②70%×5　③85%×3×2
2．スクワット(大腿伸筋、臀部・多)　高重量コース
　　　　　　　　　　　　　　　　　　　①50%×10　②75%×5　③85%×3　④90%×1
　　　　　　　　　　　　　　　　　　　⑤85%×3　⑥80%×5
3．デッドリフト（臀部、脚部・多）　　　①50%×10　②70%×8　③80%×5×2
4．レッグカール（大腿屈筋・単）　　　　①15RM×8～10×1　②8RM×8×2
5．バックエクステンション(脊柱起立筋・単)　①10RM×10×2
6．カーフレイズ（下腿部・単）　　　　　①12RM×12×2
7．トランクカール（腹部・単）　　　　　①10RM×10×2
8．各競技の専門的エクササイズまたは個人の傷害予防エクササイズ
※セット間の休息時間：1～3は2～3分、4～8は1分

Cコース
No　エクササイズ名（主働筋・種類）　　重量×回数×セット数
1．ベンチプレス(胸・多)　軽重量のコース　①50%×10　②70%×5×3
※表7-14（軽い日）のサイクルを採用してもよい
2．バックプレス(肩・多)または　　　　　①50%×10　②75%×5　③85%×3×2
　　インクラインベンチプレス(胸上部・多)
3．ラットプルダウン(背・多)　　　　　　①15RM×8～10(ｳｫｰﾑｱｯﾌﾟ)　②10RM×10×3

4．ワンハンドダンベルローイング（背・多）　①15RM×8〜10（ウォームアップ）　②10RM×10×2
5．スタンディングダンベルカール（上腕屈筋・単）①15RM×8〜10　②8RM×8×2
6．トライセプスプレスダウン（上腕伸筋・単）　①15RM×8〜10　②8RM×8×2
7．各競技の専門的エクササイズまたは個人の傷害予防エクササイズ　1〜2種目
　※セット間の休息時間：1〜2は2〜3分、3〜7は1分

Dコース
No　エクササイズ名（主働筋・種類）　　重量×回数×セット数
1．パワークリーン（複合・多）　軽重量のコース
　　　　　　　　　　　　　　　　　①50％×10　②70％×5×3
2．スクワット（大腿伸筋、臀部・多）　軽重量のコース
　　　　　　　　　　　　　　　　　①50％×10　②70％×5×3
3．フォワードランジ（大腿伸筋、臀部・多）①ごく軽い負荷×10×3
4．レッグカール（大腿屈筋・単）　①15RM×8〜10×1　②8RM×8×2
5．ツイスティングシットアップ（腹部・単）①15RM×10×左右2
6．トランクカール（腹部・単）　①10RM×10×2
7．各競技の専門的エクササイズまたは個人の傷害予防エクササイズ
　※セット間の休息時間：1〜2は2〜3分、3〜7は1分

扱うのではなく、その日の主要エクササイズで扱う最も重い重量を、週単位で少しずつ増加させるトレーニングサイクルを用いる方法もあります。

　この時期には、オーバーワークの予防のために、フォーストレップスは原則として使用しない方がよいでしょう。動作中に万一挙上できなくなった場合には、補助者に挙上を手伝ってもらい、その時点でセットを終えるようにします。

　主要エクササイズ以外の補助エクササイズについては、各部位の筋力バランスや傷害部位、競技特性などを考慮して、8〜12RMの負荷を用いて8〜12回の反復を行います。

④効果を上げるための方法（ピラミッド法とトレーニングサイクルの活用）

　前述したように、最大筋力養成期において、1RMを向上させたい主要エクササイズについては、ピラミッド法を採用するとともに、その日に用いる最も重い重量を週単位で少しずつ増やしていくトレーニングサイクルを活用すると効果的です。また、1つのエクササイズを週2回実施する場合には、1回は通常の負荷設定で行いますが、もう1回は、疲労の回復や超回復のサイクルを考慮して、軽めの負荷（1RMに対しておよそ5〜10％以上軽い負荷）で行うと効果的です。また、軽めの負荷で行う日には、セットごとに重量を増加するのみとし、重量を下げていくセット（ダウンセット）は実施しない方法が一般的です。表7－14に、ベンチプレスの1RMを向上させるためのトレーニングサイクルの一例を示します。

（4）パワー養成期のウエイトトレーニングプログラム

　パワー養成期は、一般的パワー養成期と専門的パワー養成期の2つに分割することができますが、通常は両者を明確に期分けせず、ミックスさせたプログラムが実施されるケースが多くみられます。ここでは、一般的パワーの向上に重点を置いたパワー養成期のプログラムの具体例を紹介します。

①パワー養成期のウエイトトレーニングのねらい

　この期間のウエイトトレーニングの最も大きなねらいは、最大筋力養成期に身につけた筋力や、重い重量でトレーニング動作を行うことに適応した神経系を、一般的・専門的パワーに転化することです。クイックリフトを中心とする複合的・全身的なエクササイズを重点的に実施し、身体各部位の協調的なパワーの発揮能力を高めていきます。また、実際の競技の動きや、競技中に加わる負荷やパワーを発揮する持続時間なども十分考慮し、パフォーマンスの向上に直結する専

門的パワーを高めることもねらいとします。

②指導ポイント

パワー養成期のプログラムの実施にあたっては、このプログラムが安全かつ効果的に実施できるだけの基礎的な筋力と筋力バランスを身につけておく必要があります。これらの条件が十分でない場合には、プログラムの効果を十分引き出せないばかりかケガを招く危険性もあるので注意が必要です。チームでプログラムを実施する際には、体力レベルの個人差を考慮し、基礎的な筋力が不十分な選手については、トレーニング条件を軽めに設定したり、年間を通じて基礎的な筋力を養成するプログラムを実施させるようにします。

プログラムを選手に提示し、トレーニング内容を説明する際には、各エクササイズのねらいや条件を十分に理解させ、ポイントを押さえたトレーニングを行わせることが重要です。パフォーマンス向上を目的とする専門的トレーニングを間違った動作や条件で行った場合、好ましくない動きのクセが身についてしまったり、実際とは異なるパワーの発揮パターンがからだにインプットされてしまう危険性があります。

また、耐乳酸能力の向上をねらうトレーニングを行うような場合には、かなりの苦痛に耐えながら、ペース配分せずに追い込むことが要求されます。このため、トレーニングの目的や競技へのメリットを十分に説明し、選手個々のモチベーションを高いレベルに引き上げておく必要があります。

③条件設定

パワー養成期は、選手及びチームの競技レベルや経験などによって異なりますが、筋肥大期や最大筋力養成期と同様に5〜10週間を充当します。

爆発的パワーの向上を目的として実施するクイックリフトについては、ウォームアップ後のメインのセットにおいて、1RMの80％以上の負荷を使用し、1〜5回程度の反復を行います。また、ベンチプレスやスクワットのようなベーシックなエクササイズを用いて最大パワーの向上をねらう場合には、1RMの60％程度の負荷を用いて全力スピードで5〜10回の反復を行うようにします。

専門競技の特性を考慮した動きや条件による専門的エクササイズを実施する際には、実際の競技場面で加わる負荷の大きさや全力パワーを発揮する時間、動作スピード等を考慮して、トレーニングにおいては、実際の条件よりもややオーバーロードになるように設定します。

なお、最大パワーの向上をねらうエクササイズについては、安全が確保できる範囲内で、反動的な動作や他の部位の動き（チーティング）を利用してトレーニング動作を行うと効果的です。

（5）ピーキング期と試合期（維持期）のウエイトトレーニングプログラム

①ピーキング期のウエイトトレーニングのねらいと指導ポイント

目標とした試合の1ヶ月〜2週間位前から、試合において最高の能力が発揮できるようにトレーニング内容を調整したり、体調を整えていくピーキング期を設けます。ピーキング期は、実戦的な技術・戦術練習に重点を置く時期であり、練習の質の高さや集中力が要求されます。また、この時期には練習試合が多く組まれるようになるため、通常よりも選手の心身へのストレスや疲労が大きくなりがちです。このような時期にハードなウエイトトレーニングを行った場合には、疲労によって技術や戦術の練習に支障をきたしたり、ケガの発生の危険性が高くなることが予想されます。また、この時期は、繊細な技術に磨きをかけていくことも必要となるため、トレーニングによる疲労が強い場合には、微妙な力の加減がうまくいかなくなったり、動作の感覚が変化して調子を崩してしまう危険性もあります。

これらのことから、ピーキング期には、ウエイトトレーニングの内容を調整して体調の大きな変化や強い疲労を抑え、高度な技術・戦術練習がよい体調で支障なく行えるようにするとともに、筋力やパワーを維持もしくは向上させることをとねらいとします。

この時期には、技術練習や体調に配慮して、ウエイトトレーニングの内容を調整することが必要ですが、これまでの準備期のトレーニングで養成してきた筋力やパワーが低下してしまうことは避けなければなりません。試合期に向けてのピーキングには、慎重さや確実性が要求されますが、慎重になりすぎて守りに入ってしまうと、トレーニングがどんどん削られて、せっかく高めた選手の身体能力が損なわれてしまうこと

表7-19. パワー養成期のウエイトトレーニングのねらい
①養成された最大筋力を一般的パワーや専門的パワーに転化する
②クイックリフトを重点的に実施し、各部位の協調的なパワー発揮能力を向上させる
③競技特性を考慮した条件でトレーニングを実施し、専門的パワーの向上をねらう

表7-20. パワー養成期のウエイトトレーニング条件の一般的なガイドライン

採用するエクササイズ
・クイックリフトを積極的に導入する
・専門競技の特性を考慮した動きや条件による専門的エクササイズを導入する

使用重量と回数の設定
・爆発的パワーの向上を目的として実施するクイックリフトについては、メインのセットにおいて1RMの80%以上を使用し、1～5回程度の反復を行う。
・ベンチプレスとスクワットなどの基本エクササイズについては、最大筋力養成期に向上させた1RMを維持または向上させるよう努力するとともに、最大パワー向上のために、1RMの60%以下の負荷を用いて全力スピードで5～10回の反復を行う。
・専門的パワーの向上を目的としたエクササイズの重量や回数については、実際の競技場面で加わる負荷の大きさやパワー発揮の持続時間等を十分考慮し、若干のオーバーロードになるように設定する
・補助エクササイズについては、8～10RM(70～80%1RM)の負荷で8～10回、2～3セット実施する

セット間の休息時間
・1RMやパワーの向上をねらうエクササイズについては2～3分程度、補助エクササイズについては、1分程度を目安とする

備考
・コアエクササイズについては、安全な範囲内で、反動的な動作や他の部位の動き(チーティング)を用いて動作を行う場合もある。

にもなります。選手の体調を冷静に把握しながら、「攻めの姿勢」を忘れずにトレーニングにチャレンジしていくことが大切です。

②試合期のウエイトトレーニングのねらいと指導ポイント
　試合期(維持期)のウエイトトレーニングのねらいは、主として準備期に身につけた筋力やパワーを維持するとともに、競技において高いパフォーマンスを発揮するための専門的パワーの質に磨きをかけていくことです。
　試合期にウエイトトレーニングを全く実施しなかった場合には、筋力やパワーが低下し、これが、選手のパフォーマンスや試合後半のスタミナの低下、プレーに対する自信の低下などにつながる可能性があります。また、筋力が低下すると、スポーツ動作中に選手が受けるさまざまな衝撃をやわらげる能力や、正しいフォームを維持する能力が低下し、これが疲労回復の遅れや慢性疲労、古傷の再発、新たなケガの発生などにつながる危険性もあります。特にパワー系の競技では、試合期の筋力やパワーの低下がパフォーマンスに顕著に影響し、重要な試合が多い試合期の後半で自分の本来の能力を発揮できなくなってしまうことも考えられます。
　試合期におけるウエイトトレーニングのねらいや方法は、スポーツ競技や試合の特性によって異なります。例えば、球技系のスポーツの場合、ほとんど全ての試合に勝つことが目標となるため、試合期のウエイトトレーニングにおいては、筋力やパワーの維持に重点が置かれることになります。一方、陸上競技や水泳のように、出場する多くの試合の中でも、重要な数試合に最高のパフォーマンスを発揮することを目的と

表7－21．パワー養成期のウエイトトレーニングプログラム例
方法：週3回、各コースを交互に6週間実施
実施例）月 火 水 木 金 土 日 月 火 水 木 金 土 日
　　　　A 休 B 休 A 休 休 B 休 A 休 B 休 休
ねらい：クイックリフトや主要エクササイズの最大パワーの向上
　　　　専門的パワーの向上

Aコース
No　エクササイズ名（主働筋・種類）　　　重量×回数×セット数
1．ジャーク（複合・多）　　　　　　　①40％×10　②60％×5×3
2．ベンチプレス（胸・多）　　　　　　①50％×8　②75％×5　③90％×1～2
　　　　　　　　　　　　　　　　　　　④10回12秒で反復可能な重量×10×2（所要時間測定）
3．各競技の専門的エクササイズ　1～2種目
4．ベントオーバーローイング（背・多）　①15RM×8～10(ウォームアップ)　②8RM×8×3
5．サイドレイズ（肩・単）　　　　　　①15RM×8～10　②8RM×8×3
6．トランクカール（腹部・単）　　　　①10RM×10×2
7．個人の傷害予防エクササイズ　1～2種目
※セット間の休息時間：1～3は2～3分、4～7は1分程度
※RMで負荷を設定するエクササイズについては、実施時点の最大反復回数を基準に負荷を決定する（他のコースも同様）

Bコース
No　エクササイズ名（主働筋・種類）　　　重量×回数×セット数
1．パワークリーン(複合・多)　　　　　①50％×10　②75％×3　③90％×2
　　　　　　　　　　　　　　　　　　　④95～100％×1（2回に1回の割合で実施）
2．スクワット(大腿伸筋、臀部・多)　　①50％×10　②75％×5　③85％×3
　　　　　　　　　　　　　　　　　　　④95～100％×1（2回に1回の割合で実施）
3．スクワットジャンプ(大腿伸筋、臀部・多)　①20～30％×8～10×3
4．サイドランジ（大腿伸筋、臀部・多）　①ごく軽い負荷×12×2
5．スティッフレッグド・デッドリフト（大腿屈筋・単）　①15RM×8～10×1　②15RM×10×3
6．バックエクステンション（脊柱起立筋・単）　①10RM×10×2
7．個人の傷害予防エクササイズ　1～2種目
※セット間の休息時間：1～3は2～3分、4～8は1分

した競技においては、試合期においても計画的に強化やピーキングを目的としたウエイトトレーニングを実施する場合があります。

また、体力レベルの低い選手やレギュラー外の控え選手については、試合期であっても、強化のためのウエイトトレーニングを実施し、将来に備えることが必要となります。特に、高校1～2年生については基礎づくりの段階であるため、年間を通じてからだづくりや基礎的な筋力の向上をねらったウエイトトレーニングを実施すべきであると考えられます。

③ピーキング期と試合期のウエイトトレーニングの条件設定とポイント

ピーキング期は、選手やチームの競技レベルや経験などによって異なりますが、通常、試合期に入る前の2週間～1ヶ月程度の期間を充当します。

筋力やパワーの維持を目的とした場合、試合までの日数や疲労度などを考慮し、主要エクササイズについては、70～80%1RMの負荷で、5～8回、3セット程度を実施の目安とします。次の試合まで1週間以上の余裕がある場合には、神経系に刺激を与え、重い負荷の重量感覚を維持

するために、90％以上で1～2回行う場合もあります。

その他のトレーニングのポイントとしては、以下のような項目があげられます。

1）過度な筋肉痛が起こらないように注意する

筋肉痛の発生は、質の高い技術・戦術練習に影響を与えますので、ウエイトを下ろす動作を強調してゆっくりと行う方法や、反復できなくなってから補助者の助けを借りて数回繰り返すフォーストレップス法などは用いないようにします。

2）トレーニング頻度を減らす

ピーキング期や試合期には、通常技術や戦術練習の時間を長くとる必要があるため、ウエイトトレーニングのプログラムは、分割せずに週1～2回に軽減します。ピーキング期においては、プログラムを2つに分割し、週3回程度実施する場合もあります。

3）トレーニングの質を高め、集中して短時間で切り上げる

この時期には、だらだらと長時間トレーニングを行うのではなく、あらかじめトレーニング時間を決めておき、時間がきたらプログラムの途中でもチーム全体のトレーニングを切り上げるようにすると効果的です。通常、この時期のプログラムは40分程度で終了するように配慮すると良いでょう。

また、ウエイトトレーニングはできるだけ練習の後に行うか、練習時間帯と離れた時間（できれば3～5時間以上）に行い、トレーニングによる疲労が練習に影響を与えないようにします。

4）試合の2～3日前からは疲労が残るウエイトトレーニングを実施しない

ウエイトトレーニングによる疲労の影響と回復時間を考えた場合、試合の2～3日前からは、疲労や筋肉痛が残るようなウエイトトレーニ

表7－22．ピーキング期と試合期のウエイトトレーニングのねらい
①ウエイトトレーニングの内容を調整して体調の大きな変化や強い疲労を抑え、高度な技術・戦術練習がよい状態で支障なく行えるようにする
②準備期に身につけた筋力やパワーを維持するとともに、競技において高いパフォーマンスを発揮するための専門的筋力やパワーを可能な範囲で向上させる。
③控え選手や体力レベルの低い選手については、将来に備えて筋力強化を行う

表7－23．ピーキング期と試合期のウエイトトレーニング条件の一般的なガイドライン

採用するエクササイズ
・クイックリフトや主要エクササイズを中心に実施し、全体の量を抑える ・専門的エクササイズについては、体調や疲労度を考慮した上で導入する ・傷害の再発予防のためのエクササイズを導入する
使用重量と回数の設定
・主要エクササイズについては、筋力やパワーの維持を目的とし、試合までの日数や疲労度などを考慮して、70～80％1RMの負荷で、5～8回、3セット程度を目安とする。 ・次の試合まで1週間以上の余裕がある場合には、神経系に刺激を与え、重い負荷の重量感覚を失わないようにするために、90％以上で1～2回行う場合もある。 ・補助エクササイズについては、8～10RM(70～80％1RM)の負荷で8～10回、2～3セット実施する
セット間の休息時間
・筋力やパワーの維持・向上をねらうエクササイズについては2分程度、補助エクササイズについては、1分程度を目安とする

表7－24．ピーキング期のウエイトトレーニングプログラム例（2分割）
方法：週3回、各コースを交互に2週間～1ヶ月実施
ねらい：筋力とパワーの維持、専門的パワーの向上、傷害の再発予防

毎週日曜日に練習試合がある場合のウエイトトレーニング実施例

	月	火	水	木	金	土	日	月	火	水	木	金	土	日
練習・試合	練	練	練	休	練	練	試	休	練	練	休	練	練	試
パターン1	A	B	休	A	休	休	休	B	A	休	B	休	休	休
パターン2	A	B	休	A	休	休	B	A	休	B	休	休	A

※練：練習　試：練習試合
※パターン2は練習試合終了後にウエイトトレーニングを実施する方法

Aコース
No　エクササイズ名（主働筋・種類）　重量×回数×セット数
 1．ジャーク（複合・多）　　　　　　①40％×10　②60～70％×5×3
 2．ベンチプレス（胸・多）　　　　　①50％×8　②75％×5　③90％×1～2×2
 3．各競技の専門的エクササイズ　1種目
 4．ラットプルダウン（背・多）　　　①15RM×8～10(ウォームアップ)　②8RM×8×3
 5．サイドレイズ（肩・単）　　　　　①15RM×8～10　②8RM×8×2
 6．トランクカール（腹部・単）　　　①10RM×10×2
 7．個人の傷害予防エクササイズ　1～2種目
※セット間の休息時間：1～3は2～3分、4～7は1分程度
※RMで負荷を設定するエクササイズについては、実施時点の最大反復回数を基準に負荷を決定する（Bコースも同様）

Bコース
No　エクササイズ名（主働筋・種類）　重量×回数×セット数
 1．パワークリーン(複合・多)　　　　①50％×10　②75％×3　③90％×1～2×2
 2．スクワット(大腿伸筋、臀部・多)　①50％×10　②70％×5　③90％×1～2×2
 3．スクワットジャンプ(大腿伸筋、臀部・多)　①20～30％×8～10×3
 4．サイドランジ（大腿伸筋、臀部・多）　①ごく軽い負荷×12×2
 5．レッグカール（大腿屈筋・単）　　①15RM×8～10×1　②10RM×10×2
 6．バックエクステンション(脊柱起立筋・単)　①10RM×10×2
 7．個人の傷害予防エクササイズ　1～2種目
　　※セット間の休息時間：1～3は2～3分、4～7は1分

グは行わないようにするのが一般的です。ただし、試合の前であっても、内容を考慮すればウエイトトレーニングが効果的に働く場合もあります。例えば、陸上競技の跳躍や投擲の選手では、神経系に刺激を与えるために、試合前のウォーミングアップでクイックリフトを実施する場合があります。また、野球の米国メジャーリーグのチームでは、試合前のウォームアップとして軽めのウエイトトレーニングを実施しているケースもあります。

5）古傷の再発予防を重視する
　筋力の低下による衝撃吸収能力の低下は、過去のケガの再発を招く可能性があります。したがって、過去にケガをしたことがある部位については、周辺の筋力強化のトレーニングを行い、再発の予防に重点を置くようにします。

6）控え選手のトレーニング
　チームスポーツの場合、ピーキング期や試合

表7−25．試合期のウエイトトレーニングプログラム例（2分割）
方法：週2回、各コースを1回ずつ実施
ねらい：筋力とパワーの維持、傷害の再発予防

毎週日曜日に重要な試合がある場合のウエイトトレーニング実施例

	日	月	火	水	木	金	土	日	月	火	水	木	金	土	日
練習・試合	試	練	練	練	休	練	練	試	休	練	練	休	練	練	試
パターン1	休	休	A	B	休	休	休	休	休	A	B	休	休	休	休
パターン2	休	A	休	B	休	休	休	休	A	休	B	休	休	休	休

※練：練習　試：試合
※パターン1は試合での心身の疲労が激しい場合の例
※パターン2は試合終了後にウエイトトレーニングを実施する方法

Aコース
No　エクササイズ名（主働筋・種類）　重量×回数×セット数
1．ベンチプレス（胸・多）　　　　　①50%×10　②70%×5〜7×3
2．ラットプルダウン（背・多）　　　①15RM×8〜10(ウォームアップ)　②8RM×8×3
3．サイドレイズ（肩・単）　　　　　①15RM×8〜10　②8RM×8×2
4．各競技の専門的エクササイズ　1種目
5．トランクカール（腹部・単）　　　①10RM×10×2
6．個人の傷害予防エクササイズ　1〜2種目
※セット間の休息時間：1は2分、2〜6は1分程度
※RMで負荷を設定するエクササイズについては、実施時点の最大反復回数を基準に負荷を決定する（Bコースも同様）

Bコース
No　エクササイズ名（主働筋・種類）　重量×回数×セット数
1．パワークリーン(複合・多)　　　　①50%×10　②70%×5×3
2．スクワット(大腿伸筋、臀部・多)　①50%×10　②70%×5×3
3．各競技の専門的エクササイズ　1種目
4．レッグカール（大腿屈筋・単）　　①15RM×8〜10×1　②10RM×10×2
5．バックエクステンション(脊柱起立筋・単)　①10RM×10×2
6．個人の傷害予防エクササイズ　1〜2種目
※セット間の休息時間：1〜3は2分、4〜6は1分

表7−26．試合期のウエイトトレーニングプログラム例（分割なし）
方法：週1回実施
ねらい：筋力とパワーの維持、傷害の再発予防
実施例：毎週日曜日に重要な試合がある場合、火曜日か水曜日に1回実施

No　エクササイズ名（主働筋・種類）　重量×回数×セット数
1．パワークリーン(複合・多)　　　　①50%×10　②70%×5×3
2．スクワット(大腿伸筋、臀部・多)　①50%×10　②70%×5×3
3．ベンチプレス（胸・多）　　　　　①50%×10　②70%×5〜7×3
4．ラットプルダウン（背・多）　　　①15RM×8〜10　②10RM×10×2
5．サイドレイズ（肩・単）　　　　　①15RM×8〜10　②10RM×10×2
6．レッグカール（大腿屈筋・単）　　①15RM×8〜10　②10RM×10×2
7．トランクカール（腹部・単）　　　①10RM×10×2
8．個人の傷害予防エクササイズ　1〜2種目
※セット間の休息時間：1〜3は2分、4〜8は1分程度
※RMで負荷を設定するエクササイズについては、実施時点の最大反復回数を基準に負荷を決定する

表7-27. 試合期が2つ以上ある競技の場合のウエイトトレーニングの期分けの例

第1例（第1準備期が長く第2準備期が短い場合）

第1準備期			第1試合期	第2準備期	第2試合期	移行期
筋肥大期	最大筋力養成期	パワー養成期	維持期	パワー養成期	維持期	移行期

第2例（第2準備期が長く確保できる場合）

第1準備期			第1試合期	第2準備期		第2試合期	移行期
筋肥大期	最大筋力養成期	パワー養成期	維持期	筋力養成期	パワー養成期	維持期	移行期

第3例（3シーズン制の場合）

第1準備期		第1試合期	第2準備期	第2試合期	移	第3準備期		第3試合期	移行期
筋肥大期	最大筋力養成期	維持期	パワー養成期	維持期	移	筋力養成期	パワー養成期	維持期	移行期

期のチーム練習ではレギュラー選手が主体となるため、レギュラー外の控え選手は練習不足になってしまうことがあります。レギュラー外の選手や、体力レベルの低い選手の場合には、将来に備えてピーキング期や試合期であっても、強化を目的としたウエイトトレーニングを実施するようにします。試合期が数ヶ月間の長期にわたる場合には、前半は筋肥大期、後半は最大筋力養成期に充てるようにすると効果的です。

(6) その他のトレーニング期のウエイトトレーニング

①試合期が2期以上に分かれている場合の準備期におけるウエイトトレーニング

　競技によっては、年間に試合期が2回あるいはそれ以上に分散しているケースがあります。このような場合には、通常2つの準備期のうち、期間の長い方を一般的準備期として位置づけ、筋肥大や最大筋力向上などの一般的な筋力やパワーの向上に重点を置いた強化を行うようにします。第1試合期が終わり、次の第2試合期までの期間は、専門的準備期として位置づけ、専門的パワーの向上に重点を置いたトレーニングを行うようにします。第1試合期が終わった時点で主要エクササイズの筋力やパワーの低下がみられる場合には、第1試合期と第2試合期の間に一般的筋力を再構築する期間を設けると効果的です。

②移行期のウエイトトレーニング

　試合期が終わった後には数週間の移行期を設け、心身の疲労を回復させたり、傷害部位の治療やリハビリテーションを行い、次のシーズンに向けての準備期に備えます。この時期には、ウエイトトレーニングは基本的には行わず、楽しみながら行える軽い運動や有酸素運動などを実施するようにします。移行期が長期にわたる場合には、軽い負荷でからだ慣らし程度のウエイトトレーニングを行う場合もあります。

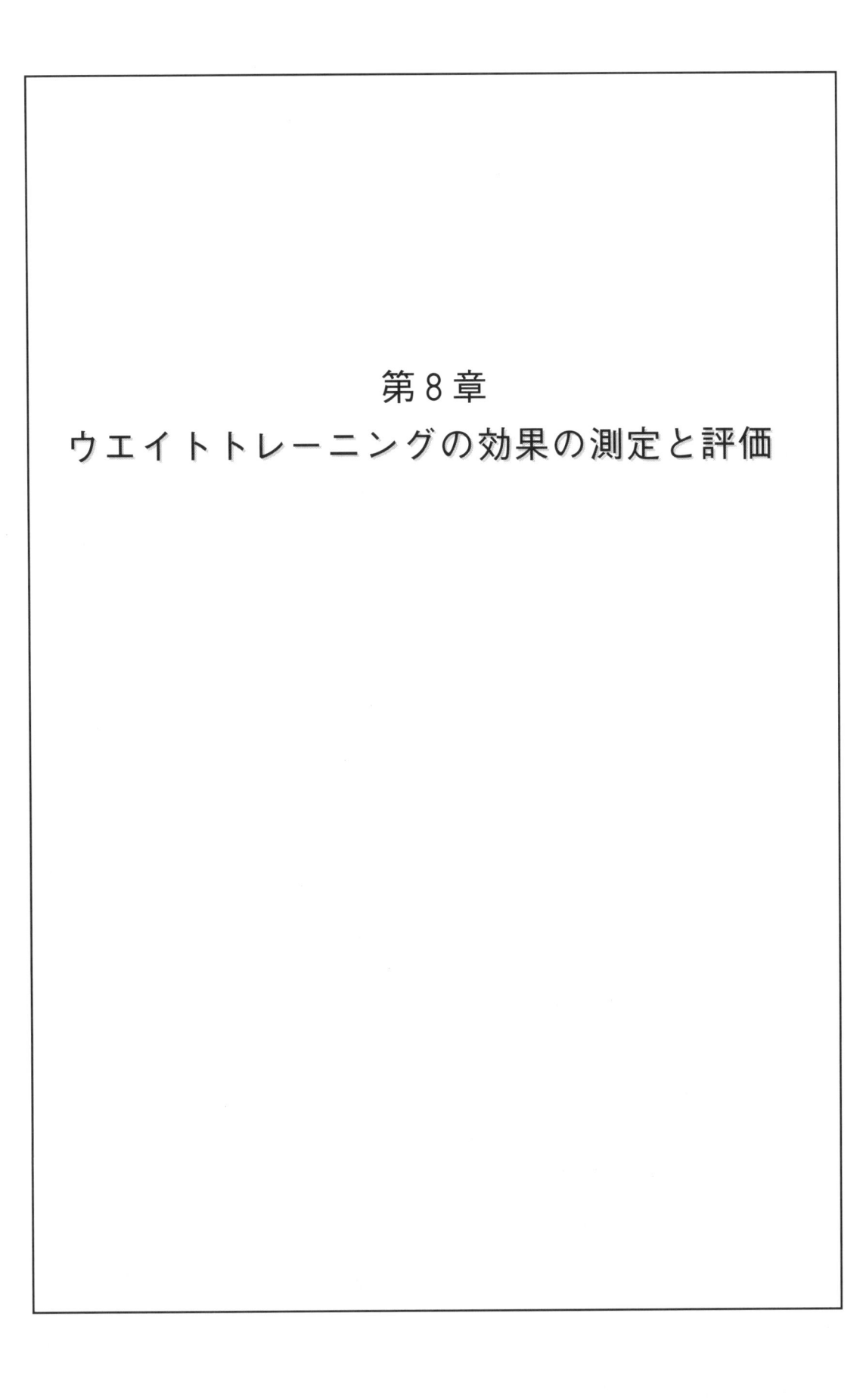

第 8 章
ウエイトトレーニングの効果の測定と評価

ウエイトトレーニングの実施の過程においては、トレーニング効果の把握や目標の設定、新たなプログラムの作成などのために、形態や体力の測定が必要です。

トレーニング効果の測定は、その意義や目的を十分検討した上で、測定項目を厳選し、適切な時期に選手への負担を最小限に抑えて実施します。結果は迅速に選手や指導者にフィードバックし、今後の選手のトレーニングに少しでも役立つように配慮することが大切です。

1．ウエイトトレーニングの効果の測定と評価の意義

（1）選手に効果を実感させトレーニング意欲や向上心を高揚させるのに役立つ

スポーツ選手にとって、ウエイトトレーニングの実践そのものは、決して楽しいものではありません。しかし、日々のトレーニングに全力で取り組んだ苦労が報われ、トレーニング効果が実感できたときには、質の高い達成感を味わうことができます。

また、トレーニング効果を選手が実感できるようになると、もっと効果を上げたいと望むようになり、その後のトレーニングへの取り組み姿勢が改善されていきます。

（2）適切なトレーニング目標を設定するための資料として役立つ

各選手の形態面や体力面の測定を行うことによって、各選手の身体能力や体調の現状や過去からの推移を知ることができ、新たなトレーニング目標を具体的かつ適切に設定するのに役立ちます。例えば「スクワットの挙上重量を2ヶ月後までに10kg伸ばす」といった明確で具体的な達成目標があれば、トレーニングへの取り組み姿勢が改善されていきます。また、次回の測定時までに、きちんと努力すれば達成できそうな目標値を設定しておけば、さらにやる気を高めることができ、目標値をクリアーした時の達成感や成功感を味わうことができます。

（3）トレーニングプログラムの妥当性の検討と今後のプログラム作成の資料として役立つ

測定によって得られたデータは、現在のトレーニングプログラムの効果や妥当性を検討し、今後の効果的なプログラムを作成するために大変役立ちます。また、測定を行うことによって、個人的な形態や体力の特徴を知ることができ、各個人のトレーニング課題の把握や、個別プログラムを作成する際の資料にもなります。

（4）傷害予防や各種コンディショニングのための資料として役立つ

測定から得られたデータは、傷害の予防やさまざまなコンディショニングを改善させるための資料としても役立ちます。

例えば、体脂肪率、拮抗筋や左右の筋力バランス、関節可動域、柔軟性や筋硬度などの測定を行えば、傷害発生の危険性を知ることができ、これらの測定結果に応じて筋力強化やストレッチングなどを実施すれば、傷害の予防を図ることができます。また、選手にケガが発生した場合には、ケガをする前の測定データを、競技復帰に向けたリハビリテーションの目標値として活用することができます。

さらに、各種測定データは、競技の練習の量や質の妥当性の検討や、さまざまなコンディショニングの要素（特に食事や休養）の現状を知るための手段としても役立ちます。

傷害予防を目的とした測定の実施風景

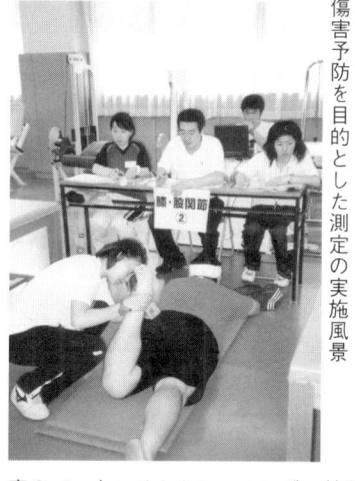

表8-1．ウエイトトレーニングの効果の測定と評価の意義

①選手に効果を実感させトレーニング意欲や向上心を高揚させるのに役立つ
②適切なトレーニング目標を設定するための資料として役立つ
③トレーニングプログラムの妥当性の検討と今後のプログラム作成の資料として役立つ
④傷害予防や各種コンディショニングのための資料として役立つ

2．測定の計画にあたって

（1）測定時期と回数

測定を実施する時期や頻度の決定にあたっては、必ずチームのスタッフと相談を行い、試合シーズンや選手の負担度などを考慮して、年に2～3回実施します。

シーズンによっては、選手が疲労やケガを恐れて測定時に全力を出さない場合がありますので注意が必要です。測定項目の決定や測定の実施にあたっては、ケガの防止に努めるとともに、選手には測定の目的を十分説明しておくことが大切です。

なお、長い休暇の後に測定を実施する場合には、運動量の低下や脂肪の増加などのために、肉離れや捻挫などのケガが発生する可能性が考えられますので十分な注意が必要です。

測定の実施は、以下の4つの時期が適していると考えられます。

①準備期の前半
準備期のトレーニングプログラムの作成にあたって、形態や体力の現状を把握することを目的に、準備期に入って2週間程度経過して、練習やトレーニングにからだが慣れてきた頃に実施します。

②準備期の後半
準備期に実施したトレーニングの効果を知るとともに、シーズン中に維持すべき体力レベルを把握することを目的に、準備期後半の試合に向けての調整（ピーキング）のプログラムに入る前に実施します。

③試合期の中頃
試合期に体力が維持できているかどうかを調べたり、試合期の選手の体調を把握することを目的に、試合期の中頃の試合がない時期に負担のかからない範囲で実施します。2シーズン制のスポーツの場合には、シーズンの前半が終わった頃に実施します。

④試合期終了直後
試合期の選手の体力の変化や体調を把握することを目的に、試合期が終了した直後に測定を実施します。ただし、ほとんどのチームは、この時期には解散したり、選手も心身のリラックスを求めるため、測定が行われない場合が多いようです。

（2）測定項目の決定にあたって

測定項目の決定にあたっては、選手への負担を最小限に抑えるように配慮するとともに、以下のようなポイントを心がけることが必要です。
①トレーニングの目標設定やプログラム作成に役立つ測定項目か？
②選手のレベルやニーズにマッチしているか？
③競技特性を反映した測定項目か？
④測定データの信頼性、再現性、互換性はどうか？
⑤現状の測定機器や人材で実施できるか？

（3）一般的テストと専門的テストについて

測定項目は、一般的テストと専門的テストの2つに分けて考えることができます。一般的テストとは、多くのスポーツ競技に共通する基礎的な能力（一般的体力）や傷害予防に役立つ指標に関する測定であり、専門的テストとは、各競技のパフォーマンスに関連の深い能力（専門的体力）についての測定を行うものです。

特に、専門的テストの測定項目の決定にあたっては、第5章に紹介した専門的トレーニングのプログラム作成の方法を参考にして、トレーニングの特異性の原則を十分考慮することが必要です。

例えば、柔道においては上腕屈筋群の伸張性収縮による筋力（相手が引こうとする力に持ちこたえようとする力）が重要であるとされているため、軽い負荷で肘を曲げるパワーを測定するよりも、重い負荷にどれだけ持ちこたえられるかを調べた方が専門的テストとしては、望ましいということになります。

また、コンピュータ制御による等速性筋出力測定装置を使用した場合には、かなり詳細な筋力やパワーのデータを得ることができ、筋力の左右差や拮抗筋の筋力バランスなどについても十分把握することができます。しかし、測定は主に単関節の動作で行われ、特殊な条件下で発揮される筋力やパワーを測定しているため、日頃のトレーニングをバーベルやダンベルで行っている人にとっては、特異性の原則からみて、ウエイトトレーニングの効果そのものを反映しにくいといえます。例えば、スクワットの挙上能力が向上したとしても、膝伸展動作の等速性筋出力が向上しない場合があります。

競技別の専門的テスト項目については、各競技団体やトップチームが行っている体力測定の項

目を参考にするとよいでしょう。また、スポーツ現場においては、高価で大がかりな測定機器を用いたテスト（ラボラトリーテスト）ではなく、トレーニングや練習の一環として、特殊な器具を使わなくてもできるテスト（フィールドテスト）を工夫するようにします。アイデア次第で、非常に効果的な測定項目が開発できると思います。このようなフィールドテストは、練習の一環として頻繁に実施しやすく、選手の動機づけにも役立ちます。

（4）選手の負担度を軽減させるために

測定による選手の疲労や時間的な負担を軽減させるために、全ての測定を一度にまとめて行うのではなく、練習やトレーニングの時間帯に分割して行う方法があります。例えば、ベンチプレスの1RMとチンニングの反復回数の測定については、上半身のトレーニング日に実施し、パワークリーンとスクワットの1RMの測定については、下半身のトレーニング日に実施するようにします。

3．実際の測定にあたって注意すべき点

（1）測定の目的を選手に十分説明し納得させる

選手が測定の意義を十分理解していない状態で測定を実施すると、全力で行わない場合があり、正しいデータが得られないことがあります。測定にあたっては、選手に対して測定の目的や、トレーニングとの関連性などをわかりやすく説明し、納得してもらうことが必要です。

（2）毎回測定条件を一定にする

測定値を比較するためには、使用する器具や測定条件などができるだけ一定になるように配慮することが必要です。

例えば、スクワットの挙上重量の測定の際には、大腿部の上端が床と平行まで下ろすのと、大腿部の下端が床と平行まで下ろすのとでは、当然挙上重量が違ってきます。また、握力計や背筋力計などの測定器については、長期間使っているうちに徐々に測定値の変動が生じてきます。定期的に測定器の較正（キャリブレーション）を行い、正確なデータが得られるようにすることが必要です。

（3）適切なウォームアップやクーリングダウンを行う

測定中のけがを予防するとともに、正しい測定値を得るために、測定の前後には、適切なウォームアップやクーリングダウンを実施するようにします。例えば、最大挙上重量の測定の際には、いきなり最大重量に挑戦するのではなく、軽い重量で数セットのウォーミングアップを行うようにします。

4．測定結果の評価とフィードバック

（1）データの集計

測定を実施したら、すぐに測定結果の個人記録表やチーム全体の一覧表を作成し、選手に測定結果を知らせるための準備をします。個人の測定データの記録表については、巻末資料を参考にして下さい。

（2）データの評価方法

各選手の個人データの評価を行う際には、チームや選手のレベルや目標を考慮し、下記の中から適切な方法を選択すると良いでしょう。
①チームの平均値またはグループ平均値との比較
②チームやグループ内における個人の順位、
③トップ選手（チーム）やライバル選手（チーム）との比較
④評価基準を用いた評価
⑤目標値に対する達成率
⑥前回との比較や伸び率、過去からの推移、前年度の同じ時期との比較
⑦筋力やパワーについては、絶対値だけでなく体重比による評価を行う

団体競技の場合には個人データの評価だけでなく、チーム全体の評価や、ポジション、階級、専門種目などのグループごとの評価を行うことも必要です。

（3）選手や指導者へのフィードバック

データの集計と評価を終えたら、選手、監督・コーチ、他のチームスタッフ（トレーナーなど）に測定結果とその評価を知らせます。結果のフィードバックは、早ければ早いほど良く、測定した時の印象や感覚が十分残っているうちに行うようにします。

測定結果を選手に伝える際には、以下の2つのポイントについて配慮するようにします。
①各測定の目的や競技との関連性を説明する
②単に数値を伝えるだけでなく、各選手の課題や今後のプログラムへの展開について説明する

少人数のチームであれば個別にカウンセリングを実施し、結果や今後のトレーニング方法についてのアドバイスを行うことができますが、多人数のチームでは、個別対応は難しいと思います。このような場合には、個人の記録表に指導者が簡単なコメントを記入したり、測定値のレベルに応じたトレーニングやコンディショニングにおけるポイントを解説した資料を配布したりするとよいでしょう。

なお、各測定項目の上位にランクされる選手や伸び率が顕著な選手については、優秀者リストに名前を入れるなどして、さらなる動機づけやチーム内の良い意味での競争意識を高めるように配慮します。

（4）達成度の自己評価と目標設定

シーズンを終えたら、1年間のトレーニングの出来映えについて、選手自身に自己評価させると効果的です。準備期の初めに自分で設定したトレーニング目標に対して、達成度を具体的に記入してもらうようにします。さらに、この記入用紙や測定結果の資料をもとにして、来シーズンに向けての目標やトレーニングの指針について、各選手と個別に話し合いを行うようにします。

（5）測定結果のウエイトトレーニングプログラムへの反映

測定結果から、①結果が良かった項目と悪かった項目、②トレーニング効果の伸びが順調な部分と思わしくない部分の2点について整理し、このような結果になった原因について検討してみましょう。例えば、ウエイトトレーニングの挙上重量の伸びが停滞している場合には、
・プログラムに問題はないか？
・フォームに問題はないか？
・トレーニング目標に無理はないか？
・オーバーワークやトレーニング刺激のマンネリ化に陥っていないか？
・傷害や病気の影響はないか？
・選手の取り組み姿勢に問題はないか？
・トレーニングのパートナーの組み合わせに問題はないか？
・食事や休養に問題はないか？
・悩みやストレスなどのメンタル面の問題はないか？

などについて検討してみます。おそらく、原因には多くの要素が複数関与していることが多いと思いますが、思い当たる項目については、その要因を改善するように努めます。

さらに、トレーニングプログラムにおける改善点としては、以下の項目があげられます。
①効果の停滞しているエクササイズをプログラムの前半もしくは最初に行うようにする
②いままでのトレーニング条件を確認し、使用重量や回数、セット数、セット間の休息時間などに変化をつけてみる
③動作スピードやテンポ、テクニックに変化をつけてみる
④思い切ってエクササイズを変えたり、使用する器具を変えてみる

測定結果をウエイトトレーニングのプログラムの改善に活かし、良い方向に導くためには、ウエイトトレーニングに関する幅広く深い理解と、経験が必要となってきます。できるだけ多くの事例に接し、一つ一つ長期的な展望を踏まえて解決していくことが必要です。

（6）筋力・パワーの向上を目指すにあたって

ウエイトトレーニングを実施していく中で、一般的には、ベンチプレス、スクワット、パワークリーンといった主要エクササイズの挙上重量を向上させていくことが大きな目標となっています。しかし、これらの挙上重量が大きければ大きいほど競技力も高いかというと、必ずしもそうではなく、限りなく挙上重量を伸ばすことが競技にとって必ずしもプラスになるわけでもありません。

筋力やパワーは、確かにスポーツ競技のパフォーマンスに大きな影響力を持つ要素の一つです。しかし、競技力には、筋力やパワー以外にも、技術や戦術、メンタル面、監督の采配、用具の善し悪し、プレーの偶然性など、非常に多くのさまざまな要素が存在し、これらがトータルに作用して全体を構成しています。したがって、ウエイトトレーニングを実施するにあたっては、挙上重量を伸ばすことのみに興味を奪われるのではなく、「挙上重量を向上させたことによって得られた筋力を、専門的体力やスポーツの技術

及び戦術、傷害の予防などにどう活かすか」を考えていく必要があります。

　選手がある一定レベルの挙上重量に到達したら、それ以上無理に筋力を向上させるのではなく、競技特性や選手の個人的な特徴を十分に考慮し、専門的体力の向上や、よりレベルの高い技術や戦術の開発などに目を向けていくことが必要でしょう。ウエイトトレーニングの効果の測定にあたっては、挙上重量の測定値が一人歩きしていかないように、注意すべきであると考えられます。

　なお、基本的なエクササイズの挙上重量が顕著に向上しているのに、スポーツ動作のスピードやパワーがどうしても改善されないような場合には、トレーニングプログラムの内容を検討してみる必要があります。ただし、エクササイズの挙上重量に代表される一般的筋力の向上が専門的パワーや競技パフォーマンスの向上に結びつくまでには、一定の期間が必要であること、またその過程においては、技術やパフォーマンスの一時的な乱れが生じる可能性があることなどを考慮しておく必要があり、選手にもこれらのことを伝えておくことが大切です。

5．ウエイトトレーニングの効果の測定の実際

（1）ウエイトトレーニングの効果を把握するための形態測定

　ウエイトトレーニングによる形態的な変化を把握するためには、特に体重、体脂肪率、身体各部位の周径を測定します。

　体重や体脂肪率を調べることによって、筋肉量や脂肪量の変化を知ることができます。また、各部位の周径を調べることによって、各部位の筋肉の発達度やバランスを把握することができます。周径の測定の際にはメジャーをあてる位置などの測定条件を厳密に規定し、誤差が生じないように配慮します。

　主な測定項目とその方法について以下に紹介します。
①身長
　身長計を使用し、裸足で台の足型の上に乗ります。あごを引いてまっすぐ前を見て臀部、背部を軽く身長計に接触させた姿勢で計測します。
②体重
　体重計を使用して測定します。原則として、男子は短パン、女子選手は、Tシャツ短パンで測定します。
③体脂肪率
　体脂肪率の測定方法には、さまざまな方法がありますが、近年、体重計と体脂肪計が一体化された測定器（インピーダンス法による体脂肪測定）が比較的安価で販売されるようになっていますので、これを使用すると良いでしょう。測定値は、体内の水分量に影響を受けるため、朝起床して排尿を済ませた後に測定を行うようにします。
④頸囲：メジャーを頸の長軸と垂直になるようにあてがって最も太い部分を計測します。
⑤胸囲：メジャーを両乳頭のすぐ上を通るように水平にあてがって計測します。
⑥腹囲：メジャーをへその真上の高さで水平にあてがって計測します。
⑦臀囲：メジャーを横から見て尻の最も膨らんだ部分に水平にあてがって計測します。
⑧大腿囲：両足均等に体重をかけ、メジャーを大腿の長軸に対して垂直になるようにあてがい、大腿部の最も太い部分を計測します。メジャーが臀部にかからないように注意して下さい。
⑨下腿囲：両足均等に体重をかけ、メジャーを下腿の長軸に垂直になるようにあてがい、下腿部の最も太い部分を計測します。
⑩上腕囲（伸展）：手の平を前方に向けて力を抜いた状態で、メジャーを上腕部の長軸と垂直になるようにあてがって上腕の最も太い部分を計測します。
⑪上腕囲（屈曲）：肘が肩の真横にくるようにして肘を屈曲させ、メジャーを上腕部の長軸と垂直になるようにあてがって上腕の最も太い部分を計測します。
⑫前腕囲：手のひらを前に向けて力を抜いた状態で肘を伸ばし、メジャーを前腕部の長軸と垂直になるようにあてがって最も太い部分を計測する。

（2）ウエイトトレーニングの効果を把握するための体力測定

　ウエイトトレーニングによる身体能力の機能的な変化や、これに伴う競技パフォーマンスへの影響を把握するためには、まず第一に、ウエイトトレーニングの主要エクササイズの挙上重量に代表される一般的筋力の測定を行い、ウエイトトレーニングの直接的な効果を調べます。

図8-1. 周径の測定部位

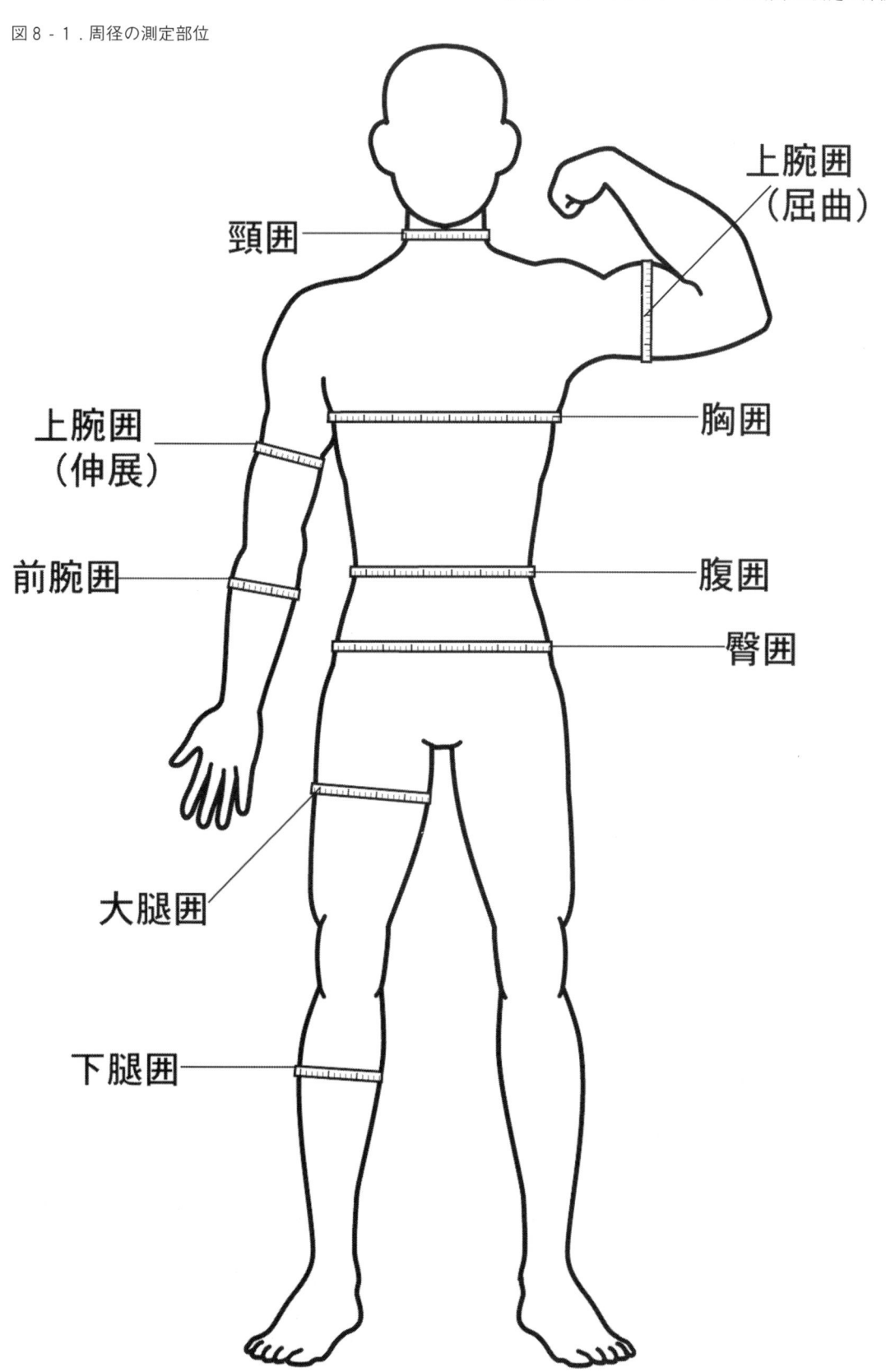

第二には、ウエイトトレーニングによる一般的筋力の向上に影響を受けやすい、垂直跳び、10～30mダッシュ、反復横跳びなどの測定を行い、一般的筋力を基盤として発揮されるパワーやアジリティー等の一般的体力（筋力以外）の状況を調べます。
　第三には、競技パフォーマンスを反映する専門的体力の測定を行い、ウエイトトレーニングとパフォーマンスへの関連を把握します。
　ここでは、ウエイトトレーニングの効果を把握するために役立つ測定項目として、一般的筋力と、一般的体力（筋力以外）の代表的な測定項目とその方法について紹介します。

①一般的筋力の測定項目と方法
　ウエイトトレーニングの直接的な効果を把握するための測定項目です。測定にあたっては、ケガや事故の予防のために、正しいテクニックを十分に習得しておくことや、適切なウォーミングアップの実施、補助者の配置、動作基準の徹底などが重要です。
　1RMの測定については、危険性や必要性の面で反対の立場をとる人もいますが、選手のレベルや競技特性、シーズンなどを考慮して採否を決定するようにします。例えば、アメリカンフットボールやラグビーのような高いパワーが要求される競技選手については、主要なエクササイズの1RMの測定を積極的に実施するようにします。また、持久系競技の選手や初心者などについては、3～10回程度反復可能な最大下の重量で反復回数の測定を行い、巻末資料の1RM推定表を利用して1RMを求める方法を用いるとよいでしょう。フリーウエイトによる主要エクササイズのフォームに不安がある選手の場合には、マシンを使用して測定を行っても構いません。

表8-2.1RM測定の手順の例

セット	負荷の目安	反復回数
1	50～60%	8～10回
2	75～80%	3～5回
3	85～90%	1回
4	100%	1回（失敗した場合は2.5～5kg減らして1回）
5	100%＋2.5～5kg	1回（成功した場合はさらに2.5～5kg増やす）

　挙上重量の評価を行う際には、絶対値だけでなく、挙上重量を体重で割った体重比を求めると効果的です。表8-3のような目標値を参考にして、達成率を求めるようにします。

表8-3．スポーツ選手として身につけたい一般的筋力の目標値（パワー系競技の場合）

スクワット	男子　体重の2倍
	女子　体重の1.7倍
ベンチプレス	男子　体重の1.5倍
	女子　体重の0.8倍
ハイクリーン	男子　体重の1.2倍
	女子　体重の1.0倍
	（0.8倍で5回）

1）パワークリーンの1RMまたは最大下の重量における最大反復回数の測定
　爆発的なパワーや、身体各部位のコーディネーションの把握を目的に実施します。回転式オリンピックバー（20kg）を使用し、床にバーベルを置いた状態から胸まで一気に挙上します。胸まで挙上する間に、動作がいったん止まってしまったり、フォームが崩れた場合は失敗とします。1RMまたは、最大下の重量による反復回数を測定します。

2）スクワットの1RMまたは最大下の重量における最大反復回数の測定
　下半身及び体幹（特に脚部、臀部、脊柱起立筋群）の筋力の把握を目的に実施します。バーを肩に担ぎ、両足を肩幅よりやや広めに開き、脊柱を正しい姿勢に保ったまま、大腿部の前面が床と平行になるところまでゆっくりとしゃがんで立ち上がります。規定の深さまでしゃがめなかったり、フォームが崩れてきたら失敗とします。補助者は、バーの両端に一人ずつ配置するようにします。1RMまたは、最大下の重量による反復回数を測定します。

3）ベンチプレスの1RMまたは最大下の重量における最大反復回数の測定
　上半身の押す動作の筋力（特に胸部、肩部、上腕伸筋の筋力）の把握を目的に実施します。バーをラックからはずして肘を伸ばした状態から、バーが胸に軽く触れるまで下ろし、次いで肘が伸びきるまでバーベルを挙上します。動作が途中で止まったり、バーベルが傾いてしまった場

第8章 ウエイトトレーニングの効果の測定と評価

パワークリーン

スクワット

ベンチプレス

チンニング

ラットマシンプルダウン

合には失敗とします。必ず補助者をつけるようにします。1RMまたは、最大下の重量による反復回数を測定します。

4）チンニングの反復回数（男子）またはラットプルダウンの1RM（女子）

上半身の引く動作の筋力（特に上背部、上腕屈筋の筋力）の把握を目的に実施します。チンニング（懸垂腕屈伸）の場合は、肩幅より少し広めにオーバーグリップでバーを握り、肘を完全に伸ばした状態から、あごがバーに達するまでの反復回数を測定します。

ラットプルダウンの場合は、肩幅より少し広めにオーバーグリップでバーを握り、肘を完全に伸ばした姿勢からバーがあごの高さに達するまでの1RMまたは最大下の重量による反復回数を測定します。

②一般的体力（筋力以外）の測定項目

1）垂直跳び

一般的パワーの把握を目的として実施します。まず、片足を壁に接して立ち、片腕を伸ばして指先の高さを測定し、この高さを基準として記録します。次に、壁から20cm程度離れ、両足をそろえて全力でできるだけ高く跳び上がり測定板にタッチし、最初の基準の高さとの距離を測定します。測定は2回行い、良い方の値を記録します。

2）10m・30mダッシュ

10mダッシュでは、スタート時の反応能力やローギアパワーの把握を、30mダッシュでは、これらに加えて加速能力を把握することを目的として測定を行います。

スタート時には、左右どちらかの片手を床や地面につけた状態で構え、スタートの合図にすばやく反応して全力で走り、ゴールまでの所要時間をストップウォッチで計測します。

3）反復横跳び

アジリティー（敏捷性）の把握を目的として実施します。120cm間隔の3本の直線を引き、中央

反復横跳び

垂直跳び

長座位体前屈

線をまたぐようにして立ちます。スタートの合図で右側の線を越えるまでステップし、次に左側にステップして中央線まで戻り、左側の線を越えるまでステップし、再び中央線へ戻る動作を20秒間行います。測定者はそれぞれの線に触れるかまたは通過するごとに回数を数え記録します。

4）長座位体前屈

　下背部、臀部、ハムストリングスなどの柔軟性を計測し、体調の把握やウエイトトレーニングによる柔軟性への影響を調べるために実施します。

　足底を台に当てて両膝を伸ばして座り、両手をそろえて指先で測定器のカーソルを押し、上体を徐々に前屈させ、指先の位置を記録します。

第9章
ウエイトトレーニングのウォーミングアップと
クーリングダウン

1．ウエイトトレーニングの前後のウォーミングアップとクーリングダウンの重要性

スポーツの練習の前後には、ウォーミングアップやクーリングダウンを行うことが習慣化していることと思いますが、ウエイトトレーニングの前後となると、十分実施している人は少ないのではないでしょうか。

ウエイトトレーニングにおいては、筋肉は負荷がかかった状態で、強く伸び縮みをくりかえしています。適切なウォーミングアップを行っていないと、トレーニング中に良いコンディションで筋力やパワーの発揮ができず、十分なトレーニング効果が得られないばかりか、筋肉や腱の損傷（肉離れ）や関節、靱帯などの傷害を起こす危険性が高くなります。

また、ウエイトトレーニングを実施した後には、使用した筋肉が疲労すると同時に、筋肉が短縮した状態となり、これを放置すると、筋肉の疲労回復の遅れや収縮力の低下を招き、オーバーワークや傷害の原因ともなります。ウエイトトレーニングの後には十分にストレッチングを行い、ウエイトトレーニングで使用した筋肉を伸ばしておくことが大切です。

2．ウエイトトレーニングのウォーミングアップはダイナミックストレッチングを中心に

ウエイトトレーニングの実施の前には、軽いジョギングや自転車こぎなどを5〜10分程度行って心拍数を上げるとともに、軽く汗ばむ程度まで体を暖めるようにします。次に、いったん上がった心拍数をある程度維持しながら、筋肉や神経系の働きを高めたり、関節の可動域を広げることを目的として、関節をリズミカルに動的に動かしながら行うダイナミックストレッチング（動的ストレッチング）を行い、ウエイトトレーニングに対する準備をします。さらに、ダイナミックストレッチングの合間や実施後には、動的に活動させた筋肉をスタティックストレッチング（静的ストレッチング）でゆっくりと伸ばすようにすると効果的です。

従来、ウォーミングアップにおいては、動作を止めて行うスタティックストレッチングが中心に行われてきましたが、せっかく暖まった身体が冷えてしまったり、心拍数の低下や神経系の興奮水準の低下を引き起こす場合があります。ウエイトトレーニングを実施する前のウォーミングアップとしては、ダイナミックストレッチングを中心に実施し、必要に応じてスタティックストレッチングを併用することをおすすめします。

ウエイトトレーニング前のウォーミングアップは15分以内を目安にし、長くなりすぎて集中力やテンションが低下しないように配慮します。また、練習のすぐ後にウエイトトレーニングを実施する場合には、ウォーミングアップを省略し、その日のプログラムで使用する主要な部位を軽くほぐしたり、伸ばしたりする程度でも構いません。

図9－1．ウエイトトレーニング前のウォーミングアップの流れ
軽いジョギングや自転車こぎ
・5分程度軽く汗ばむまで実施
・心拍数を上げ、筋温を高める
　　　　　↓
ダイナミックストレッチング
・8種目程度行う
・心拍数をある程度維持しつつ、筋肉や神経の働きを高め、関節の動的な可動域を広げる
　　　　　↓
スタティックストレッチング
・必要に応じて数種目行う
・ダイナミックストレッチングの合間に併用すれば、体が冷えるのを防ぐことができる

3．ウエイトトレーニング後のクーリングダウ

ンはスタティックストレッチングを中心に

　ウエイトトレーニングの後のクーリングダウンとしては、ゆっくりとしたジョギングや自転車こぎによって、全身の血液循環を促進させて疲労物質を積極的に除去し、３～５分程度かけて少しずつペースダウンしながら、心拍数を低下させます。そして動作を止めて行うスタティックストレッチングやパートナーストレッチングを中心に行い、使用した筋肉を十分にじっくりと伸ばすようにします。
　なお、ウエイトトレーニングのセット間の休息時間に、使用した筋肉をスタティックストレッチングで伸ばすことにより、筋肉の短縮による可動範囲の減少や筋肉の収縮力の低下を防ぐことができます。

図９－２．ウエイトトレーニング後のクーリングダウンの流れ
ごく軽いジョギングやウォーキング、自転車こぎなど
　・３～５分程度行う
　・全身の血液循環を促進させ、疲労物質を積極的に除去する
　・少しずつペースダウンしながら、心拍数を落ち着かせる
　　　　　↓
スタティックストレッチング
　・１０種目程度行う
　・ウエイトトレーニングで使用した筋肉を中心に十分に伸ばす
　・パートナーストレッチングが有効

４．ダイナミックストレッチングの実際

　軽く反動をつけながらリズミカルに関節を動かすことによって筋肉を伸ばすストレッチングです。ある筋肉を収縮させるとこれと拮抗する筋肉が弛緩するという相反性神経支配を活用したものであり、神経系や筋肉に動的な刺激を与えることができるとともに、いったん暖めた身体が冷えてしまうことがないため、練習やトレーニング前のウォーミングアップに適したストレッチングです。
　ダイナミックストレッチングの実施においては、動作の開始時にストレッチする筋肉を意識してゆっくり収縮させたり伸ばしたりし、慣れてきたらリラックスして適度なはずみをつけながら動作を行い、少しずつ可動範囲を広げていくようにします。急激に大きな動作を行うと、伸張反射が働いてストレッチすべき筋肉が収縮してしまうので注意して下さい。

ダイナミックストレッチングの例
それぞれ１０～１５回程度実施する

（１）股関節周辺のダイナミックストレッチング
①脚の前後スイング
　腰が丸まったり、反ったりしないように注意する
　脚のスイングの勢いを利用して膝を自然に曲げ伸ばしすると、大腿部の前後のストレッチングにもなる。

②脚の左右スイング
　骨盤が左右にぶれないようにする

③膝回し
　骨盤をしっかりと固定し、股関節を中心に膝をできるだけ大きく回す
　左右の脚のそれぞれについて、右回しと左回しの両方を行う

④腰回し
　体幹は固定した状態で骨盤を大きく回し、左右の股関節を十分に動かしてほぐす
　腰をそらせたり、丸めたりせずに行う

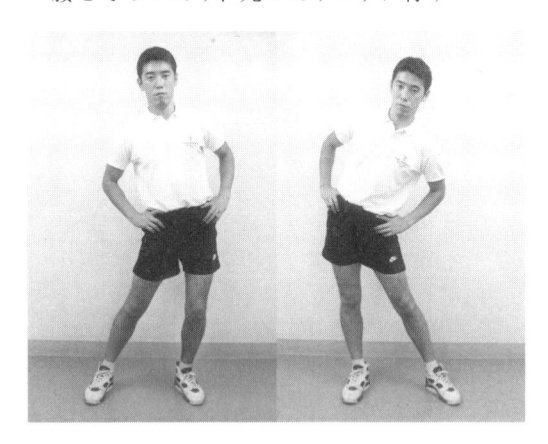

⑤片脚ツイスト
　膝とつま先が同じ方向を向くように股関節をしっかりと回旋させる 足の裏の母指球を中心にかかとを大きく回し、骨盤が動かないように注意する

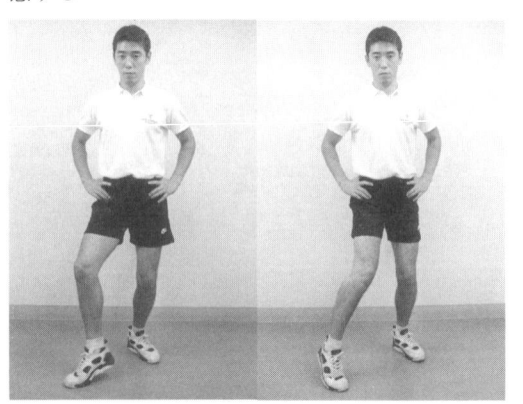

（２）体幹周辺のダイナミックストレッチング
①上体ひねり（立位）
　体側または背中を壁などに向けた状態で行う
　骨盤をできるだけ動かさず、胸郭を大きくひねるようにする

②上体ひねり（前屈位）
　回転軸がぶれたり、腰が反ったり丸まったりしないように注意する

③前屈と上体ひねり
　上体を前屈させてから、起きあがりながら体幹をひねる

第9章 ウエイトトレーニングのウォーミングアップとクーリングダウン

④上体の側屈
　両手を頭上に組んで、骨盤が動かないように注意しながら上体を大きく左右に曲げる

（3）肩関節周辺のダイナミックストレッチング
①腕の前後スイング
　直立して両腕を前後に大きくスイングする

②腕の左右スイング
　直立した状態で、両腕を内側にクロスさせたり、外側に開いたりする

③肩の内外旋（1）
　両腕を横に水平に上げた状態で、内側と外側に大きくひねる

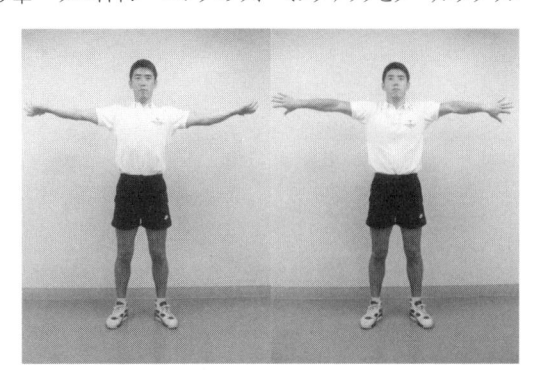

④.肩の内外旋（2）
　手を挙げて肘を直角に曲げた状態で両腕を開いた姿勢から、両腕を前方に伸ばす動作を繰り返す
　内側にひねったときに背中が丸くならないように注意する

5．スタティックストレッチング
　目的とした筋肉を静止した状態でストレッチする方法です。筋肉を急激に無理に伸ばそうとすると伸張反射が働いて筋肉が収縮してしまいます。このような反射の働きを抑えながら、ゆっくりとリラックスして筋肉を伸ばすように心がけます。
　実施にあたっては、まず筋肉が軽くつっぱる感じがするところまでゆっくりと伸ばし、リラックスして呼吸しながら10～15秒程度静止します。筋肉のつっぱる感じがやわらいできたらさらにもう少しゆっくりと伸ばして10秒程度静止すると効果的です。

スタティックストレッチングの例
1）腰部のストレッチング
　仰向けになり両脚を抱え込む

2）腰部と臀部のストレッチング①
　仰向けになり膝を上げた状態でひねる。両肩が床から浮かないように注意する

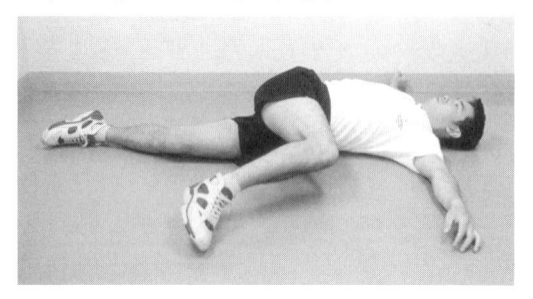

3）腰部と臀部のストレッチング②
　長座姿勢ですわり、片脚を膝を曲げてクロスさせ上体をひねる

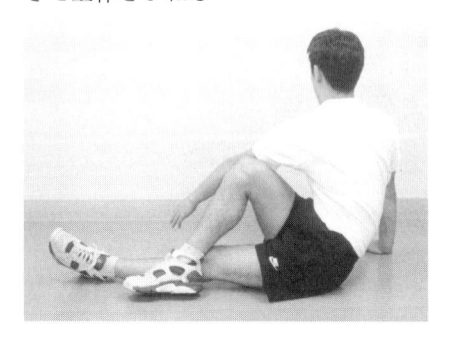

4）腰部と臀部のストレッチング③
　両膝を曲げて座り、片脚をクロスさせ、上体をひねる

5）臀部のストレッチング①
　仰向けになり片脚をかかえ込む

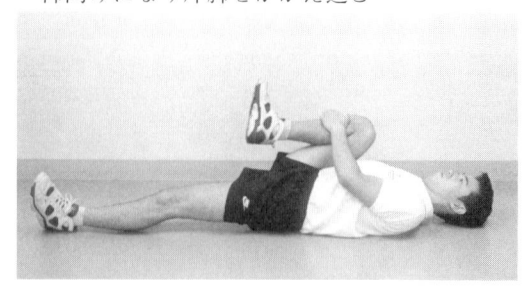

6）臀部のストレッチング②
　長座姿勢で座り、片脚を膝を曲げてクロスさせて抱え込む

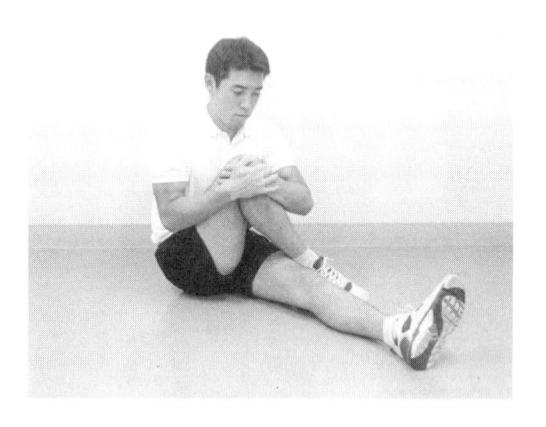

7）臀部のストレッチング③
　両膝を曲げて座り、片脚をクロスさせて抱え込む

8）ハムストリングスのストレッチング①
　片脚の膝を曲げて長座姿勢になり、膝が伸びた脚の方に前屈する
　前屈した方向と反対側の脚の膝が床から浮き上がらないように注意する

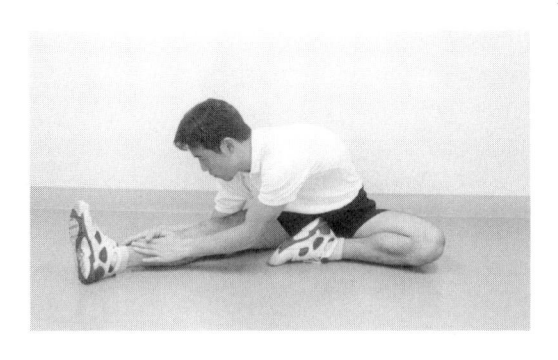

9）ハムストリングスのストレッチング②
　仰向けになり、片脚を上げて両手で手前に引き寄せる
　膝は軽く曲げた状態で行う

10）内転筋群のストレッチング
　両脚を開いて長座姿勢になり上体を前屈させる

11）股関節と腰背部のストレッチング
　膝を曲げて両足の裏を合わせてすわり、上体を前屈させる
　上体をまっすぐにして前屈させれば股関節、上体を丸めるようにすると腰背部を中心としたストレッチングになる

12）股関節のストレッチング
　脚を前後に開脚して上体をやや前屈させる。後ろ脚の腸腰筋や大腿四頭筋を十分にストレッチさせる

13）大腿四頭筋のストレッチング
　片脚を伸ばし、反対側の足のつま先が後方にくるように膝を曲げてすわる。
　つま先を外に向けると、膝の内側の靱帯が伸ばされてしまうので、つま先は後方に向けておく

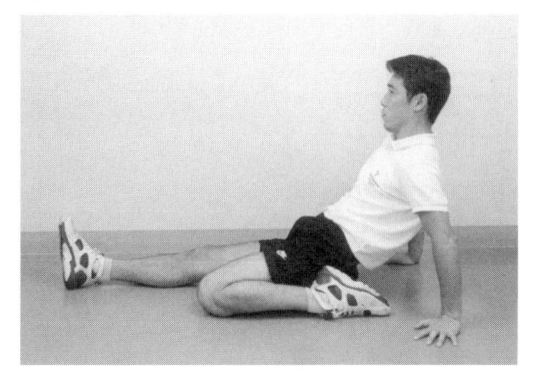

14）大腿四頭筋と股関節のストレッチング
　立位で片脚の膝を曲げ足首を持って後方に引く。
　腰を反らさないように注意し、腸腰筋や大腿

四頭筋が十分にストレッチされるようにする

15）下腿部のストレッチング
　足を前後に開き壁に手をついて後方の脚の膝を伸ばしたまま足首を伸ばす

16）アキレス腱のストレッチング1
　足を前後に開き壁に手をついて後方の脚の膝を軽く曲げた状態で足首を伸ばす

17）アキレス腱のストレッチング2
　片膝を立ててすわり、膝を立てた側の太ももの上に上体をかぶせて足首をストレッチする

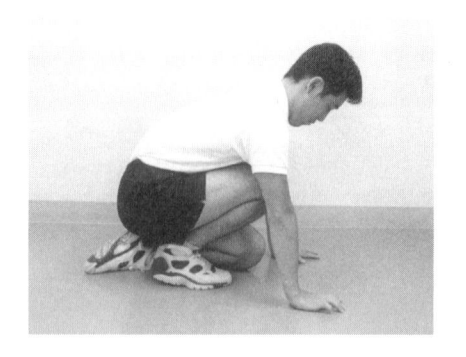

18）胸部と肩部のストレッチング
　四つ這い姿勢になり、片手を横に開いて床にあて、胸部や肩部をストレッチする

19）前腕屈筋群のストレッチング
　立った状態で片手を前方に上げて手のひらを上に向け、反対側の手で持ち上げた手の指先を手前下側にゆっくりと引く

20）前腕伸筋群のストレッチング
　立った状態で片手を前方に上げて手の甲を上に向け、反対側の手で持ち上げた手の甲を手前下側にゆっくりと引く

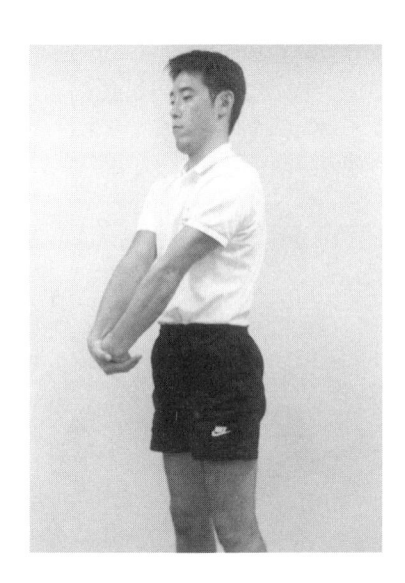

第9章　ウエイトトレーニングのウォーミングアップとクーリングダウン

23）上腕三頭筋と体側のストレッチング
　肘を曲げて片手を頭の後ろに固定し、反対側の手で引っ張ると共に体幹を横に曲げる

21）広背筋のストレッチング
　かがんだ状態で柱などにつかまって上背部の筋肉をストレッチする

24）三角筋後部のストレッチング
　片腕を軽く曲げて、胸の前で反対側の手で抱え込む

22）広背筋と上腕三頭筋のストレッチング
　床に座って両腕を頭上に伸ばして前傾して手を床につけ、上背部や上腕三頭筋をストレッチする

25）体側のストレッチング
　両手を頭上で組んで体幹を横に曲げる

パートナーストレッチングの例

1）ハムストリングスのストレッチング
　仰向けになってパートナーが片脚を持ち上げる

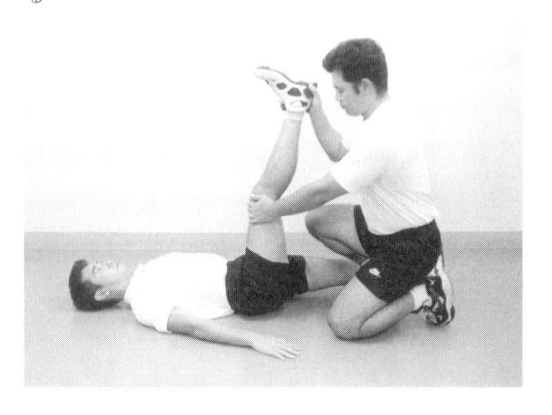

2）臀部のストレッチング①
　仰向けになり、片脚の膝と足首を曲げたままパートナーが押す

3）臀部のストレッチング②
　仰向けになり、下腿部を内側にひねった状態でパートナーが押す

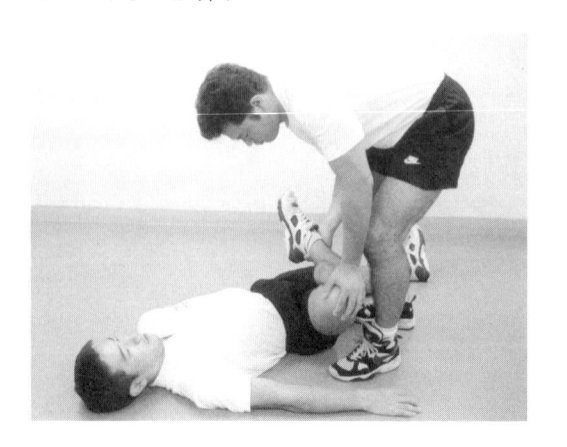

4）臀部のストレッチング③
　仰向けになり、片脚の膝を曲げた状態で持ち上げ、パートナーが臀部を押さえて持ち上げた脚を反対側の脚の方にひねる

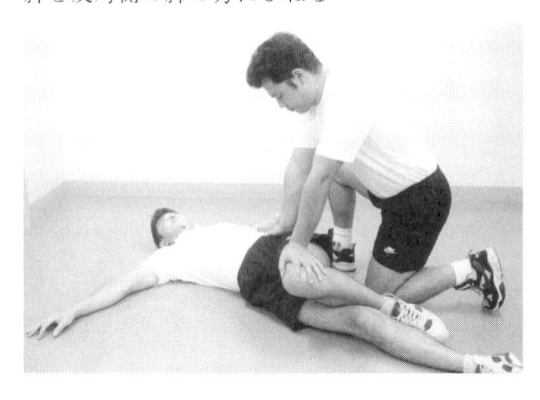

5）体幹のストレッチング
　仰向けになって、片脚の膝を曲げた状態で膝を持ち上げ、パートナーは肩部と大腿部に手を当てて体幹をひねる

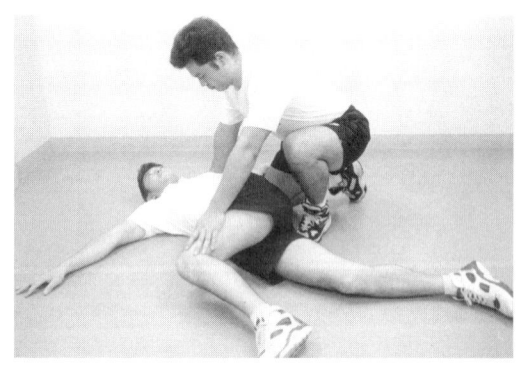

6）内転筋群のストレッチング
　仰向けになって、両膝を開いて立て、パートナーが両膝を左右に開く

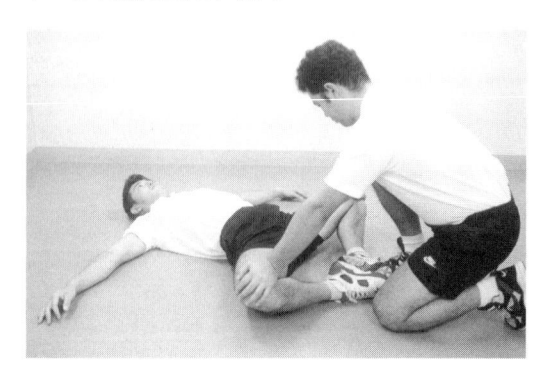

7）股関節と大腿四頭筋のストレッチング
　うつぶせになり、パートナーが片方の臀部を押さえたまま大腿部を持ち上げる

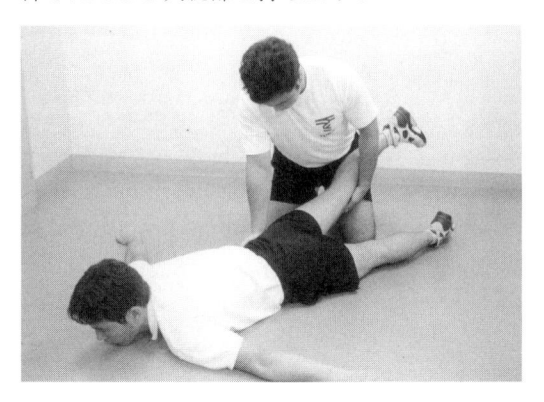

8）大腿四頭筋と下腿部のストレッチング
　うつぶせになって膝を曲げ、パートナーが足の甲を押す。腰が反らないように注意して行う。

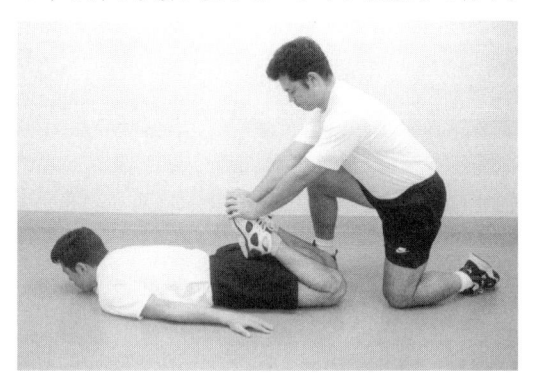

9）下腿部とアキレス腱のストレッチング
　うつぶせになり、膝と足首を曲げパートナーが足の裏を押す

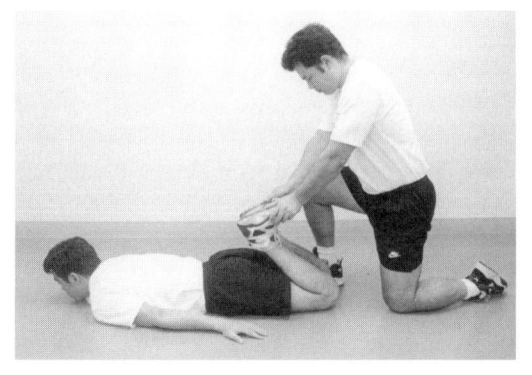

10）肩部と上背部及び胸部のストレッチング
　長座姿勢になり、パートナーが後方から両手を抱えるようにしてやや後方にゆっくりと引く

第10章
エクササイズテクニック

この章では、スポーツ選手が実施すべき多くのエクササイズの中から重要度の高いものを選りすぐり、それぞれのエクササイズについて基本動作とともに、補助の方法、指導ポイントなどについても詳しく解説していきます。

1. 正しいテクニックを習得することの重要性

ウエイトトレーニングを導入しているチームであれば、ベンチプレスやスクワットといった基本エクササイズは日頃からしっかりと実施していることと思います。しかし、このような基本エクササイズの正しいフォームを教わる機会がなく、見よう見まねの自己流のやり方でトレーニングを行っているチームや選手がまだまだ非常に多いのではないでしょうか。せっかく熱心にトレーニングを行っても、正しいフォームで行われなければ、さまざまな弊害が起こるとともに、効果が得られるまでに余計な時間がかかり、最短でゴールに到達することができなくなってしまいます。

正しいフォームでトレーニングを行わなかった場合には、次のような弊害が起こることが懸念されます。

①けがの発生

まず第一に、間違ったテクニックでトレーニングを行った場合、筋肉や関節などを傷めてしまう危険性が高くなります。ウエイトトレーニングは、正しい方法で行えば、けがの予防やリハビリテーションに大変役立つものですが、そのウエイトトレーニングでけがをしてしまっては、本末転倒と言わざるを得ません。

②間違った動きがインプットされてしまう

ウエイトトレーニングを行うと、トレーニングの動きそのものや、動作中の筋肉の使い方、パワーの発揮の仕方などがからだにインプットされていきます。したがって、正しい動作でトレーニングを行えば、筋力やパワーを効率よく外部に発揮する能力や、スタミナの消耗が少なく無駄のない動きを身につけることができます。ところが、「上げさえすればいい」といった考え方で、いい加減な動作でウエイトトレーニングを行った場合には、効率の悪い間違った動きがからだにインプットされ、からだの各部位の筋力やパワーが競技に十分生かされなかったり、競技においても力を無駄遣いして、スタミナを早く消耗するようになってしまう可能性があります。

ウエイトトレーニングの正しいテクニックを身につけることは、トレーニング中の傷害の予防や安全の確保に役立つと同時に、プログラムの効果を最大限に引き出すための大変重要な要素といえます。日々のトレーニング動作のチェックや修正がきちんとできるかどうかが、効率良く効果を上げるためのカギとなるでしょう。

2. ウエイトトレーニングの実技にあたって

ウエイトトレーニングの実技を実施するにあたって、身につけておきたい基本事項について紹介します。

(1) バーの握り方

それぞれのエクササイズやトレーニング目的によって、バーの握り方や手幅が異なります。

①手の向きの違いによる分類

a) オーバーハンドグリップ (順手)：手の甲が上にくるようにしてバーを握る方法です。前腕を回内させて握ることから、プロネイティッドグリップ (pronated grip) とも呼ばれています。このグリップは、ベンチプレスやベントオーバーロウなど、バーベルを用いた多くのエクササイズで用いられています (写真1)。

b) アンダーハンドグリップ (逆手)：手のひらが上にくるようにして握る方法です。前腕を回外させて握ることから、スピネイティッドグリップ (supinated grip) とも呼ばれます。このグリップを用いるエクササイズとしては、バーベルカールやリストカールなどがあります (写真2)。

c) オルタネイトグリップ：片側はオーバーハンドグリップ、反対側はアンダーハンドグリップで握る方法です。他のグリップに比べて強い保持力が発揮できるため、高重量のバーベルを引き上げることが要求されるデッドリフトのようなエクササイズで用いられます。ちなみに、背筋

力計をさまざまなグリップで引いた場合、オルタネイトグリップを用いた場合が最も大きな値が得られるようです（写真3）。

d）パラレルグリップ：両方の手のひらが内側を向くようにして握る方法です。特別なバーやアタッチメントが必要となりますが、シーティッドロウやラットプルダウンでよく用いられるグリップです（写真4）。

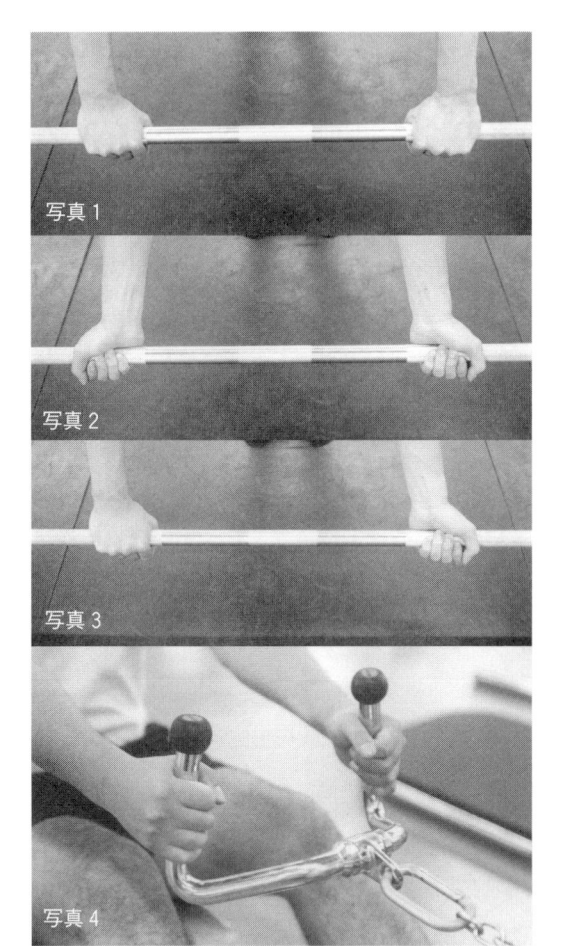

写真上より、オーバーハンドグリップ、アンダーハンドグリップ、オルタネイトグリップ、パラレルグリップ

②手の幅の違いによる分類
a）スタンダードグリップ：各エクササイズの標準的なグリップ幅のことを指します。コモングリップ、ミディアムグリップという呼称もあります（写真5）。

b）ワイドグリップ：スタンダードグリップよりも広いグリップ幅のことを指します（写真6）。

c）ナローグリップ：スタンダードグリップよりも狭いグリップ幅のことを指します（写真7）。

写真上より、スタンダードグリップ、ワイドグリップ、ナローグリップ

③親指の使い方による分類
a）サムアラウンドグリップ：親指をバーに巻き付けて握る方法です。ほとんどのエクササイズではこの方法を用います。クローズドグリップという呼称もあります（写真8）。

b）サムレスグリップ：親指をバーに巻き付けず、他の指とそろえて握る方法です。一部のエクササイズで用いられますが、バーが滑り落ちる危険があるので、初心者には勧められません。オープングリップという呼称もあります（写真9）。

c）フックグリップ：親指をバーに巻き付けた後、親指の上に人差し指と中指をかぶせるようにして握る方法です。パワークリーンやスナッチなどのクイックリフトで用いる場合があります

145

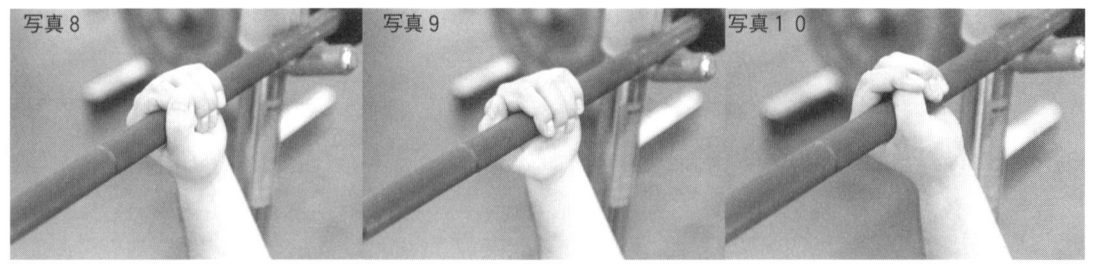

写真左より、サムアラウンドグリップ、サムレスグリップ、フックグリップ

す（写真10）。

（2）ストラップの使用

ベントオーバーロウやラットプルダウンのような引く動作を伴うエクササイズや、クイックリフトのように瞬間的に非常に強く引く動作のエクササイズを何回も反復する場合には、疲労によってバーを握る力が低下したり、手が滑って正しい動きができなくなることがあります。このような場合には、グリップの固定力を増すための補助具としてストラップを使用すると良いでしょう。

ストラップをうまく用いると、グリップが強力になるばかりでなく、握力をあまり発揮しなくてもバーを保持することができるため、重い重量でもグリップを気にすることなく挙上動作に集中することができます。ただし、初心者のうちからストラップに頼ってしまうと、さまざまなエクササイズに必要な基礎的レベルの握力が養えなくなってしまう場合があります。ストラップの使用はある程度のトレーニング経験を積んでからにした方がよいでしょう。また、経験者の場合でも、ストラップに頼りきってしまうと、スポーツの動作中の前腕のパワーの発揮能力が十分に養えなくなることも懸念されます。これらのことから、ストラップは、高重量を扱う場合や、特定の筋肉に刺激を与えたい場合などに限って使用するように心がけるようにします。

汗でグリップが滑ってしまう場合には、ウエイトリフティングの選手や体操競技の選手などが用いるグリップの滑り止め用の白い粉（炭酸マグネシウム）を使用してもよいでしょう。ただし、使用量は必要最小限にとどめ、粉を舞い上がらせないように注意するとともに、使用後には、床や周辺を清掃するようにします。施設によっては、粉が空調設備に吸い込まれて悪影響を及ぼす場合があるので注意が必要です。最近は、粉が舞い上がることが少ない、固形の商品も販売

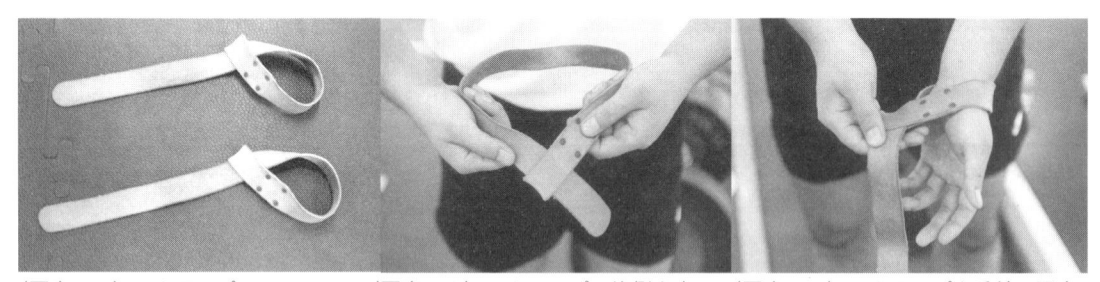

（写真11）ストラップ

（写真12）ストラップの片側を穴に通す

（写真13）ストラップを手首に固定

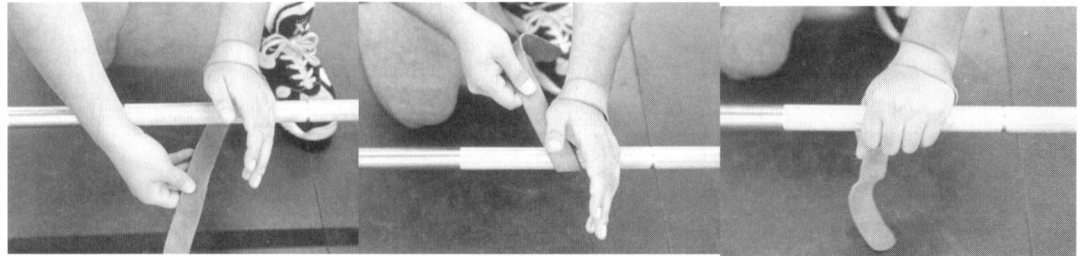

（写真14）バーの下からストラップを通す

（写真15）たるみの調整

（写真16）バーに巻き付けたストラップの上からバーを手で握る

されるようになってきています。なお、炭酸マグネシウムはスポーツ店や薬局などで入手することができます。

（3）トレーニングベルトの使用

スクワットやパワークリーンのようなエクササイズを行う場合には、腰部の保護のためにベルトを着用することが効果的であることはよく知られています。しかし、その本来の意味や正しい巻き方については十分に理解されていないことが多いようです。

肩にバーベルをかついでスクワットの動作を行う場合、しゃがみ込むにしたがって上体の前傾が強くなっていきますが、前傾が強くなればなるほど、体幹の強い固定力（姿勢を保持する能力）が要求されるようになります。また同様に、バーベルカールを行う際にも、肘が直角くらいになった時には、バーベルが身体から離れ、重心位置が前方に偏るため、姿勢を維持するのがきつくなり、体幹部の強い固定力が必要となります。

このような体幹部の固定力に深く関わっているのが腹部の圧力（腹腔内圧や腹圧と呼ばれる）です。ベルトを体幹部に正しい方法で装着し、適切な呼吸方法と組み合わせることによって腹圧を効率良く高め、腰背部の安全な姿勢を保持しやすくなります。

トレーニングベルトには、腹部の幅が背部より狭くなっているタイプと、均一に広い幅のタイプの2種類があります（写真17）。後者のタイプは、腹部を覆う部分もベルトの幅が広くなっているため、腹圧を高める効果が高く、スクワットやデッドリフトのような高い腹圧を要求されるエクササイズに向いています。一方、前者のような腹部の幅が狭くなっているタイプは、それほど大きな腹圧を必要としない一般的なエクササイズを行うのに適しています。

ベルトの装着方法については、次のような方法がおすすめできると思います。まず、男性の場合には、ベルトの金具の上部が、へそよりも下にくるようにベルトの位置を決め、下腹部を下から上に引き上げるようにしながら、強めに締めるようにします。ズボンをはくときのベルトの位置よりもずいぶん下の方に巻くことになります（写真18）。

女性の場合には、男性とは骨盤の形状が異なるため、へその下にベルトを合わせると骨盤の側面にベルトが当たって痛みを感じたり、腹部とベルトの間に隙間ができて体幹部を十分圧迫できない場合があります。そこで、ベルトを巻く高さは、骨盤にかからない程度にできる限り低い位置（へそがベルトにかくれるくらいを目安にする）に巻くようにします。骨盤の側面を直接圧迫せずに低い位置でベルトが巻けるように、骨盤の形状に合わせて曲線のカットが入ったベルトも市販されていますので、各自の体型にぴったり合うものを選ぶと良いでしょう。

いずれの場合も、ベルトを締める強さは、装着した後に、腹部とベルトとの間にすき間がなく、手の指が入らないくらいを目安にします。また、スクワットの動作を行ったときにベルトがずれてしまう場合には、締め方がゆるいといえます。

なお、ストラップと同様に、つねにベルトを装着した状態でトレーニングを実施していると、体幹の姿勢を維持するために必要な部位の筋力が十分に養成されなくなることが懸念されます。ある程度のトレーニング経験を積み、正しいテクニックを身につけた選手の場合は、ベルトの使用は必要最小限にとどめておくようにすると良いでしょう。

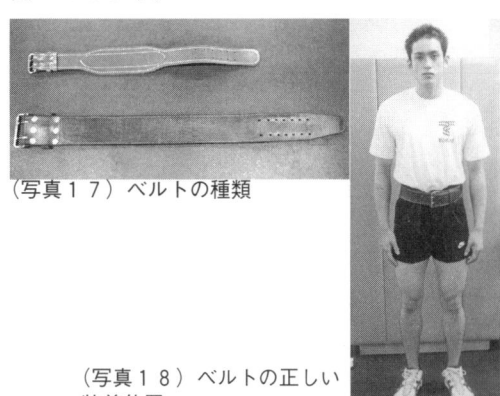

（写真17）ベルトの種類

（写真18）ベルトの正しい装着位置

（4）ウエイトトレーニング動作中の呼吸

ベルトを使用するとともに、息を吸って止めた状態で力を発揮すると、腹腔内圧が高まって腰背部の正しい姿勢を保ちやすく、瞬間的に大きなパワーを発揮するのに役立ちます。しかし、息を吸って止めた状態で動作を行うと、血圧が上昇しやすいため、一般人（特に中高年者）や経験の少ない初心者に対しては、大きな負担を強いることになります。これらのことから、ウエイトトレーニングの目的や経験度、エクササイズの種類、使用重量の大きさ等によって、適切な呼

吸方法を使い分けることが必要といえます。

①息を止めずに動作を行う場合の呼吸法

一般人や初心者がウエイトトレーニングを行う場合には、血圧の過度な上昇を防ぐため、息を止めず、呼吸しながら動作を行うようにします。呼吸しながらトレーニング動作を行う場合には、呼吸と関連のある胸郭や体幹部の動きに合わせるようにするとよいでしょう。

例えば、ベンチプレスの場合には、バーベルを下ろす時に胸郭が広がっていくので、息を吸い込んで肺の中に空気が入り込むようにすると、無理なく自然に呼吸ができます。したがって、ベンチプレスの場合には、バーベルを下ろす時に息を吸い、バーベルを上げる時に息を吐くようにするとよいでしょう。

一方、ベントオーバーローイングのような引く動作のエクササイズの場合には、ウエイトを上げる時には胸郭が広がるので息を吸い、下ろす時には息を吐くようにします。従来、ウエイトトレーニング動作中の呼吸法としては、「ウエイトを上げるときに息を吐く」という指導がよく行われていましたが、胸郭の動きと呼吸を合わせるようにすると、全てのエクササイズについてこの呼吸法が必ずしもベストとは言えないことになります。胸郭の動きと呼吸をマッチさせることを考えた場合には、「ウエイトが身体から遠ざかる時に息を吐き、近づく時に息を吸う」という指導法の方が適していると思われます。

その他、体幹の動きも呼吸と関わっています。例えば、腹筋を強化するためのするためのエクササイズであるトランクカールの場合には、上体を起こしていく時に息を吐くことによって、肺の中の空気が吐き出されて腹圧が低下し、腰背部を丸めて腹直筋を収縮させる動作が行いやすくなります。これらのことから、体幹部を前屈させる動作の時には息を吐き、体幹部を後屈させる動作の時には息を吸うようにすると良いでしょう。

なお、前腕をベンチに固定して行うリストカールのように、胸郭や体幹部の動きと関連のないエクササイズの場合には、選手が行いやすい呼吸法を採用すればよいと思われますが、動作の開始時や姿勢の維持がきついとき、ウエイトを上げるとき、大きな力を発揮するときなどに息を吐くようにするとよいでしょう。

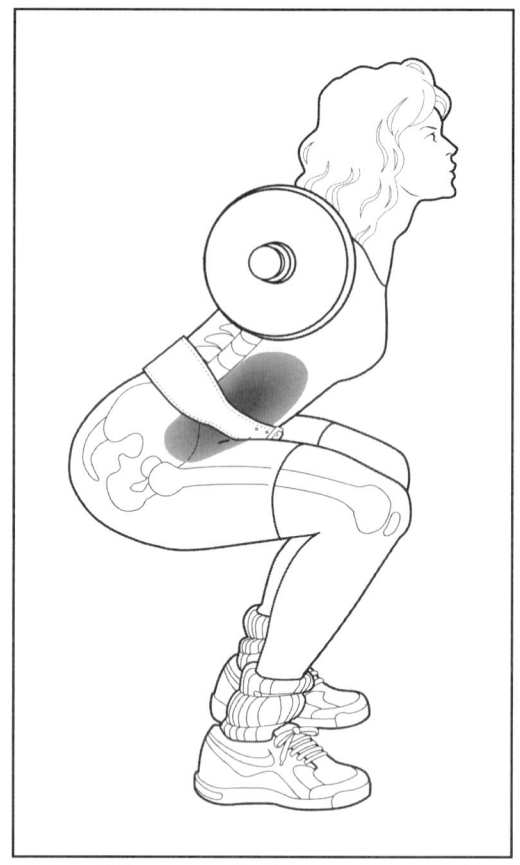

ベルトの装着や正しい呼吸法によって、腹圧を高めることができ、安定した正しい姿勢を保つことが可能となる

②スポーツ選手が高負荷を使用する場合の呼吸法

スポーツ選手がウエイトトレーニングを行う際には、息を吸って止めてからトレーニング動作を開始し、スティッキングポイントと呼ばれ、可動範囲の中で最も力を発揮しにくいポジションや、可動範囲の中で最も大きな力が要求されるポジションを通過中もしくは通過した後に息を吐くようにすると、姿勢の保持や大きなパワーの発揮に効果的です。

例えば、スクワットの場合には、ラックからバーをはずして立った状態で大きく息を吸って止め、息を止めたまましゃがんで立ち上がり、中間あたりの最もきついスティッキングポイントを通過したら息を吐くようにします。このような呼吸法を行うことによって、動作中の正しい姿勢を維持し、大きな力を発揮するのに役立ちます。

第10章　エクササイズテクニック

表10-1．ウエイトトレーニング動作の際の呼吸方法の目安

> **1．呼吸を止めずに動作を行う場合**
> ①胸郭の動きを考慮した場合
> 　「ウエイトが身体から遠ざかる時に息を吐き、近づく時に息を吸う」
> 　例）息を止めずに動作を行う場合の呼吸方法
>
> | エクササイズ | 上げる動作 | 下ろす動作 |
> |---|---|---|
> | ベンチプレス | 吐く | 吸う |
> | ベントオーバーロウ | 吸う | 吐く |
>
> ②体幹の動きを考慮した場合
> 　「体幹が前屈する時に息を吐き、後屈するときに息を吸う」
> 　例）シットアップ：上体を起こす時に息を吐き、下ろす時に息を吸う
> ③胸郭や体幹の動きと関連がない動作の場合
> 　「動作の開始時や姿勢の維持がきついとき、ウエイトを上げるとき、大きな力を発揮するときなどに息を吐く」
>
> **2．スポーツ選手が高負荷を使用する場合**
> 　「腰背部の姿勢を維持し、傷害を防止するとともに、大きなパワーを発揮するために、息を吸って止めた状態で動作を開始し、スティッキングポイントを通過した後に息を吐く」
> 　例）スクワットでは、直立した状態で、息を吸って止めたまましゃがんで立ち上がり、最もきついポジション（スティキングポイント）を越えてから息をく。

（5）トレーニング動作中の補助のテクニック

①補助が必要なエクササイズとテクニック

　ウエイトトレーニングを行う際には、実施するエクササイズのテクニックを習得するだけでなく、正しい補助の方法も身につけておくことが必要です。

　例えば、ベンチプレスでは、バーベルが胸や首に落下する危険があり、ダンベルフライやトライセプスエクステンションでは、ウエイトが顔の上に落下する危険性があります。また、肩にバーベルをかついで行うスクワットでは、挙上できなくなった場合にバーベルに身体が押しつぶされてしまう危険性があります。

　これらのようなリスクを避け、トレーニング動作中の事故や傷害の発生を防ぐために、肩より上のポジションにバーベルやダンベルを持ち上げるエクササイズや、バーを首の後ろに担いだり、肩の前部に保持した状態で行うエクササイズを行う場合には、必ず補助者をつけ、正しいテクニックで補助を行うようにします（ただし、パワークリーンやスナッチのようなクイックリフトの場合には補助者をつける必要はありません）。

　補助者が立つ位置や補助を行う部位（バーを持つべきか、トレーニングを行う人の手首を持つべきかなど）など、補助の方法は、それぞれのエクササイズによって異なります。このため、各エクササイズごとの正しい補助の方法をしっかりとマスターしておくことが大切です。また、補助を行う際には、補助者本人もケガをしないように注意することが必要です。特に、補助の際には、補助者の腰に負担がかかることが多いため、腰背部の正しい姿勢を保つように心がけるようにします。

　ダンベルを用いたエクササイズでは、安全面で

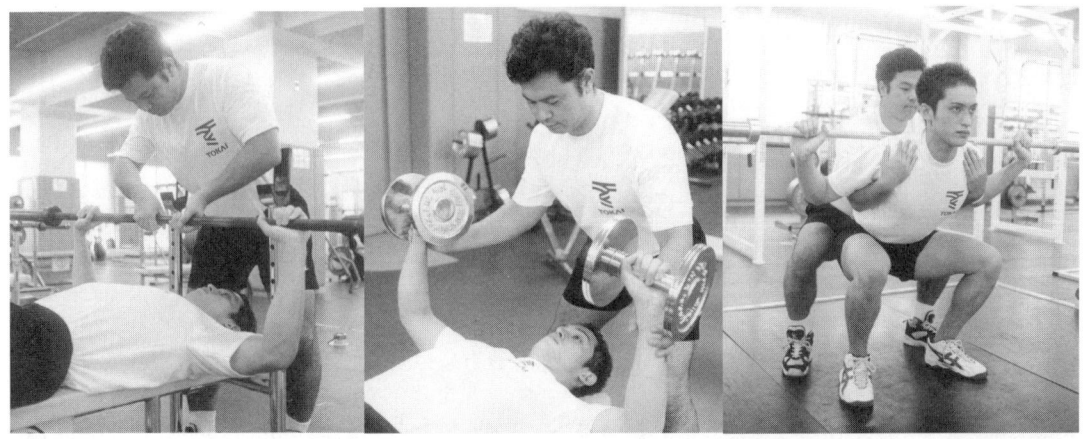

（写真19）バーベルを引き上げる場合は、基本的にはオルタネイトグリップを用いる

（写真20）ダンベルエクササイズでは手首をしっかりと保持して補助を行う

（写真21）安全な補助を確実に行うためには、補助のテクニックの熟練が必要（写真はスクワットの補助）

149

万全を期すため、補助者が、トレーニングを行う人の手首をしっかりと保持して補助を行うようにします。ダンベルフライやダンベルベンチプレス、ダンベルショルダープレスなどで、上腕部や肘を下から支えるようにして補助を行う場合がありますが、補助中に力尽きてしまったり、バランスを崩したりして、肘が曲がってダンベルが顔面や頭部の上に落下する危険があります。このような補助法は、経験を積んだボディービルダーがフォーストレップス（挙上できなくなってからさらに数回反復する方法）を行う際の特殊なテクニックであると理解しておくべきでしょう。

なお、トレーニングを行う選手が熟練していない場合には、急にバランスを崩したり、突然挙上できなくなって脱力してしまうことがあります。補助者は、万一の場合を想定して、動作中のバーベルに手を添えるなど、すぐに補助の体勢に入れるように準備しておくことが大切です。

②補助の実施にあたって
1）補助者の人数の決定

高重量のウエイトを用いる場合やトレーニング者が完全に脱力してしまった場合などには、1人の補助者では安全に補助を行えない場合があります。したがって、トレーニングを実施する際には、1人で補助が行える重量であるかどうかの確認をしておく必要があります。もし、1人では補助が無理であると判断された場合には、2人以上で力を合わせて補助を行うようにします。

ただし、複数の人数で補助を行う場合には、事前に十分に補助の方法に熟練しておくことが大切です。例えば、スクワットの動作中に、バーベルの両側から2人で補助を行う場合、両者の補助のタイミングや力の発揮の度合いが異なると、バランスを崩してしまうことになります。

（写真22）　2名で補助を行う例

2）補助バーやカラーなどの安全装置の確認

万一補助に失敗した場合でも、安全が確保できるようにするため、動作を開始する前には、トレーニング器具についている安全装置を必ず正しくセットしておきましょう。特に、スクワットラックについている補助ラックは、面倒でも正しい位置にセットするように習慣づけておくことが大切です（写真23）。

また、動作中にバランスを崩してバーベルのプレートが外れてしまうことがあるので、バーベルのカラーもしっかりと装着されているかどうか確認する習慣をつけるようにします。

（写真23）スクワットラックの安全装置（面倒でも必ず正しい位置に補助バーをセットすること）

3）補助の方法の取り決め

動作を開始する前には、トレーニングを行う人と補助者との間で、何回反復するのか、どの時点で補助を行うのか、どの程度のスピードで補助を行うのか、どの部分を持って補助を行うのか、などについてあらかじめ話し合っておく必要があります。

4）初心者に対する配慮

初心者の場合には、調子よく動作を反復しているときでも、急にバランスを崩したり、突然挙上できなくなってしまうことがあります。例えば、スクワットでは、挙上できなくなった際にトレーニング者がパニック状態になり、補助者が後方に付いているにもかかわらず、後ろにバーベルを落下させて補助者がけがをするようなケースもあります。初心者にフリーウエイトの指導を行う場合には、補助者が、どの時点でどのように補助を行うかについても十分に説明し、

どんなことがあってもあわてないように指示しておくことが大切です。

5）動作の開始前と終了後の補助

例えば、ベンチプレスの場合、バーベルをラックからはずしたり、ラックに戻したりする動作が必要となります。この動作は非常にバランスを崩しやすく、手をラックに挟んだりする危険があります。補助者は、反復動作中だけでなく、エクササイズの開始前や終了後の動作についても、油断せずに怠りなく補助を行うことが大切です。

なお、ラックからバーベルをはずす動作のことを「リフトオフ」と呼びますが、タイミング良くこの動作を行うために、かけ声をかけるなど、わかりやすい合図を決めておくと良いでしょう。

表１０-２．補助者の必要なエクササイズ
【補助者の必要なエクササイズ】
◎肩より上のポジションにバーベルやダンベルを持ち上げるエクササイズ
◎バーを首の後ろに担いだり、肩の前部に保持した状態で行うエクササイズ
【補助者が必要ないエクササイズ】
◎クイックリフト、デッドリフト、マシンによるエクササイズ
※一部のマシン（スミスマシンなど）によるエクササイズでは補助が必要な場合もある

表１０－３．補助の実施にあたって
①補助者の人数の確認
②補助バーやカラーなどの安全装置のセット
③補助の方法の取り決め
④初心者に対する配慮
⑤動作の開始前と終了後の補助

表１０－４．補助のテクニック
①動作が止まったら一定のスピードで補助を行う
②正しい軌道をキープし、フォームが崩れないように動きをコントロールする
③トレーニング者に力を発揮させ、テンションを高める声をかける
④動作に関係のない部位に触れない
⑤マシンのケーブル、プーリー、ウエイト等に触れない
⑥ラックに手を挟まないように注意する

表１０－５．トレーニング者が補助を必要とする直前の徴候
次のような徴候がみられたら、すぐさま補助が行える体勢を整える
①動作スピードの低下、テンポの乱れ
②バランスやフォームの崩れ
③呼吸の乱れ
④表情の変化

3．主要エクササイズのテクニック

スポーツ選手の筋力基盤をつくるために欠かすことができない主要なエクササイズとして、ベンチプレス、スクワット、パワークリーンの3つがあげられ、これらは総称して「ビッグスリー」と呼ばれています。ビッグスリーについては、指導者として正しいテクニックを指導できるようにするとともに、フォームのチェックや修正の方法についても十分に身につけておくことが大切です。なお、ビッグスリーの各エクササイズには、動作のバリエーションが多く存在しますが、ここでは、最も基本的な動作のテクニックについて紹介します。

（1）ベンチプレス
ａ．エクササイズの特性
①上半身の筋力やパワーを高めるための最も代表的なエクササイズ。
②胸部、肩部、上腕部の強化とこれらの筋群を協調的に発揮する能力の向上に役立つ。
③前方へ押す動作やこれに関連する動作の筋力やパワーの向上に効果的。

ｂ．使用部位
　大胸筋、三角筋前部、上腕三頭筋

ｃ．動作の方法とポイント
①器具のセッティングと安全対策
1）ラックの高さを正しく調節する（写真２４）

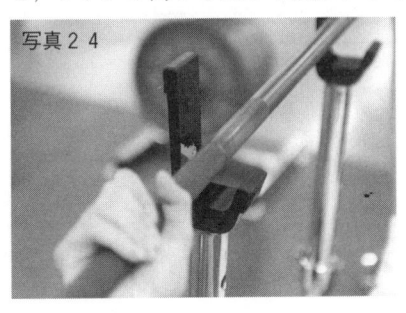

ラック（バーを置く部分）の高さを調節できるベンチプレスラックを使用する場合には、ラックの最上部の高さが、肘を伸ばしたときのバーの高さよりも高い位置にくるようにセットする。ラックの高さが低いと、バーがラックを越えて顔の方に落下する危険性があるので注意が必要。

2）プレートのつけはずしは両側から同時に行い、バーベルの左右にプレートを均等に付け、カラーを装着する（写真２５）
　ベンチにのせたバーの片側だけにプレートを装着したり、バーベルにセットされているプレートを片側だけはずした場合には、バーベルがバランスを失って転倒し、大変危険。プレートの付け外しの際には、必ずバーベルの両側に一人ずつ付き、お互いに合図をしながら左右同時に行うようにする。

3）補助者を付ける（写真２６）
　ベンチプレスを一人で行っていて挙上できなくなった場合、バーベルとベンチの間にはさまれて、動けなくなってしまう。また、バーベルが首や顔などに落下する危険もあるため、補助者を必ず付け、絶対に一人では行わないようにする。また、高重量のバーベルをラックからはずす時とラックに戻す時には、肩の関節や筋群への負担を軽減させるため、補助者がバーをサポートするとよい。

②ポジショニング
1）ラックに対する身体のポジション（写真２７）
　ラックにのせたバーが目の真上にくるようにしてベンチに仰向けになり、動作中には後頭部、背中、おしりをシートにつけるとともに、両脚は床から離れないようにする。

2）グリップの幅（写真２８）
　肘が肩と同じ高さ（上腕部が床と平行）になった時に肘が直角になるようにし、左右の手がバーの中央または両端からそれぞれ同じ距離にくるようにしてグリップの幅を決める。グリップの幅が広すぎると動作の範囲が小さくなるとともに、手首や肩の関節に過剰な負担がかかりやすくなる。また、グリップの幅が狭いと、大胸筋よりも上腕三頭筋の関与が強くなる。

（写真２５）プレートの付け外しの際は、必ずバーベルの両側に一人づつ付いて行う

（写真２７）ラックにのせたバーが目の真上にくるようにする

（写真２６）ベンチプレスの実施の際には必ず補助者をつける

（写真２８）グリップの幅は肘を肩と同じ高さに合わせて肘が直角になるようにする

3）バーの握り方と手首の状態

親指と人差し指の間を開いて両手の指先をやや内側に向け、親指とバーが平行になるようにしてバーを握る（写真29）。このように握ると、前腕の骨の上にバーが載り、手首が過度に反ってしまうことを防ぐことができる。

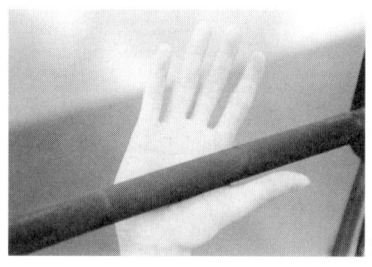

写真29

4）開始姿勢

補助者にサポートしてもらいながらラックからバーをはずし（写真30）、バーベルが肩の真上にくるように肘を伸ばして構え、バランスがとれて静止できたら補助者はバーから手を離す。開始姿勢では、横から見た時に、腕全体が床と垂直になっている（写真31）。

写真30

写真31

③トレーニング動作
1）バーを下ろす動作

正しい開始姿勢がとれたら、息を大きく吸い込んで止めたまま、バーベルをコントロールしてゆっくりと脇の下の少し下あたり（胸肩の中央部）に軽く触れるまで下ろす（写真32）。胸の上でバーベルをバウンドさせたり、腰を強く反らせたりしないように注意する。

動作中には、開始時の手首の角度を保つとともに、つねに肘がバーの真下にくるようにし、前腕が床と垂直に保たれるようにする。

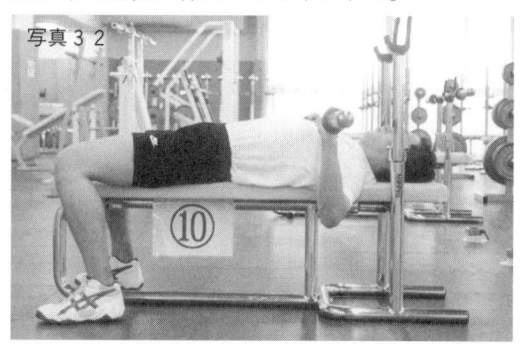

写真32

2）バーを上げる動作（写真33）

バーが胸に軽く触れたら、息を止めたままバーを挙上していく。最も力を発揮しにくいポジション（スティキングポイント）を通過したら息を吐き、開始姿勢まで押し上げていく。動作中のバーの軌道は、ゆるやかなカーブを描くようにし、肘は常にバーの真下にくるようにする。

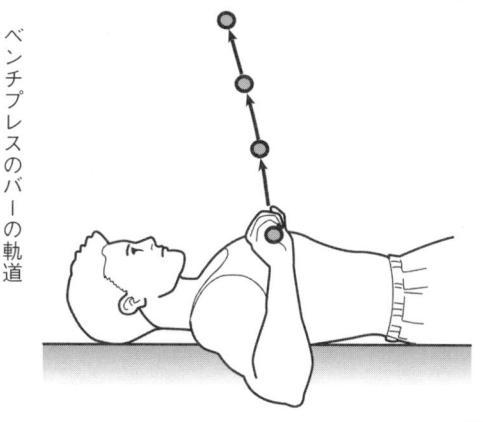

写真33

ベンチプレスのバーの軌道

写真34　写真35　写真36

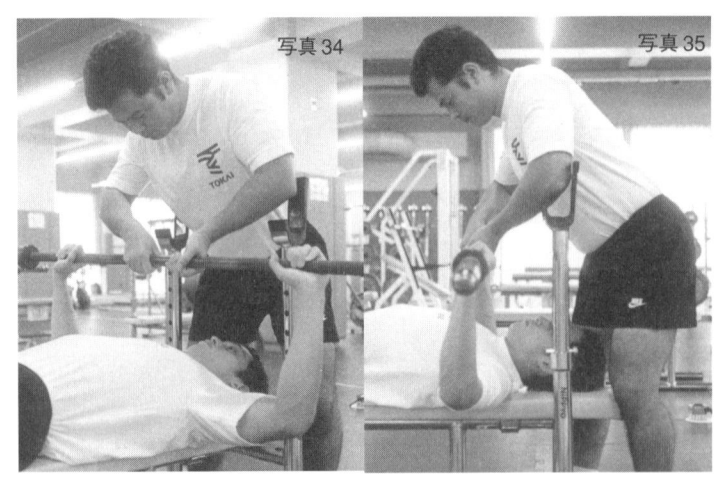

④補助の方法

　補助者はトレーニングを行う人の頭側にできるだけ近づいて立つ。もし動作中にバランスが崩れたり、挙上できなくなったときには、腰を痛めないように腰背部を正しい姿勢に保持しながら、バーベルの中央部を保持力の強いオルタネイトグリップで握り、トレーニング者に力を発揮するように指示しながら、肘を曲げて引き上げるようにしてバーベルの挙上を助ける(写真34・35)。

　肘を伸ばしたまま上体を起こすようにして補助を行った場合、トレーニング者が急に脱力した際に、腰を痛めてしまう危険があるので注意すること（写真36）。

　補助によってバーベルを開始姿勢まで持ち上げたら、ラックに指をはさまないように注意しながら、ゆっくりと確実にバーベルをラックに戻す。

d．間違った動作と修正方法

1）手首が反ってしまう（写真37）

　手首を反らせたまま動作を行うと、手首を傷めてしまう危険性が高い。動作中には、手首は常にまっすぐに保っておくこと。

写真37

2）肘が内側に入ってしまう（写真38）

　初心者や女子の場合、動作中に肘が体側に近づき、内側に入ってしまう例が多く見られる。このような間違った動作を行うと、肩関節の外旋が強制され、けがを引き起こす危険がある。動作中には、肘はつねにバーの真下にくるようにして、前腕が床と垂直の状態を保つようにする。

　どうしても正しい動きができない場合には、鏡の前に立って肘の位置を確認しながら練習すると効果的（写真39）。

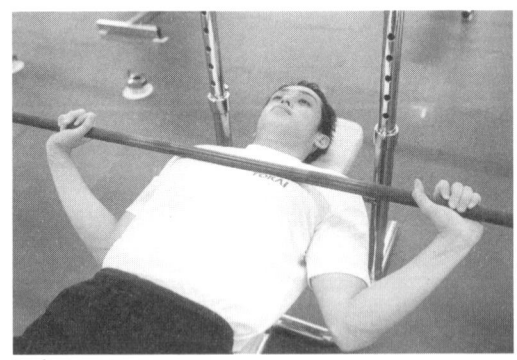

写真38

写真39

3) 腰を大きく反ってしまう

　動作中にお尻をシートから浮かせて腰を大きく反らせてしまうと、腰のけがを引き起こす危険性がある（写真40）。お尻はつねにシートに着けた状態を保つようにする。

　なお、どうしても腰が反ってしまう人や、動作中に腰に痛みを感じる人は、膝を曲げてベンチの上に両足をのせた状態で動作を行ってもよい（写真41）。実施にあたっては、身体のバランスが崩れないように十分注意すること。

写真40

写真41

4) バーベルのバランスが崩れる

　バーベルを持ち上げる動作中に、左右のどちらかが先に上がってしまうことが多い（写真42）。これは、利き手側の筋力が強いことが原因となっていることが多い。このような場合は、先に上がってしまう側の力をゆるめ、弱い側の挙上スピードに合わせるようにしてバランスを保ちながら動作を行うようにする。

5) 肩が上方に上がってしまう

　バーベルを持ち上げた時、肩甲骨が両側に大きく開いて、肩が上がってシートから浮き上がってしまう例（写真43）や肩をすくめてしまう例（写真44）がよく見られる。このような動作を行うと、肩周辺の筋肉や関節に大きな負担がかかり、けがを引き起こす危険性がある。動作中には、肩甲骨をやや内側に引きつけて胸を張った姿勢を保つようにする。

写真42

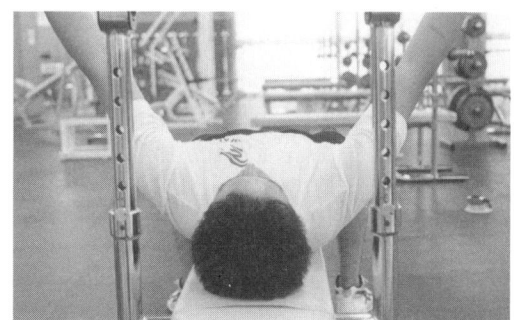

写真43

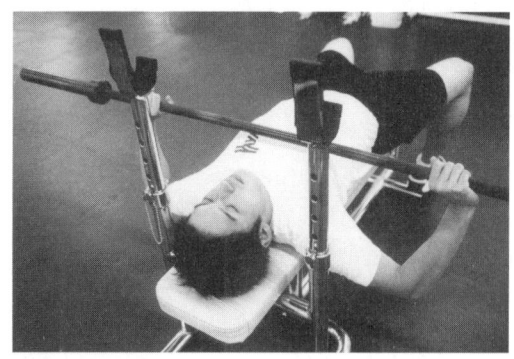

写真44

(2) スクワット

　a．エクササイズの特性

①スポーツ選手の下半身強化のための最も代表的なエクササイズ

　脚部や臀部の筋群は、スポーツ中の身体の移動（ランニング、ジャンプなど）や上体の支持など、非常に重要な役割を果たしている。スクワットはこれらの部位の筋力やパワーを高めるための最も代表的なエクササイズである。

②大腿部や臀部の筋力を協調的に効率よく発揮する能力の向上に役立つ

　スクワットを行うことによって、脚部や臀部周辺の筋群の力を協調的に発揮する能力を改善させることができるとともに、膝関節と股関節を連携させたムダのない効率的な動きづくりにも役立つと考えられる。

③腰背部の正しい姿勢を維持する能力の改善に効果的

　スクワットの動作中には、腰背部をつねに一定の姿勢に保つことが要求されるため、脊柱起立筋群の等尺性筋力を強化することができ、スポーツ動作中の姿勢の保持能力の改善にも役立つと考えられる。

④傷害予防の効果

　ジャンプからの着地や、ダッシュからの急激な方向転換及びストップ動作を行った時には、膝の関節に非常に大きな衝撃が加わる。衝撃によるダメージは、体重が重いほど大きくなるため、ダメージをやわらげてけがを予防するためには、体重に見合った脚筋力や、正しい身体の使い方を身につけることが必要となる。スクワットでは男女共に体重の1．5倍の重量を上げられるようにすることが目標となる。

b．使用部位

　大腿四頭筋、大臀筋、脊柱起立筋群

c．トレーニング動作とポイント
①器具のセッティングと安全対策
1）ベルトの着用

　動作中の腰背部の姿勢の安定と傷害の予防のために、トレーニングベルトを着用する。

2）スクワットラックのフックと補助バーのセット

　バーベルをかけておくフックの高さは、直立時の肩の高さよりも10cm程度下にくるようにする（写真45）。

　補助バーの高さは、しゃがんだ時のバーベルの高さよりもやや低くなるようにセットする（写真46）。補助バーの高さを正しくセットすることは、挙上できなくなった場合や補助に失敗した場合の安全対策として非常に重要。

②ポジショニング

写真45

写真46

1）バーをかつぐ（写真47）

　肩幅よりやや広めに両手でバーを握り、頭をバーの下にくぐらせながら、バーの真下に両足を左右に開いて立ち、両肩を後方に引くようにして肩甲骨をやや内側に寄せて、肩の上端部よりやや低い位置にバーベルをのせる。バーをのせたら、ラックからバーをはずして後方に下がり、スクワットラックの中央部にバランスをとって直立する。

写真47

2）スタンスの幅とつま先の方向（写真48-1, 2）

　両足は肩幅よりやや広めに左右に開き、つま先はやや外側に向けて立つ。

3）顔の向きと視線（写真49）

　顔はやや上方に向けて固定し、視線は動作中つねに、正面に向けておくようにする。鏡が、正

第10章　エクササイズテクニック

面にある場合は、鏡に映った自分の目を見たり、フォームを確認しながら動作を行うようにする。動作中に下を見たり、上を見たりすると、頸反射の影響を受けて腰背部が丸まったり反ったりしやすくなる。

写真48-1　写真48-2

写真49

③トレーニング動作
1）しゃがむ動作（写真50-1, 2）
　開始姿勢が整ったら、息を大きく吸い込んで止めた状態で、腰背部の姿勢を保ったまま臀部を後方に突き出すようにして、膝と股関節を同時に曲げ上体を前傾させながらしゃがんでいく。
2）しゃがむ深さ（写真51-1, 2）
　大腿部の上端部が床と平行になるところまでしゃがむ（パラレルスクワットという）
3）しゃがんだときのフォーム（写真52）
　しゃがんだ時には、膝はつま先と同じ方向を向くようにするとともに、膝がつま先の真上に

写真50-1, 2

写真51-1, 2

写真52

4）立ち上がる動作（写真53-1, 2）
　息を止めたまま腰背部の姿勢を崩さずに、膝と股関節を同時に伸展させるようにしながら立ち上がっていく。最もきついポジション（スティッキングポイント）を通過したら息を吐いて直立する。動作中には、かかとやつま先が床から離れないようにし、足の裏全体に体重がかかるようにする。

写真53-1, 2

④補助の方法
1）一人で補助する方法（写真54-1, 2）
　補助者はトレーニング者の後方に立ち、動作中にバランスが崩れそうになったり、挙上できなくなりそうになったら、すぐに脇の下に前腕部を入れて下から支えるとともに、前方に倒れないように手で肩をサポートして、一緒に立ち上がるよう

157

にしながら補助を行う。この方法はある程度の熟練を要するので、十分に練習しておくことが必要。

写真54-1　写真54-2

2）二人または三人で補助する方法

　二人で補助を行う場合には、バーベルの両側に一人ずつ立ち、どちらかが合図をして左右同時にゆっくりとバランスをとりながら補助を行う（写真55）。三人で補助を行う場合には、二人がバーベルの両側に付くとともに、もう一人は後方から補助を行う。

写真55

d．間違った動作と修正方法

1）バーをかつぐ位置が高すぎる（写真56）

　バーを肩の上端部に載せるようにして担ぐと、首の後ろ側にある頸椎の突起がバーに圧迫されて痛みを感じる。また、高い位置にバーを担ぐと、しゃがんだ時にバーから重心位置までの水平距離が遠くなるため、姿勢を維持するのがきつくなる。バーを担ぐ時には、肩甲骨を内側に寄せて、肩の上端部よりもやや下の僧帽筋の上に担ぐようにする。

（写真56）バーを担ぐ位置が高すぎる例

2）膝が前方に出過ぎないようにする（写真57）

　膝が前方に出てしまうと、膝に負担がかかるとともに、臀部の筋肉を十分動員できず大きな力を発揮することができなくなってしまう。また、かかとが床から浮きやすくなり、バランスがとりにくくなる。

　後ろに置いたイスに腰かけるようなイメージで、足のつけね（股関節）に手を当ててはさみこむようなイメージで、おしりを後方につきだして上体を前傾させながらしゃがんでいくようにすると正しい動作を行いやすくなる（写真58）。

　正しい動作でしゃがんでいるにもかかわらず、かかとが浮いてしまう場合は、足関節の可動範囲が狭いことが考えられる。このような時には、バランスを保つために、かかとが浮いてしまう高さだけプレートや板などをかかとの下に敷いて動作を行う（写真59）。ただし、長期的にはかかとが床から浮かずに動作が行えるようにすることが望ましい。

写真57　写真58

写真59

2）膝が内側に入らないようにする（写真60）

　しゃがむ動作の時に膝が内側に入ってしまったり、立ち上がる動作の時に膝を内側にしぼる動作を行うと、膝の関節（特に内側側副靱帯や半月板）に負担がかかったり、スポーツの動作中に膝が内側に入るクセがつき、傷害の原因になる場合があるので注意が必要。膝はできるだけつ

ま先と同じ方向に向けるようにフォームを修正する。

3）膝を完全に曲げてしゃがみこんだりバウンドさせたりしない（写真61）

　過度に深くしゃがみ込み、膝を完全に曲げきったり、最も深くしゃがみ込んだポジションでバウンドをつけたりする動作を行うと膝関節の内部に過大な負荷がかかり、特に半月板が損傷を起こす危険性があるので注意が必要。しゃがみ込みの深さは、大腿部の上端が床と平行までとし、このポジションよりも深くしゃがみ込まないようにする。

写真60 　写真61

4）動作中に背中が丸くなったり反ったりしない（写真62-1, 2）

　動作中には、腰背部（脊椎）が直立時の自然なカーブを保つようにし、丸まったり反ったりしないように十分注意する。どうしても姿勢が保てない人の場合は、鏡に対して横向きになって立ち、横を向いて姿勢を確認しながら動作を練習する。

e．スクワットのしゃがむ深さについて

①クォータースクワット（写真63）

　膝関節と股関節が約１２０度程度になるまでしゃがむ方法。

②ハーフスクワット（写真64）

　膝関節と股関節が約９０度程度になるまでしゃがむ方法。

写真62-1 　写真62-2

③パラレルスクワット（写真65）

　大腿部の上端が床と平行までしゃがむ方法。

④フルスクワット（写真66）

　膝関節を完全に曲げきってしまうまでしゃがむ方法。

　大腿部と臀部の筋群を安全かつ大きな可動範囲で効率よく強化するためには、パラレルスクワットが最適。フルスクワットは、前述したように膝の傷害を招く危険性が高いのでウエイトリフティングの選手などを除いては避けることが望ましい。

　クォータースクワットやハーフスクワットは、パラレルスクワットで扱えないような高重量を使用したり、ジャンプ動作を行いたい場合に用いることが多い。ただし、臀部の筋群の関与が少なく、体幹部の姿勢を保つ能力が低い人が高重量で行った場合、写真62-2のように上体が立ち、膝だけが前に出る姿勢になるとともに、腰が丸くなってしまうケースが多く見られる。クォータースクワットやハーフスクワットにおいても膝関節と股関節が同じ角度になるようにしゃがむ必要がある。

写真63 　写真64

写真65 　写真66

（3）パワークリーン（ハイクリーン）
　a．エクササイズの特性
①爆発的パワー（短時間に最大のパワーを瞬発的に発揮する能力）を高めるために役立つ。
②各部位の筋群のパワーをタイミング良く協調的に無駄なく（効率的に）発揮する能力を高める。

　b．トレーニング動作とポイント
①器具のセッティングと安全対策
1）パワークリーンを実施するための施設（写真67）

　ＮＳＣＡの安全専門委員会によると、パワークリーンを実施する場合には、3.7×2.4mの広さのプラットフォームを確保し、天井の高さが最低3.7m（上から電灯などがぶら下がっていないこと）あることが推奨されている。日本の施設事情では、なかなか実現は難しいかもしれないが、事故防止のためにできる限りこの数値に近いスペースを確保したい。

　トレーニング者が立つ部分の床の材質は、硬い木製やラバー製ですべらないものが理想的。また、プレートが落下する部分は衝撃吸収性の優れた防振ラバー（20mm以上の厚さのものが望ましい）等を敷き、バーベルを落下させたときの振動や騒音、床への衝撃が最小限に抑えられるように配慮する。

　なお、マット運動に用いるマットの上に立った状態では絶対に動作を行わないこと。足場が悪く転倒しやすいので大変危険。体育館などで、床の保護のためにマットを使用したい場合には、左右のプレートが落下する部分だけにマットを敷き、足がマットの上に載らないようにする。

2）使用するバーベル（写真68）

　パワークリーンの動作中には、バーベルを握ったまますばやく手首を返す動作が行われるため、グリップの部分が回転する回転式バーベル（オリンピックバーベル）を使用することが望ましい。回転しないバー（非回転式バーベル）を使用した場合には、手首のけがを起こす場合があるので注意が必要。また、バーベルを床に落下させることが多いため、ラバープレート（バンパープレート）を使用することが望ましい。

　なお、プレートの付けはずしの際には、2人1組になり、1人がバーを持ち上げ、もう1人がプレートを付けるようにするとスムーズに行える（写真69）。1人で無理にプレートの付けはずしを行おうとすると、バーとプレートの直線性が保てず、プレートの内径の部分がバーによって削れてしまう（バーが削れる場合もある）ので注意が必要。プレートの内径が削れてしまうと、プレートをバーに装着したときのガタつきが大きくなってしまう。

3）他者との衝突に対する配慮

　パワークリーンの動作中に他者が近づいた場合、バーがぶつかって重大な事故が起こる可能性がある。特に、頭部にバーが激突した場合には、致命的な事故につながる恐れもある。パワークリーンを実施する際には、プラットフォーム内には絶対に他者が入らないように注意する。また、プラットフォームの外でもバーベルの側方には近づかないようにすることが望ましい。

（写真67）パワークリーンを行うプラットフォーム

（写真68）

（写真69）プレートの付け替えは二人で行う

特に、複数のプラットフォームが並んでいる施設や、バーベルを横1列に並べてトレーニングを行う場合には、プラットフォームの間やバーベルの横には絶対に立たないようにすることが重要である。

4）ベルトの着用
　動作中の腰背部の姿勢の安定と傷害の予防のために、トレーニングベルトを着用する。

②ポジショニング
1）バーに対する身体のポジション（写真70）
　バーの真下に母趾球（足の親指のつけねあたり）がくるように、足のつま先をバーの下に潜り込ませて直立する。
2）スタンスとつま先の方向（写真71）
　両足は腰幅くらいに開き、つま先はやや外側に向けておく。
3）開始姿勢（写真72-1, 2）
　スタンスが決まったら、腰背部の正しい姿勢を保ったまま、臀部を後方に突き出し上体をやや前傾させながら、両膝の外側に腕がくるようにして、肩幅程度の手幅でバーベルを握る。顔や視線は正面を向けておく。

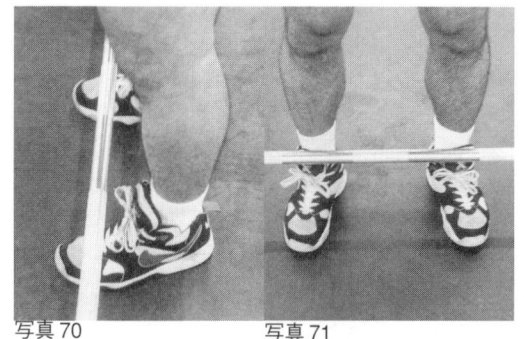

写真70　　　写真71

写真72-1, 2

③トレーニング動作
1）ファーストプル（開始姿勢からバーが膝上にくるまでの動作：写真73-1, 2）
　開始姿勢で息を吸って止めた状態にし、足で床を蹴って膝と股関節を同時に伸展させ、上体を起こしながらバーを膝上まで引き上げる。このとき、バーがすねや大腿部から離れないように注意する。

写真73-1、2

2）セカンドプル（バーが膝上から肩の高さにくるまでの動作：写真74-1, 2, 3, 4）
　バーが膝上にきたら、膝と股関節を全力で伸ばしてバーを加速させ、つま先立ちになりながら一気に肩の高さまで引き上げる。引き上げ動作においては、肩をすくめて肘を横に開き、肘でバーを先導するように挙上する。

写真74-1, 2

写真74-3, 4

第10章　エクササイズテクニック

3）キャッチ（バーを肩の上で保持する：写真75-1, 2）

バーを肩の高さまで引き上げたら、バーのポジションを変えずに肘を前方へと回転させて手首を返し、肘を前方につきだした状態で、バーを鎖骨の上部（左右の三角筋の上）に載せるようにしてキャッチする。キャッチした時には、膝と股関節を前後に軽く曲げ、クオータースクワットの姿勢になる。バーをキャッチしたら、息を吐きながら直立姿勢をとる。

写真75-1、2

4）バーを下ろす動作

バーを下ろす際には、息を吸って腰背部の姿勢を保ったまま、いったん大腿部の前に下ろし（写真76-1, 2）、次いでコントロールしながら開始姿勢にもどり、床にバーベルを下ろす（写真77-1, 2）。床にバーベルを下ろさずに動作を反復する場合には、キャッチの際に息を吐き、バーを大腿部に下ろした後、しゃがむ動作を行う前に息を吸って止める。

④補助の方法

このエクササイズでは、補助者は必要としない。

写真76-1　写真76-2

写真77-1　写真77-2

c．間違った動作と修正方法

1）バーから離れた位置に立っている（写真78）

バーから離れた位置に立って動作を行うと、腰部が丸くなりやすく、腰部に過大な負担がかかってしまう。

2）開始姿勢で腰背部が丸まってしまう（写真79）

初心者では開始姿勢で腰背部が丸まってしまうことが多い。臀部を後ろに突き出すようにするとともに、腰背部の正しい姿勢を保ったまま、上体を前傾させて、股関節をしっかり曲げるようにする。両手を伸ばしたまま膝の上に置き、胸を張るようにすると正しい姿勢がとりやすくなる（写真80）。

写真78　写真79

第10章　エクササイズテクニック

写真80　写真81

3）バーが大腿部から離れてしまう（写真81）

バーが大腿部から離れてしまうと腰背部に過大な負荷がかかってしまう。バーが膝を通過したら、バーを自分の方に引き寄せ、大腿部の前面を擦るようにしてバーが離れないようにする。

4）肘を体側につけたまま挙上し、バーが腹部や胸部から離れてしまう（写真82）

肘を体側につけたまま動作を行うと、どうしてもバーがからだから離れた軌道を通り、大きなパワーが発揮できないばかりか、腰背部に負担がかかり、けがを引き起こす可能性も高くな

る。また、キャッチの際に肘が過度に屈曲してしまうため、肘の関節にも大きな負担がかかってしまう。このような場合には、引き上げ動作の際に、肩をすくめる動作と肘でバーを先導するような動きができるように反復練習を行う。

直立した状態で肩をすくめるショルダーシュラッグ（写真83）や、肘を横に開いて肩までバーを挙上するアップライトロー（写真84）を行い、基本動作を身につけるようにすると効果的。

5）キャッチの際にバーが肩から離れてしまう（写真85）

キャッチの局面で、バーが鎖骨から離れ、遠回りしてからキャッチする動作がよく見られる。このような場合には、パートナーに肩の高さでバーベルを保持してもらい、バーの位置を変えずに肘を回転させて手首を返してキャッチする動作を反復練習すると効果的。（写真86）。

6）キャッチした時に肘が下がってしまう（写真87）

キャッチの局面で肘が下がってしまうと、肘や手首に負担がかかり、傷害を引き起こす危険

写真82 　写真83 　写真84 　写真85

写真86 　写真87 　写真88

性がある。キャッチのポジションが低かったり、肘を前方に突き出す動作が習得されていないために起こることが多い。このような場合には、両手を前方に伸ばして肩にバーを載せてバランスをとり、バーを載せるポジションや肘の高さを実感させるようにする（写真88）。また、バーを強く握っていると正しい姿勢がとれない場合が多いため、指を開かせ、指の第二関節あたりにバーを載せるようにする（写真89）。

写真89

7）キャッチした時に腰が反ってしまう（写真90）

バーをキャッチした時に腰が反ってしまう場合には、キャッチした姿勢でスクワット動作（フロントスクワット）を行ってみる（写真91）。キャッチした時の、膝や股関節の曲げ具合や肘の高さ、動作のコントロールやバランスなどを習得することができる。

写真90　写真91

4．スポーツ選手のための補助エクササイズ

前項で紹介したビッグスリーと呼ばれるウエイトトレーニングの３つの主要エクササイズは、スポーツ選手の筋力基盤を養成し、身体能力の基礎を築き上げるために大きな役割を果たします。しかし、これらの基本エクササイズを行うだけでは強化しにくい部位や動きがあり、身体各部位のバランスを考慮した筋力強化や傷害予防、さらには競技特性を配慮した専門的強化を図るためには、主要エクササイズの効果を補うための補助エクササイズを適宜追加して実施していくことが必要となります。この項では、各部位の補助エクササイズの代表例を紹介していきます。

（１）胸部のエクササイズ
大胸筋の主な作用とエクササイズ
①肩の水平屈曲
　　プレス系エクササイズ（多関節エクササイズ）
　　　ベンチプレス、ダンベルベンチプレス、インクラインベンチプレスなど
　　フライ系エクササイズ（単関節エクササイズ）
　　　ダンベルフライ、ペックデックなど
②肩の屈曲
　　ディッピング

a．インクラインベンチプレス
①エクササイズの特性
　斜め前上方へ押す動作の強化や大胸筋上部の強化に効果的。斜めに傾斜するベンチ（インクラインベンチ）が必要となります。バスケットボールのシューティング動作、砲丸投げ動作、アメリカンフットボールのラインの選手のプッシュ動作などと関連がある。
②使用部位：大胸筋上部、三角筋、上腕三頭筋
③トレーニング動作
１）ポジショニング：インクラインベンチの角度を３０～４０度に調整し、ベンチに仰向けになり、肘が肩と同じ高さになったときに肘が直角になるようにしてグリップを握る。
２）開始姿勢：バーベルが肩の真上にくるように

写真92-1, 2

して肘を伸ばしてしっかりと保持する（写真92-1、2）。
3）動作：ゆっくりとバーを胸の上部に下ろし（写真93-1、2）、胸に軽く触れたら、バーを開始姿勢まで押し上げる。

写真93-1、2

④呼吸方法
　開始姿勢で息を吸い、止めたままバーを下ろして挙上し、挙上動作の後半のスティッキングポイントを過ぎたところで息を吐く。
⑤ポイント
1）肘が常にバーの真下にくるようにする
2）挙上した時に肩が上方に突っ込まないように注意する
⑤補助の方法
　トレーニング者の後方に立ち、オルタネイトグリップでバーの中央部を引き上げる（写真94）。

写真94

b．ダンベルベンチプレス
①エクササイズの特性
　バーベルによるベンチプレスよりも大きな可動範囲で動作が行え、ひねり動作を加えることができる。バーベルによるベンチプレスよりもバランス能力が要求される。左右の筋力に差がある場合、どちらか一方が先に上がってしまったり、動作のバランスがとりにくかったりする。バーベルのベンチプレスである程度の重量が上げられるようになったら、ダンベルベンチプレスを導入するとより多くの効果を得ることができる。
②使用部位：大胸筋、三角筋前部、上腕三頭筋
③トレーニング動作
1）ポジショニング：ダンベルを両手に持って大腿部の上に立てた状態でベンチにすわり（写真95）、そのまま後方にゆっくりと倒れ込むようにしてベンチに仰向けになる（写真96）。

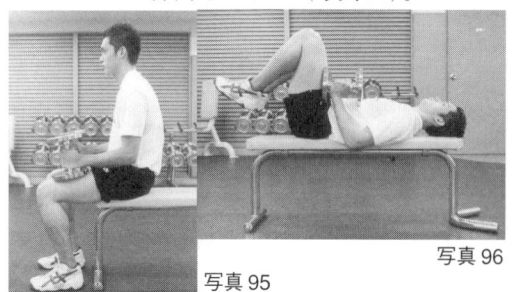

写真95　写真96

2）開始姿勢：肘を伸ばしてダンベルを左右の肩の上に保持する（写真97）。
3）動作：カーブを描くようにしながらダンベルを肩の外側に下ろし（写真98）、ダンベルのグリップが脇の下のラインのやや下あたりにくるようにする。ダンベルを下ろしたら、同じ軌道を通ってダンベルを押し上げる。

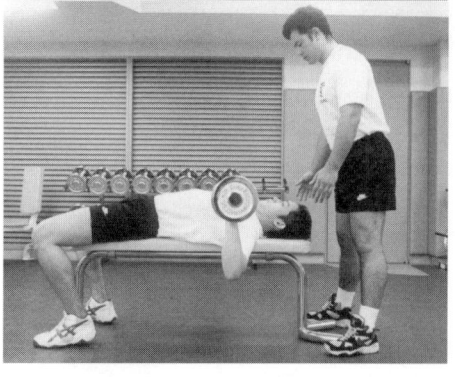

写真97

写真98

4）動作の終了後：胸の下部にダンベルを下ろし、大腿部をダンベルに近づけて股関節の角度

を保ったまま上体を起こす。
　※ベンチに仰向けになったまま床に置いてあるダンベルを持ち上げたり、ダンベルを床に下ろすと肩に負担がかかってしまう（写真99）。

写真99

④呼吸方法：開始姿勢で息を吸い、止めたままダンベルを下ろして上げ、スティッキングポイントを通過してから息を吐く。
⑤ポイント
1）肘が常にダンベルのバーの真下にくるようにする。
2）動作中にバランスを崩さないように注意する。
⑥補助の方法
　ダンベルがトレーニング者に落下することを防ぐため、手首の部分をしっかりと保持して補助を行う（写真100）。熟練者がフォーストレップスを行う場合には、上腕部を下から支えるようにして補助を行う場合もあるが（写真101）、スポーツ選手の場合には危険を伴うため勧められない。

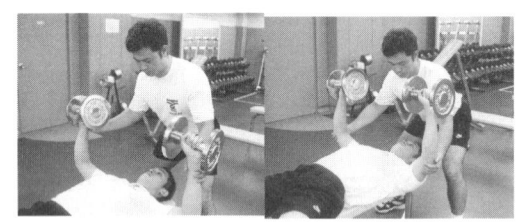

写真100　　写真101

c．ダンベルフライ
①エクササイズの特性
　大胸筋の強化のための単関節エクササイズであり、大胸筋を重点的に分離して強化したい場合に効果的。無理に高重量を使用せず、正しい動作で反復可能なゆとりのある重量を用い、一定のゆっくりとしたスピードで大きな動作を心がけるようにする。
②使用部位：大胸筋、三角筋前部
③トレーニング動作

1）ポジショニング：ダンベルプレスと同様に、ダンベルを両手に持って大腿部の上に立てた状態でベンチにすわり、そのまま後方にゆっくりと倒れ込むようにしてベンチに仰向けになる。
2）開始姿勢：肘を伸ばし、手のひらが内側を向くようにしてダンベルを左右の肩の上に保持する（写真102）。ダンベルは強く握らず、手のひらの上に載せてバランスをとるようにする。
3）動作：肘を軽く曲げた状態で、肩を中心にダンベルが大きく弧を描くようにして、スピードをコントロールしながら両側にダンベルを下ろし（写真103）、胸が十分にストレッチされたら、同じ軌道を通ってダンベルを開始姿勢まで上げていく。

写真102

写真103

4）動作の終了後：肘を体側に沿うようにしてダンベルを下ろし、大腿部をダンベルに近づけて股関節の角度を保ったまま上体を起こす。
④呼吸方法：ダンベルを下ろしながら息を吸い、上げるときに息を吐く。重いウエイトを使用する場合は、息を吸って止めた状態でダンベルを下ろし、持ち上げる動作のスティッキングポイントを通過した後に息を吐く。
⑤ポイント

1）ダンベルを下ろした時には、肩の真横に肘と手首がくるにようにし、肘が体側に近づかないように注意する（写真104）。

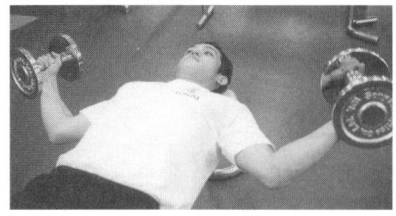

写真104

⑥補助の方法
　ダンベルがトレーニング者に落下することを防ぐため、手首の部分をしっかりと保持して補助を行う（写真105）。熟練者がフォーストレップスを行う場合には、上腕部を下から支えるようにして補助を行う場合もあるが（写真106）、スポーツ選手の場合には危険を伴うため勧められない。

写真105　　写真106

d．ペック・デック
①エクササイズの特性
　大胸筋の強化のための単関節エクササイズであり、大胸筋を重点的に分離して強化したい場合に効果的。

②使用部位：大胸筋、三角筋前部
③トレーニング動作
１）ポジショニングと開始姿勢：パッドに腕を固定したときに上腕部が床と平行になるようにシートの高さを調節し、マシンの背もたれに背部を密着させてすわり、肘を曲げてパッドに腕を固定する（写真107）。
２）動作：左右のパッドを内側に閉じ（写真108）、十分に閉じきったら、ゆっくりとパッドを開いて開始姿勢に戻る。
④呼吸方法：パッドを閉じる動作で息を吐き、パッドを開く動作で息を吸う。
⑤ポイント
１）動作中に背中がシートから離れ、上体や頭が前方につっこまないように注意する。
２）パッドを閉じたとき、大胸筋を十分に収縮させる。
⑥補助の方法
　安全のための補助者は不要。

e．ディッピング
①エクササイズの特性
　体重を負荷にしたエクササイズであり、大胸筋の下部とともに、三角筋前部や上腕三頭筋の強化にも効果的。
②使用部位：大胸筋下部、三角筋前部、上腕三頭筋
③トレーニング動作
１）開始姿勢：平行棒の上に両肘を伸ばしてからだを支持する（写真109）。

写真107、108

写真111

写真109、110

2）動作：上体を前傾させながら、肩を前に倒すようにして身体を沈めていく（写真110）。十分に下げたら再び開始姿勢まで身体を持ち上げていく。
④呼吸方法：身体を沈めながら息を吸い、持ち上げながら息を吐く。高負荷でトレーニングを行う場合には、開始姿勢で息を吸い、止めたまま身体を沈めて持ち上げ、スティキングポイントを通過してから息を吐く場合もある。
⑤ポイント
1）肘が外側に開かないように注意する
2）肩をすくめて肩甲骨が上がり過ぎないように注意する。
⑥補助の方法
　安全のための補助者は不要。
⑦バリエーション
　上体を立てて肘を後方に下げるようにして行うと、上腕三頭筋の強化に有効（写真111）

（2）上背部のエクササイズ
広背筋の主な作用とエクササイズ
①肩の伸展
　ロウイング系エクササイズ
　　ベントオーバーロウ、ワンハンドダンベルロウなど
　プルオーバー系エクササイズ
　　プルオーバーなど
②肩の内転
　プルダウン系エクササイズ
　　ラットプルダウン、チンニングなど

a．チンニング
①エクササイズの特性
　特別な器具を必要とせず、引く動作の筋力が体重に見合ったレベルまで身につけられているかどうかを判断する目安となる重要なエクササイズ。動作中にバランスをとりながら体重をコン

写真114-1　写真114-2

写真112、113

トロールする能力も養うことができる。
②使用部位：広背筋、大円筋、上腕二頭筋
③トレーニング動作
1）ポジショニングと開始姿勢：肩幅よりやや広めにバーを握り、腕を伸ばしてバーにぶら下がる（写真112）。
2）動作：肘を体側に引きつけながら身体を引き上げ、胸を張ってバーを鎖骨のあたりまで引きつける（写真113）。十分に身体を引き上げたら、ゆっくりと開始姿勢に戻る。
④呼吸方法：開始姿勢で息を吸い、止めたまま身体を引き上げ、下ろす動作の時に息を吐く。
⑤ポイント
1）身体を引き上げたときに背中を丸めたり、肩をすくめたりしない
2）動作中に身体が大きく揺れないように注意する
⑥補助の方法
　安全のための補助者は不要。負荷が強すぎて十分な反復ができない場合には、補助者が後方から背部を支えて動作を行ってもよい。ただし、下ろす動作の時には、できるだけ自分の力でゆっくりと動作を行うようにする（写真114-1）。補助者がいない場合には、台の上に足をのせて動作を行ってもよい（写真114-2）。

b．ラットプルダウン
①エクササイズの特性

　上方から引き下ろす動作によって上背部を強化するエクササイズ。チンニングと同様の動作を、重量を自由に調節して行うことができる。バーを下ろすポジション（首の前や後ろなど）やグリップなどに変化をつけることによって幅広い強化が可能となる。
②使用部位：広背筋、大円筋、上腕二頭筋
③トレーニング動作
1）ポジショニング：マシンのシートやパッドの位置を自分の身体にぴったり合うように調節し、バーを肩幅よりやや広めに握り、腕を伸ばしてバーを引きながらシートにすわる。
2）開始姿勢：シートに深めにすわり、上体をやや後傾させてバーの真下に鎖骨のあたりがくるようにして構える。視線は斜め上方に向けておく（写真115）。
2）動作：肘を外側から体側に引きつけるようにしながら、肩甲骨を内側に寄せ、胸を張ってバーを鎖骨のあたりまで引き下ろす（写真116）。バーを十分に引き下ろしたら、ゆっくりと開始姿勢に戻る。
④呼吸方法：バーを引き下ろす動作の時に息を吸い、開始姿勢に戻す動作の時に息を吐く。高重量で行う場合には、開始姿勢で息を吸い、止めたままバーを引き下ろし、開始姿勢に戻る動作の後半で息を吐く方法もある。
⑤ポイント
1）バーを下ろした時に背中を丸めたり（写真

写真115、116

117)、肩をすくめたりしない（写真118）
2）動作中に身体が前後に揺れないように注意する
⑥補助の方法
　安全のための補助は不要。

写真117　写真118

⑦バリエーション
1）ラットプルダウン・ビハインド・ネック：バーを首の後ろ側に下ろす方法。この場合は、上体をまっすぐに直立させる（写真119-1, 2）。

写真119-1　写真119-2

c．ベントオーバーロウ
①エクササイズの特性
　前方から手前に引く動作を強化するためのバーベルを用いたエクササイズ。フリーウエイトによるエクササイズでは、重力の方向にしか負荷がかからないため、上体を倒した姿勢を維持することが要求され、フォームの習得が難しい。しかし、ベントオーバー・ロウは、引く動作の筋力やパワーの強化に役立つとともに、バランス能力や姿勢を維持する能力を高める効果も期待できる重要なエクササイズである。
②使用部位：広背筋、大円筋、僧帽筋、菱形筋
③トレーニング動作
1）ポジショニング：床に置いたバーベルの下に母趾球がくるようにして両足を肩幅くらいに開いて立ち、腰背部の正しい姿勢を保ったまま臀部を後方に突き出すようにして膝と股関節を曲げ、上体を前傾させて肩幅よりやや広めにバーを握る。
2）開始姿勢：バーベルを床からわずかに持ち上げ、肩が臀部より１５～３０度程度高くなるように上体の姿勢を保つ（写真120）。
3）動作：肘が体側の近くを通るようにしながら、肩甲骨を内側に引き寄せ、胸を張ってバーを腹部まで引き上げる（写真121）。バーを十分に腹部に引き上げたら、ゆっくりと開始姿勢に戻る。
④呼吸方法：バーを引き上げるときに息を吸い、バーを下ろすときに息を吐く。高重量を用いる

写真120

写真121

場合には、開始姿勢で息を吸い、止めたままバーを腹部に引き上げて下ろし、開始姿勢に戻る少し手前のところで息を吐く。
⑤ポイント
1）バーベルを引き上げたときに肩甲骨を内側に引きつけて胸を張る。背中を丸めないようにする（写真122）。
2）バーベルを上げた時に、肘が外側に大きく開かないように注意する。
⑥補助の方法
　このエクササイズでは補助を必要としない。

写真122

写真123

写真124

d．ワンハンドダンベルロウ
①エクササイズの特性
　手や脚部でからだを支えて動作を行うことができるため、姿勢を維持しやすい。左右の背部の筋群を片側づつ強化することができるため、バーベルによるベントオーバーロウよりも大きな可動範囲で背部を意識しながら動作を行うことができる。
②使用部位：広背筋、大円筋、僧帽筋、菱形筋
③トレーニング動作
1）ポジショニング：片手にダンベルを持ち、反対側の手と膝をフラットベンチの上にのせ、上体を床とほぼ平行に保つ。
2）開始姿勢：ダンベルを片手にぶら下げ、背部の筋群をストレッチさせる（写真123）。
3）動作：肘を体側の近くを通るようにしながら、肩甲骨を内側に引き寄せ胸を張ってダンベルを腹部に引きつける（写真124）。ダンベルを十分に腹部に引き上げたら、ゆっくりとダンベルを下ろして開始姿勢に戻る。
④呼吸方法：ダンベルを引き上げるときに息を吸い、ダンベルを下ろすときに息を吐く。高重量を用いる場合には、開始姿勢で息を吸い、止めたままバーを腹部に引き上げて下ろし、開始姿勢に戻る少し手前のところで息を吐く。
⑤ポイント
1）ダンベルを引き上げたときに肩甲骨を内側に引きつけて胸を張る。背中を丸めないようにする。
2）動作中に姿勢が崩れないように注意する
⑥補助の方法
　このエクササイズでは原則として補助を必要としない。

e．シーティッドロウ
①エクササイズの特性
　マシンを使用して、すわった状態で水平方向に引くことができるエクササイズ。
②使用部位：広背筋、大円筋、僧帽筋、菱形筋
③トレーニング動作
1）ポジショニング：マシンのハンドルを両手で握り、フットペダルに足をかけてハンドルを引きながらシートにすわる。膝は軽く曲げておく。
2）開始姿勢：上体をやや前傾させ、つま先のや

や手前の位置にハンドルを保持して、背部の筋群をストレッチさせる（写真125）。
3）動作：上体を起こしながら肩甲骨を内側に寄せ、肘を後方に引いて胸を張ってハンドルを腹部に引きつけていく（写真126）。ハンドルを腹部に十分引きつけたら、コントロールしながらハンドルを開始姿勢までもどしていく。

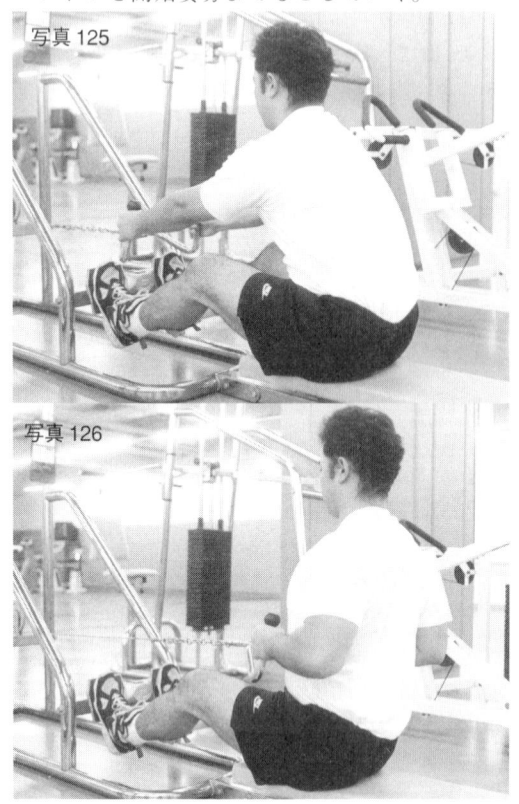

写真125

写真126

④呼吸方法：ハンドルを引く動作の時に息を吸い、ハンドルを戻す動作の時に息を吐く。高重量を用いる場合には、開始姿勢で息を吸い、止めたままバーを腹部に引きつけ、開始姿勢に戻る少し手前のところで息を吐く。
⑤ポイント（写真127）
1）ハンドルを引いた時に肩甲骨を内側に引きつけて胸を張る。背中を丸めないようにする（写真127）。

写真127

2）動作中に上体が後傾しすぎないように注意する。
3）ハンドルを引いたときには、肘を外側に開きすぎないように注意する。
⑥補助の方法
　このエクササイズでは原則として補助を必要としない。

f．プルオーバー（ベンドアーム・プルオーバー）
①エクササイズの特性
　背部の筋群ばかりでなく、上腕等の筋群も動員しながら上体の筋群の総合的な強化を図ることができる。オーバースローのような投動作や、テニスのサーブ動作、バレーボールのスパイク動作、バスケットボールのオーバーヘッドパスやリバウンド動作等の強化に効果的。
②使用部位：広背筋、上腕三頭筋、大胸筋
③トレーニング動作
1）ポジショニング：後頭部の中央がベンチの端にくるようにして仰向けになる。バーベルを頭上に振りかぶったときに腰の反りが強くなりやすいので膝は曲げて足をベンチの上に載せておくとよい。使用するバーベルは、動作中の手首への負担を軽減するために曲がったバー（カールバー、イージーバーなどと呼ばれる）を使用すると効果的。
2）開始姿勢：補助者にバーベルを渡してもらい（写真128）、肘を軽く曲げた状態で胸の上にバーベルを保持する（写真129）。
3）動作：肘を曲げたまま、肩の関節を中心にバーベルを頭部の上後方へコントロールしながらゆっくりと下ろしていく（写真130）。ストレッチ感が得られたら、バーベルを開始姿勢まで持ち上げていく。
④呼吸方法：バーを下ろす時に息を吸い、上げるときに息を吐く。高重量を用いる場合には、開始姿勢で息を吸い、止めたままバーを下ろし、開始姿勢に戻る手前のところで息を吐くようにする。

写真128

写真129

写真130

写真131

写真132

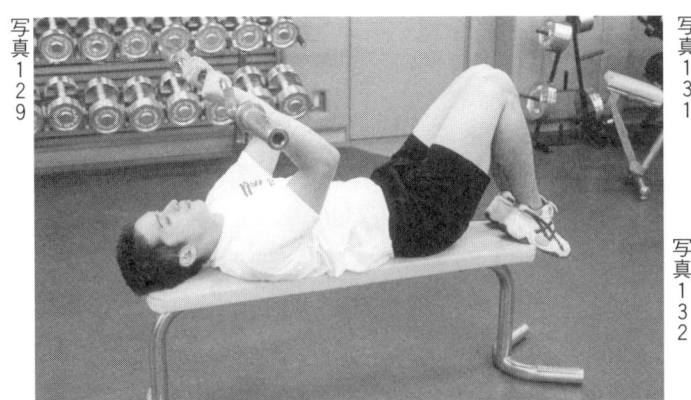

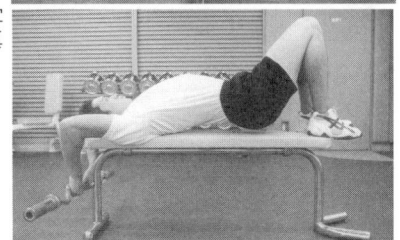

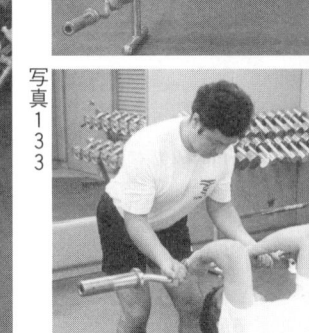

写真133

⑤ポイント
1）バーを下ろしたときに肘が外側に開きすぎないように注意する（写真131）。
2）動作中に腰が反りすぎないように注意する（写真132）
⑥補助の方法
　補助者は、トレーニングを行う人の頭側に立ち、バーが顔やからだの上に落下しないように、つねにバーに手を添えておく（写真133）。

（3）肩部のエクササイズ
三角筋の主な作用とエクササイズ
①肩の外転
　プレス系エクササイズ（ショルダープレスなど）
　サイドレイズ
②肩の屈曲（前方挙上）
　フロントレイズ
③肩の水平伸展
　リアサイドレイズ

三角筋のエクササイズの分類
多関節エクササイズ・・・プレス系のエクササイズ（ショルダープレスなど）

単関節エクササイズ・・・レイズ系のエクササイズ（サイドレイズなど）

a．ショルダープレス・ビハインドネック（バックプレス）
①エクササイズの特性
　上方へ押す動作で肩部を強化するための多関節エクササイズ。
②使用部位：三角筋、上腕三頭筋、僧帽筋
③トレーニング動作
1）ポジショニング：ラックにのせたバーベルを肩幅よりやや広めに握り、首の後ろにバーベルをのせ（写真134）、補助者のサポートを受けながら上体を直立させる。

写真134

173

写真135　　　　　　　　　　　　　　写真136

2）開始姿勢：補助者のサポートを受けながらバーベルを頭上に挙げてバランスをとる（写真135）。
3）動作：開始姿勢からゆっくりとバーベルを耳たぶの高さ（髪の毛の生え際あたり）まで下ろし（写真136）、再び開始姿勢まで挙上する。
④呼吸方法：姿勢の維持が難しいエクササイズのため、開始姿勢で息を吸い、止めたままバーベルを下ろして持ち上げ、スティッキングポイントを過ぎたあたりで息を吐く。余裕のある軽い重量で動作を行うときには、息を吸いながらバーベルを下ろし、息を吐きながら持ち上げるようにしてもよい。
⑤ポイント
1）動作中に背中が丸まったり、腰が反りすぎたりしないように注意する。
2）肘はつねにバーの真下にくるようにする
⑥補助の方法

補助者は、トレーニング者の後方に立ち、オルタネイトグリップでバーを挙上する（写真137）。バーをラックからはずしてから開始姿勢までの動作や、セットを終了してラックに戻す動作についてもサポートする。
⑦バリエーション
1）ショルダープレス（フロントプレス、写真138）：バーを胸の前から挙上する動作を行うと、三角筋の前側が重点的に強化される。
2）ダンベルショルダープレス（写真139）：ダンベルを使用することによって、より大きな可動範囲で動作を行うことができ、ひねりの動きを加えることもできる。また、ウエイトを正しくコントロールするバランス能力を養うこともできる。
3）スタンディングショルダープレス（写真140）：立った姿勢で行うことによって、体幹部の姿勢保持能力を養うことができる。

写真137　　　写真138　　　写真139　　　写真140

b. サイドレイズ

①エクササイズの特性
　三角筋を重点的に強化するための単関節エクササイズ。

②使用部位：三角筋、僧帽筋

③トレーニング動作
1）開始姿勢：両手にダンベルを持ち、手のひらを内側に向けて大腿部の外側に構える（写真141）。
2）動作：肘を軽く曲げたままダンベルを肩の真横まで上げ（写真142）、ゆっくりとダンベルを下ろして開始姿勢に戻る。

④呼吸方法：息を吸いながらダンベルを上げ、息を吐きながらダンベルを下ろす。

⑤ポイント
1）動作中に腰が反ったり丸まったりしないように注意する。
2）手の甲はつねに上を向け、手首はまっすぐに保つ
3）肘を肩より高く上げたり、肩をすくめないように注意する
4）弾みや加速をつけると重いウエイトが挙上できるが、使用するウエイトの重さにはこだわらず、フォームを崩さずにゆっくりとしたスピードで反復できるウエイトを用いる（フロントレイズ、ベントオーバーサイドレイズも同様）。

⑥補助の方法
　このエクササイズでは補助は不要。

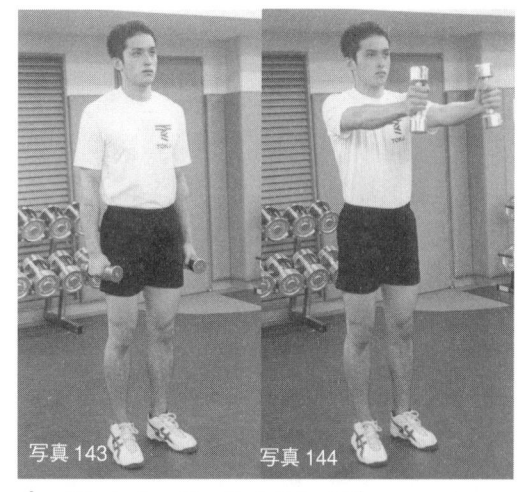

写真142

写真141

c. フロントレイズ

①エクササイズの特性
　三角筋前部を重点的に強化するための単関節エクササイズ。

②使用部位：三角筋前部

③トレーニング動作
1）開始姿勢：両手にダンベルを持ち、親指側が正面を向くようにして大腿部の側面に構える（写真143）。
2）動作：肘を伸ばしたままダンベルをゆっくりと肩の正面まで上げ（写真144）、脱力せずにコントロールしながらダンベルを下ろして開始姿勢に戻る。

④呼吸方法：息を吸いながらダンベルを上げ、息を吐きながらダンベルを下ろす。

⑤ポイント
1）動作中に腰が反ったり丸まったりしないように注意する。
2）肘や手首はまっすぐに保ち、肩をすくめないように注意する

⑥補助の方法
　このエクササイズでは補助は不要。

写真143　　写真144

d. ベントオーバーサイドレイズ

①エクササイズの特性
　三角筋後部を重点的に強化するための単関節エクササイズ。オーバーヘッドスローの動作を行うスポーツ選手の場合、肩の傷害予防のために欠かすことができないエクササイズ。

②使用部位：三角筋後部

③トレーニング動作
1）開始姿勢：腰背部を正しい姿勢に保ったまま膝と股関節を曲げて上体を床と平行にし、両手に持ったダンベルをぶら下げて、ベントオー

バーロウと同様の姿勢をとる（写真145）。
2）動作：肘を軽く曲げたままダンベルをゆっくりと肩の真横まで上げ（写真146）、ゆっくりとダンベルを下ろして開始姿勢に戻る。
④呼吸方法：息を吸いながらダンベルを上げ、息を吐きながらダンベルを下ろす。
⑤ポイント
1）動作中に上体が起きてしまったり、腰が反ったり丸まったりしないように注意する。
2）肘が体側に近づかないように注意する。
3）肩をすくめないように注意する。
⑥補助の方法
このエクササイズでは補助は不要。

写真145

写真146

e. ショルダーシュラッグ
①エクササイズの特性
僧帽筋や肩甲骨周辺の筋群を強化するためのエクササイズ。ラグビーやアメリカンフットボールのようなコンタクトスポーツの選手にとって、欠かせないエクササイズといえる。
②使用部位：僧帽筋
③トレーニング動作
1）開始姿勢：両脚を肩幅くらいに開き、直立した姿勢で両手にダンベルを保持する（図147）。
2）動作：肩甲骨を挙上して肩をすくめ、できるだけ高い位置（両肩が耳たぶ付近にくるところ）まで肩を持ち上げる（写真148）。十分に上げきったら、ゆっくりと開始姿勢に戻り、僧帽筋をストレッチさせる。
④呼吸方法：息を吸いながらダンベルを上げ、息を吐きながらダンベルを下ろす。
⑤ポイント
1）動作中には、肘はつねに伸ばしておき、肘を曲げないように注意する。
2）できるだけ大きな可動範囲を心がける。
⑥補助の方法
このエクササイズでは補助は不要。

写真147

写真148

f. エクスターナルローテーション
①エクササイズの特性
肩の外旋動作の強化を行うエクササイズ。野球の投球動作やバレーボールのスパイク、テニスのサーブ動作などの際に使用されるローテーターカフの強化に有効。
②使用部位：棘下筋、小円筋
③トレーニング動作
1）開始姿勢：トレーニングを行う側の腕が上になるようにしてベンチに横向きになる。ダンベルを持って肩甲骨をやや内側に引いた状態で背部をまっすぐにして上腕を体側に付け、肘を90度に曲げて腹部にダンベルを構える（写真149）。
2）動作：肘と肩の位置を動かさないように注意し、肘を90度に保ったまま肩を外旋させてダンベルを上方に持ち上げる（写真150）。ダンベ

第10章　エクササイズテクニック

ルを上げたら、ゆっくりとダンベルを開始姿勢に下ろしていく。
④呼吸方法：息を吸いながらダンベルを上げ、息を吐きながらダンベルを下ろす。
⑤ポイント
1）動作中に肘や肩が動かないように注意する。
2）反動的な動作を行わないように注意する。
⑥補助の方法
　このエクササイズでは補助は不要。
⑦バリエーション
　チューブを用いて立った姿勢で動作を行う方法も効果的（写真151、152）。

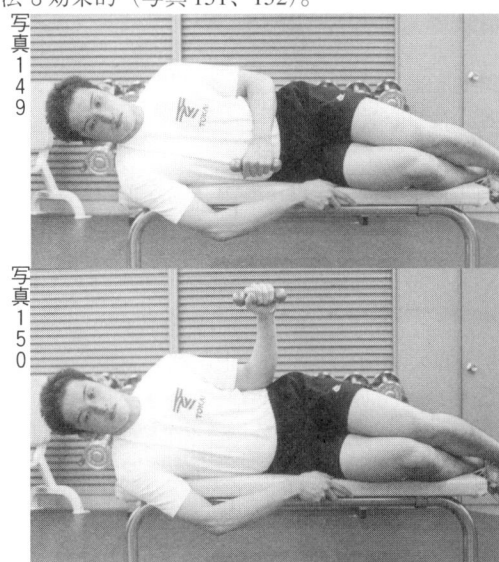

写真149

写真150

写真151　写真152

g. インターナルローテーション
①エクササイズの特性
　肩の内旋動作の強化を行うエクササイズ。野球の投球動作やバレーボールのスパイク、テニスのサーブ動作などの際に使用されるローテーターカフの強化に有効。
②使用部位：肩甲下筋

③トレーニング動作
1）開始姿勢：トレーニングを行う側の腕が下になるようにしてベンチに横向きになる。ダンベルを持って背部をまっすぐにして上腕を体側に付け、肘を９０度に曲げて前腕が床と平行になるようにしてダンベルを構える（写真153）。
2）動作：肘と肩の位置を動かさないように注意し、肘を９０度に保ったまま肩を内旋させてダンベルを上方に持ち上げる（写真154）。ダンベルを上げたら、ゆっくりとダンベルを開始姿勢に下ろしていく。
④呼吸方法：息を吐きながらダンベルを上げ、息を吸いながらダンベルを下ろす。
⑤ポイント
1）動作中に肘や肩が動かないように注意する。
2）反動的な動作を行わないように注意する。
⑥補助の方法
　このエクササイズでは補助は不要。
⑦バリエーション
　チューブを用いて立った姿勢で行う方法も効果的（写真155、156）。

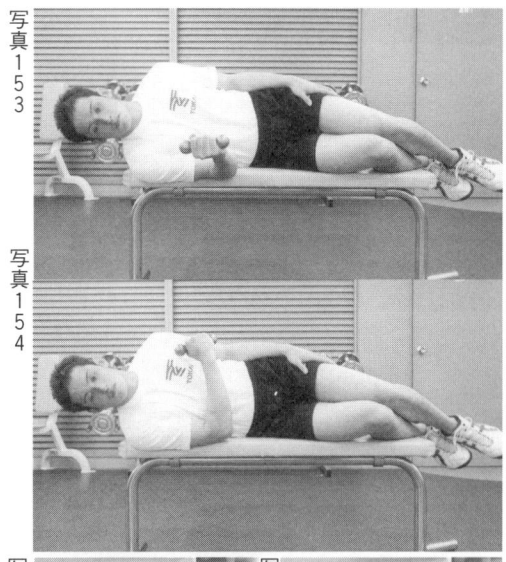

写真153

写真154

写真155　写真156

（4）上腕二頭筋のエクササイズ

a．バーベルカール

①エクササイズの特性

上腕二頭筋を強化するための最も代表的なエクササイズ。背部の正しい姿勢を保持する能力を高めるためにも効果的。

②使用部位：上腕二頭筋、上腕筋、腕橈骨筋

③トレーニング動作

1）開始姿勢：バーベルを肩幅よりやや広めのアンダーハンドグリップで握り、両脚を肩幅くらいに開いて直立し、肘を伸ばしてバーベルを大腿部の前に保持する（写真157）。

2）動作：肘を曲げてバーベルを挙上する（写真158）。十分に肘を曲げきったらゆっくりとバーベルを下ろして肘を伸ばす。

④呼吸方法：姿勢の維持が難しいエクササイズであるため、開始姿勢で息を吸って止めたままバーベルを持ち上げてゆっくりと下ろし、肘が伸びきる手前で息を吐く。軽い重量でトレーニングを行う場合には、息を吐きながらバーベルを上げ、息を吸いながらバーベルを下ろすようにしてもよい。

⑤ポイント

1）動作中に腰が反ったり丸まったりしないように注意する。

2）肘が後方にぶれないように注意する。

⑥補助の方法

このエクササイズでは補助は不要。

⑦バリエーション

1）スタンディングダンベルカール（写真159-1, 2）：ダンベルを使用することによって、ひねりの動きを加えたり、片側づつ交互に動作を行ったりすることができる。

2）シーティッドダンベルカール（写真160）：座った姿勢で動作が行えるため、姿勢が維持しやすく、脚部の弾みを利用せずに動作を行うことができる。

b．コンセントレーションカール

①エクササイズの特性

上腕二頭筋を集中的に強化するためのエクササイズ。

②使用部位：上腕二頭筋、上腕筋、腕橈骨筋

③トレーニング動作

1）開始姿勢：片手にダンベルを持ち、ベンチにすわって大腿部の内側に上腕部を固定する（写真161）。

2）動作：肘を曲げてダンベルを挙上する（写真162）。十分に肘を曲げきったらゆっくりとダンベルを下ろし肘を伸ばす。

④呼吸方法：息を吐きながらダンベルを上げ、息を吸いながらダンベルを下ろす

⑤ポイント

1）肘の位置が動かないように注意する。

2）ダンベルを下ろす時には脱力しないようにし、コントロールしながらゆっくりと動作を行う

⑥補助の方法

このエクササイズでは補助は不要。

写真158

写真157

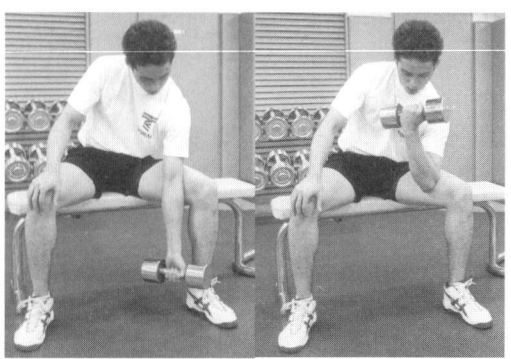

写真161　　　写真162

（5）上腕三頭筋のエクササイズ
a．ライイング・トライセプス・エクステンション
①エクササイズの特性

高重量を扱うことができ、上腕三頭筋の筋力を高めるために最適な基本エクササイズ。

②使用部位：上腕三頭筋

③トレーニング動作

1）開始姿勢：ベンチの上に膝を曲げて足をのせ、仰向けになって補助者からバーベルを受け取り、肩幅くらいにバーベルを握って肩の上にバランスとって保持する（写真163,164）。使用するバーベルは、まっすぐのストレートバーよりも曲がったカールバー（イージーバー）の方が動作を行いやすい（手首に負担がかかりにくい）。

2）動作：肘の位置を保ったまま肘を曲げてバーベルをゆっくりと頭の上へ下ろす（写真165）。バーベルを頭上に下ろしたら再び開始姿勢までバーを挙上する。セットが終了したら補助者にバーベルを渡す。

④呼吸方法：通常は息を吐きながらバーベルを上げ、息を吸いながらバーベルを下ろす

高重量を使用する場合には、息を吸って止めたままバーベルを下ろして挙上し、スティッキングポイントを過ぎたあたりから息を吐くようにする。

⑤ポイント

1）肘が外側に開かないように注意する。

2）ダンベルを下ろす時には脱力しないようにし、コントロールしながらゆっくりと動作を行う。肘の傷害の防止のため、肘が過屈曲しないように注意する。

⑥補助の方法

補助者はトレーニング者の頭上に立ち、バーベルの受け渡しを行うとともに、動作中にはバーベルがトレーニング者の頭上に落下しないようにバーに手を添えておく。

b．ワンハンド・ダンベル・トライセプス・エクステンション
①エクササイズの特性

直立した姿勢で、片手ずつ上腕三頭筋の強化が行えるエクササイズ。

②使用部位：上腕三頭筋

③トレーニング動作

1）開始姿勢：ダンベルを片手に持って直立し、頭上に肘を伸ばしてダンベルを保持する（写真166）。

2）動作：肘の位置を動かさずに、肘を曲げてダンベルをゆっくりと頭の後ろへ下ろす（写真167）。ダンベルを下ろしたら再び開始姿勢まで挙上する。

写真163

写真164

写真165

写真166

写真167

(写真168) 上腕部が開かないようにするためには、反対側の手で支えるようにする

写真169　写真170

④呼吸方法：通常は息を吐きながらバーベルを上げ、息を吸いながらバーベルをドロす
高重量を使用する場合には、息を吸って止めたままダンベルを下ろして挙上し、スティッキングポイントを過ぎたあたりから息を吐くようにする。
⑤ポイント
1）肘が外側に開かないように注意する。どうしても開いてしまう場合は、反対側の手で上腕部をを支えようにする（写真168）。
2）直立の姿勢を保持し、上体が斜めにならないように注意する。
3）ダンベルを下ろす時には脱力しないようにし、コントロールしながらゆっくりと動作を行う。肘の傷害の防止のため、肘が過屈曲しないように注意する。
⑥補助の方法
　このエクササイズでは、補助者を必要としない。

c．トライセプス・プレスダウン（プッシュダウン）
①エクササイズの特性
　マシンを使用した上腕三頭筋のエクササイズ。プーリーを使用するため、肘を伸展する動作の後半にも筋肉に十分負荷をかけることができる。また、上半身を前傾して行うと、腰背部の姿勢を保持する能力（特に腹筋の固定力）を高める効果も期待できる。
②使用部位：上腕三頭筋

③トレーニング動作
1）開始姿勢：マシンの前に立ち、バーを両手の幅がこぶし一つ分くらい空くように上からかぶせるようにして持ち、肘を体側につけて肘を曲げて構える。この時、腰背部の正しい姿勢を保ち、膝と股関節を軽く曲げて上体を少し前傾させる（写真169）。前腕は床と平行くらいか、手首が肘より少し上にくる程度のポジションにしておく。
2）動作：肘の位置を保ったまま肘を伸ばしてバーを下ろす（写真170）。肘を伸ばしきったら肘を曲げてバーを開始姿勢まで戻す。
④呼吸方法：通常は息を吐きながらバーを下ろし、息を吸いながら元の位置に戻す。
高重量を使用する場合には、開始姿勢で息を吸って止めたまま肘を伸ばしてバーを下ろし、開始姿勢に戻る後半の局面で息を吐くようにする。
⑤ポイント
1）肘が外側に開かないように注意する。
2）腰が反ったり丸まったりしないように注意する。
3）肘を曲げて開始姿勢に戻る時、脱力しないようにコントロールしながらゆっくりと動作を行う。肘の傷害の防止のため、肘が過屈曲しないように注意する。
⑥補助の方法
　このエクササイズでは、補助者を必要としない。

（6）前腕部のエクササイズ

a．リストカール

①エクササイズの特性

手関節を屈曲する動作の強化に役立つ。握力強化にも効果的であり、野球やテニスなど、手に用具を持って行う競技や柔道のような格闘技の選手の選手にとって重要なエクササイズ。

②使用部位：前腕屈筋群

③トレーニング動作

1）開始姿勢：ベンチにすわって両手にダンベルを持ち、前腕部を大腿の上に固定し、手のひらを上にしてダンベルを指に引っかけるようにして手首を伸展させる（写真171）。

2）動作：手のひらを握りながらダンベルを巻き上げるようにして手首を曲げる（写真172）。手首を曲げきって前腕部の筋肉を収縮させたら手首を伸ばして手のひらを開きながらゆっくりとダンベルを開始姿勢まで戻す。

写真171　　写真172

④呼吸方法：息を吐きながら手首を曲げてダンベルを巻き上げ、息を吸いながら開始姿勢に戻る。

⑤ポイント

1）動作中には前腕部をしっかりと固定しておく。

2）反動的な動作をできるだけ使わないようにする。

⑥補助の方法

このエクササイズでは、補助者を必要としない。

⑦バリエーション

1）ベンチに前腕を固定して行うと、より安定した動作を行うことができる（写真173-1, 2）。

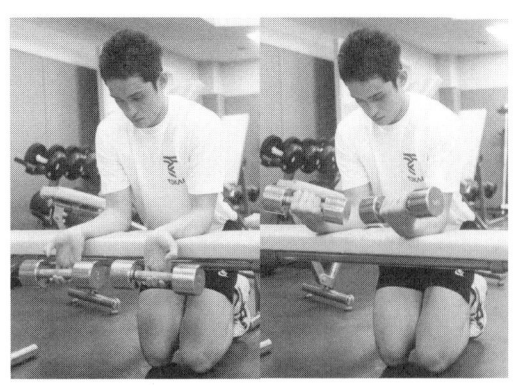

写真173-1, 2

b．リバースリストカール

①エクササイズの特性

手関節を伸展する動作の強化に役立つ。リストカールと同様、手に用具を持って行う競技の選手にとって重要なエクササイズ。

②使用部位：前腕伸筋群

③トレーニング動作

1）開始姿勢：ベンチにすわって両手にダンベルを持ち、前腕部を大腿の上に固定し、手の甲を上にして手首を屈曲させて構える（写真174）。

2）動作：手首を伸展させながらダンベルをできるだけ高く上げる（写真175）。ダンベルを上げきって前腕伸筋群を収縮させたら手首を曲げてゆっくりとダンベルを開始姿勢まで戻す。

④呼吸方法：息を吐きながら手首を伸ばしてダンベルを上げ、息を吸いながら開始姿勢に戻る。

⑤ポイント

1）動作中には前腕部をしっかりと固定しておく。

2）反動的な動作をできるだけ使わないようにする。

写真174　　写真175

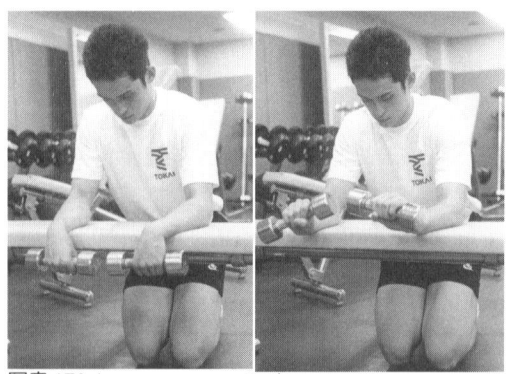

写真 176-1　　　　写真 176-2

⑥補助の方法
　このエクササイズでは、補助者を必要としない。
⑦バリエーション
1）ベンチに前腕を固定して行う方法（写真176-1, 2）

c．レバレッジバーを用いた前腕部のエクササイズ
①エクササイズの特性
　手関節の屈曲・伸展以外の動きを強化するためのエクササイズ。リストカールやリバースリストカールと同様、手に用具を持って行う競技や柔道のような格闘技の選手にとって重要なエクササイズ。専用のトレーニング器具がない場合は、ダンベルの片側をはずしたり、木の棒やスポーツ用具（バット、ラケットなど）を使用してもよい。

写真 177-1　　　　写真 177-2

1）ウルナ・フレクション（写真177-1, 2）：手首の尺屈動作を強化するためのエクササイズ

2）ラジアル・フレクション（写真178-1, 2）：手首の橈尺屈動作を強化するためのエクササイズ

3）スピネーション（写真179-1, 2）：前腕の回外動作を強化するためのエクササイズ

4）プロネーション（写真180-1, 2）：手首の回内動作を強化するためのエクササイズ

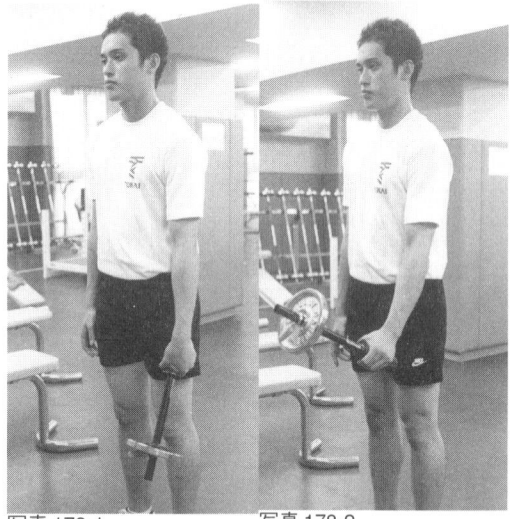

写真 178-1　　　　写真 178-2

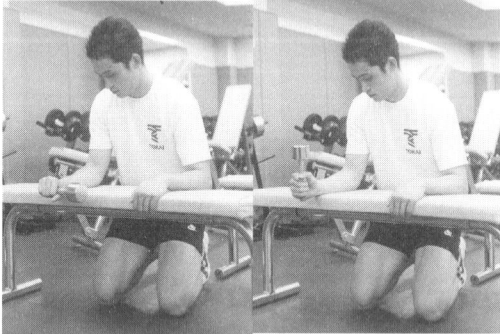

写真 178-1　　　　写真 178-2

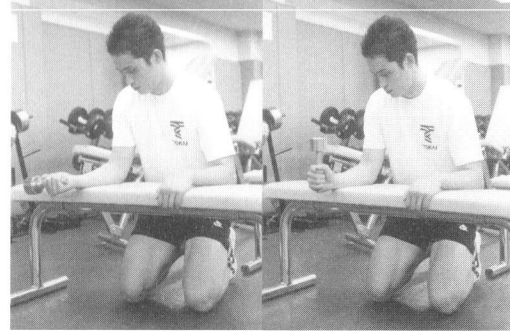

写真 180-1　　　　写真 180-2

（7）大腿四頭筋及び臀部のエクササイズ
a．レッグプレス（４５度レッグプレス）
①エクササイズの特性

マシンのシートに座った状態でトレーニングが行えるため、腰背部の筋群に負担をかけずに、大腿部や臀部を強化することができる多関節エクササイズ。腰痛などでスクワットが行えない場合の代用種目としても効果的。

②使用部位：大腿四頭筋、大臀筋

③トレーニング動作

１）ポジショニング：マシンにすわり、両足を肩幅よりやや広く開いてマシンのボードにしっかり固定する。両手はマシンのハンドルをしっかり握っておく。

２）開始姿勢：マシンの安全装置をはずし、両足でボードを押して静止する（写真181）。

３）動作：膝と股関節を同時に曲げながらボードを下ろし（写真182）、膝と股関節を伸ばしながらボードを押して開始姿勢に戻る。反復を終えたら、ボードの安全装置をセットしてマシンから離れる。

④呼吸方法：開始姿勢で息を吸って止めたままボードを下ろして押し上げ、スティッキングポイントを過ぎてから息を吐く。

⑤ポイント

１）動作中には背部をしっかりとマシンのシートに固定しておく。

２）傷害の予防のため、膝を完全に曲げきらないように注意する。

⑥補助の方法

補助者はマシンの横に立ち、反復できなくなった場合には、マシンの安全な部分（ボードやシャフトの部分など）を持って補助を行う。

b．レッグエクステンション
①エクササイズの特性

大腿四頭筋のみを重点的に強化できる単関節エクササイズ。膝を伸ばす動作の後半の部分でも筋肉に負荷をかけることができる。また、内側広筋の強化や膝関節の安定性の向上に効果的

②使用部位：大腿四頭筋

③トレーニング動作

１）ポジショニングと開始姿勢：マシンのパッドや背もたれのポジションの調節を行った後、マシンに深くすわってパッドの下に両足を入れ、腰背部を正しい姿勢に保った状態で、両手でハンドルをしっかり握り、からだを固定する。足首は少し背屈させておく（写真183）。

２）動作：膝を伸ばしてマシンのウエイトを上げ、大腿四頭筋を十分収縮させる（写真184）。十分に膝を伸ばしきったら、ゆっくりと開始姿勢まで膝を曲げてマシンのウエイトを下ろす。

④呼吸方法：息を吐きながら膝を伸ばし、息を吸いながら膝を曲げていく。高重量で行う場合には、開始姿勢で息を吸って止めたまま膝を伸ばし、スティッキングポイントを過ぎてから息を吐く。

⑤ポイント

１）動作中には身体をマシンのシートにしっか

写真181（上）、写真182

写真183　　　写真184

写真185
写真186-1
写真186-2

り固定しておく。特に、臀部がシートから浮かないように注意する。
2）動作中、両膝と両足首の幅を一定に保ち、足首は軽く背屈させておく。
⑥補助の方法
　このエクササイズでは補助者を必要としない。

c. フォワードランジ
①エクササイズの特性
　前後への重心移動を伴うエクササイズであり、脚部や臀部の強化とともに、体幹部の姿勢の保持能力やバランス能力、コーディネーション等を養うために効果的。
②使用部位：大腿四頭筋、大臀筋
③トレーニング動作
1）開始姿勢：バーを肩にかつぎ、肩幅よりやや狭いスタンスで直立する（写真185）。
2）動作：左右のどちらかの足を前方に大きく踏み出し、足が着地したら膝と股関節を曲げて沈み込む（写真186-1, 2）。沈み込んだ姿勢から前脚をけって後ろ脚で踏ん張り、バランスを崩さずに開始姿勢に戻る。
④呼吸方法：開始姿勢で息を吸い、止めたまま前方へステップし、切り返して開始姿勢に戻る際に息を吐く。
⑤ポイント
1）ステップした前脚の膝はつま先よりも前に出ないように注意する。
2）動作中には、直立時の腰背部の正しい姿勢を常に保つようにする。特に上体が前のめりになったり、腰が丸くならないように注意する。
3）動作中に他者にぶつかったりしないように、周辺の安全を十分確認してから動作を開始する。
⑥補助の方法
　このエクササイズでは補助者を必要としない。
⑦バリエーション
1）ダンベルを両手に持って行う方法もある（写真187）

写真187-1, 2

d. サイドランジ
①エクササイズの特性
　側方への重心移動を伴うエクササイズであり、フォワードランジと同様に、脚部や臀部の強化とともに、体幹部の姿勢の保持能力やバランス能力、コーディネーション等の改善に効果的。スポーツの場面では、横方向への移動能力や切り返し能力、制動力を高めるために役立つ。
②使用部位：大腿四頭筋、大臀筋
③トレーニング動作
1）開始姿勢：バーを肩にかつぎ、肩幅よりやや狭いスタンスで直立する（写真188）。
2）動作：左右のどちらかの足を真横に踏み出

写真188

写真189-1, 2

し、足が着地したら膝と股関節を曲げて沈み込む（写真189-1, 2）。沈み込んだ姿勢からステップした脚をけって反対側の脚で踏ん張り、バランスを崩さずに開始姿勢に戻る。
④呼吸方法：開始姿勢で息を吸い、止めたまま側方へステップし、切り返して開始姿勢に戻る際に息を吐く。
⑤ポイント
1）ステップした足のつま先は正面よりやや外側に向くようにし、膝はつま先と同じ方向に向

けるとともに、つま先よりも前に出ないように注意する。
2）側方へステップして沈み込んだ時には、上体はやや前傾させ、胸は正面に向けておく。
3）動作中には、腹圧を高め、腰背部の正しい姿勢を常に保つようにし、腰が反ったり丸まったりしないように注意する。
⑥補助の方法
このエクササイズでは補助者を必要としない。

e. ステップアップ
①エクササイズの特性
　水平方向ともに垂直（上）方向への重心移動を伴うエクササイズであり、脚部や臀部の強化とともに、体幹部の姿勢の保持能力やバランス能力、コーディネーション等を養うために効果的。
②使用部位：大腿四頭筋、大臀筋
③トレーニング動作
1）開始姿勢：ダンベルを両手に持ち、肩幅よりやや狭いスタンスで台の前に直立する（写真190）。
2）動作：まず最初に、左右のどちらかの足を台の上にのせる。この時、膝はつま先の真上にくるようにするとともに、肩が大腿部の中央の真上あたりにくるように上体をやや前傾させておく（写真191）。次に、台の上にのせた足でしっかり踏ん張り、バランスをとりながら反対側の足を台にのせて台に上がる（写真192）。台に上がったら、後から台の上にのせた足のほうから先に下ろし、バランスをとりながら両足をそろえて床の下に立つ。右足から台に上る場合には、右足→左足の順で台に上り、左足→右足の順で台か

写真190　　　　写真191　　　　写真192

写真193-1, 2

ら下りる。上げる足は交互に変えながら反復していく。
④呼吸方法：開始姿勢で息を吸い、止めたまま台上へステップし、開始姿勢に戻る際に息を吐く。
⑤ポイント
1）台の高さは、足を台の上にのせ、膝がつま先の真上にきた時に大腿部の上部が床と平行程度になるくらいを上限とする。
2）動作中にバランスや姿勢が崩れないように注意する。
⑥補助の方法
　このエクササイズでは補助者を必要としない。
⑦バリエーション
1）サイドステップアップ（写真193-1, 2）

(8) ハムストリングスのエクササイズ
a．レッグカール
①エクササイズの特性
　ハムストリングスを重点的に強化できる単関節エクササイズ。
②使用部位：ハムストリングス
③トレーニング動作
1）ポジショニングと開始姿勢：マシンのパッドの調節を行った後、マシンの回転軸の真横に膝がくるようにしてシートにうつぶせになり、ハンドルを握ってからだを固定する（写真194）。
2）動作：膝を曲げてウエイトを上げ、ハムストリングスを十分収縮させる（写真195）。十分に膝を曲げきったら、ゆっくりと膝を伸ばして開始姿勢までウエイトを下ろす。
④呼吸方法：息を吐きながら膝を曲げ、息を吸いながら膝を伸ばしていく。重いウエイトを使用する場合は、開始姿勢で息を吸って止めたまま膝を曲げ、膝を伸ばす動作の時に息を吸うようにする。
⑤ポイント
1）動作中には身体をマシンのシートにしっかり固定しておく。特に、臀部が持ち上がらないように注意する。
2）動作中、両膝と両足首の幅を一定に保ち、足首は軽く背屈させておく。
⑥補助の方法
　このエクササイズでは補助者を必要としない。

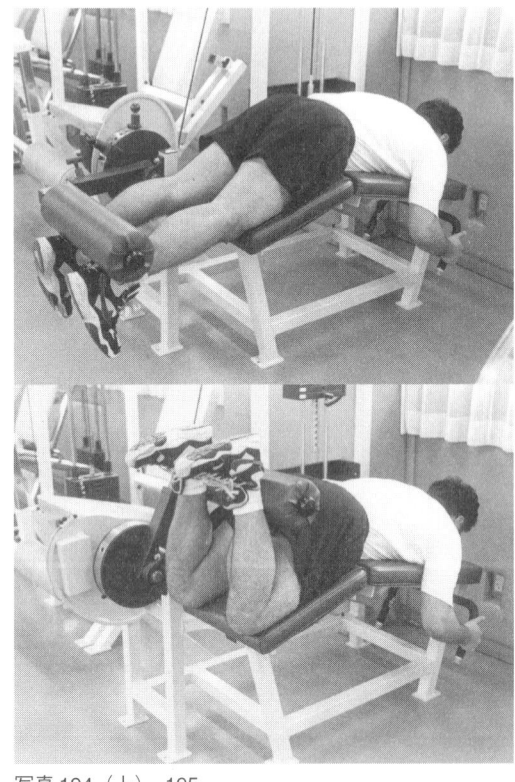

写真194（上）、195

b．スティッフレッグドデッドリフト
①エクササイズの特性
　膝関節の角度を固定したまま、骨盤を起こして股関節を伸展させる動作を行うことによってハムストリングスや大臀筋を強化するエクササイズ。腰背部の姿勢保持力の向上にも効果的。
②使用部位：ハムストリングス、大臀筋
③トレーニング動作
1）ポジショニング：床に置いたバーベルの下に足を潜り込ませ、母趾球の上にバーがくるようにして肩幅よりやや狭いスタンスで直立する。

腰背部の姿勢保持と傷害予防のためトレーニングベルトを着用する。
2）開始姿勢：腰背部の正しい姿勢を保ったまま、膝を軽く曲げた状態で、上半身とともに骨盤を前傾させ、膝の外側から肩幅くらいのオルタネイトグリップでバーを握る（写真196-1, 2）。
3）動作：膝の角度を保ったまま、上体と骨盤を起こして股関節を伸展させ、直立の姿勢になるまでバーを持ち上げていく（写真197-1, 2）。バーベルを挙上して直立したら、姿勢を崩さずにバーベルをコントロールしながら下ろして開始姿勢に戻る。
④呼吸方法：開始姿勢で息を吸い、止めたままバーを持ち上げ、スティッキングポイントを過ぎたところで息を吐く。動作を反復する場合には、直立した時に息を吸い、止めたままバーベルを下ろして持ち上げ、スティッキングポイントを過ぎたところで息を吐くようにする。

⑤ポイント
1）動作中には、直立時の腰背部の姿勢を常に保つようにする。特に背中が丸まりやすいので注意が必要。
2）膝は完全に伸ばさず、軽く曲げた状態を保つ。
3）動作中には、バーの軌道がすねや大腿部のできるだけ近くを通過するようにし、身体から離れないように注意する。
⑥補助の方法
　このエクササイズでは補助者を必要としない。
⑦バリエーション
ルーマニアンデッドリフト：臀部を後方に突き出すようにして行う方法。

（9）下腿部のエクササイズ
a．スタンディングカーフレイズ
①エクササイズの特性
　腓腹筋の強化に効果的な基本エクササイズ。
②使用部位：腓腹筋
③トレーニング動作
1）ポジショニングと開始姿勢：マシンのフットプレートの上に肩幅程度のスタンスで前足部をのせ、マシンのパッドに肩を密着させてハンドルをしっかりと握る。次いで、膝を伸ばしてウエイトを上げながら直立し、かかとをできるだけ下げてふくらはぎを十分ストレッチさせて開始姿勢をとる（写真198）。
2）動作：直立姿勢を保ったまま、かかとをできるだけ高いポジションまで持ち上げる（写真199）。かかとを十分に上げきったら、一旦動作を

写真196-1, 2

写真197-1, 2

写真198　　　写真199

止めて使用部位を十分収縮させてから、ゆっくりと開始姿勢まで下ろす。
④呼吸方法：息を吐きながらかかとを上げ、息を吸いながらかかとを下ろす。重いウエイトを使用する場合には、開始姿勢で息を吸って止めたままかかとを上げ、かかとを下ろす時に息を吐く方法もある。
⑤ポイント
1）動作中には膝が曲がりすぎないように注意する。
2）動作中にフットプレートにのせた足の位置がずれてしまったら、正しいポジションに修正する。
3）動作中に土踏まずや足の外側が大きく上がらないように（足首の内反や外反の動きが起こらないように）注意する。
⑥補助の方法
　このエクササイズでは補助者を必要としない。

b．シングルレッグカーフレイズ
①エクササイズの特性
　マシンを使用せずにふくらはぎの強化を行いたい場合の代表的エクササイズ。
②使用部位：腓腹筋
③トレーニング動作
1）ポジショニングと開始姿勢：台や階段の上に片足の前足部をのせて、両手で身体を支えながら片足で膝を伸ばして直立し、かかとをできるだけ下げてふくらはぎを十分ストレッチさせ、開始姿勢をとる（写真200）。
2）動作：直立姿勢を保ったまま、かかとをできるだけ高いポジションまで持ち上げる（写真201）。かかとを十分に上げきったら、一旦動作を止めて使用部位を十分収縮させてから、ゆっくりと開始姿勢まで下ろす。
④呼吸方法：息を吐きながらかかとを上げ、息を吸いながらかかとを下ろす。
⑤ポイント
1）動作中には膝が曲がりすぎないように注意する。
2）動作中にフットプレートにのせた足の位置がずれてしまったら、正しいポジションに修正する。
3）負荷を加えたい場合には、トレーニング側の手にダンベルを持った状態で動作を行う（写真202）。
⑥補助の方法
　このエクササイズでは補助者を必要としない。

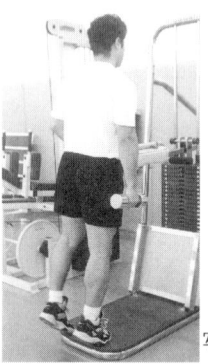

写真202

c．シーティッドカーフレイズ
①エクササイズの特性
　ヒラメ筋の強化に効果的なエクササイズ。
②使用部位：ヒラメ筋
③フォーム
1）ポジショニングと開始姿勢：マシンのシートにすわり、フットプレートの上に肩幅程度のスタンスで両足の前足部（母趾球部分）をのせ、マシンのハンドルを手前に引いてパッドを浮かせてから（写真203）、パッドの下に大腿部を固定してかかとを十分に下げてふくらはぎをストレッチさせる（写真204-1, 2）。
2）動作：かかとを上げてマシンのパッドを持ち上げ（写真205-1, 2）、かかとを十分に上げきったら、一旦動作を止めて使用部位を十分収縮させてから、ゆっくりと開始姿勢までドろす。
④呼吸方法：息を吐きながらかかとを上げ、息を吸いながらかかとを下ろす。
⑤トレーニング動作
1）動作中にはできるだけ大きく踵を動かす。
2）動作中に土踏まずや足の外側が大きく上がらないように（足首の内がえしや外がえしの動

写真200　写真201

きが起こらないように）注意する。
⑥補助の方法
　このエクササイズでは補助者を必要としない。

写真203

写真204-1, 2

写真205-1, 2

d．トゥーレイズ
①エクササイズの特性
　前脛骨筋の強化のためのエクササイズ。腓腹筋とのバランスを考慮した強化を行うことによって足関節の傷害予防にも役立てることができる。
②使用部位：前脛骨筋
③トレーニング動作
　1）ポジショニングと開始姿勢：床にすわって膝を曲げて両足をそろえて前に出し、足の裏を床に付けてパートナーが足の甲の部分に手を当てる（写真206）。
　2）動作：パートナーが足の甲を押さえつけるようにして負荷をかけた状態で、足関節を背屈してつま先をできるだけ高く上げる（写真207）。十分につま先を上げきったら、ゆっくりと足首を底屈させながらつま先を開始姿勢まで下ろしていく。
④呼吸方法：息を吸いながらつま先を上げ、息を吐きながらつま先を下ろす。
⑤ポイント
　1）動作中にはできるだけ大きな動作を心がける。
⑥バリエーション
・チューブによる方法（写真208-1, 2）

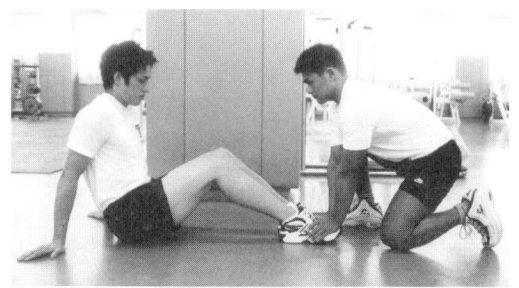

写真206（上）、207

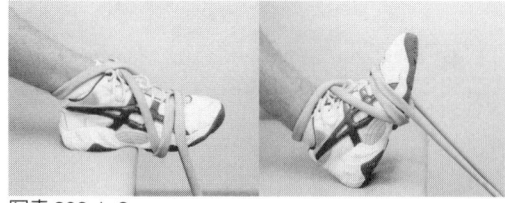

写真208-1, 2

e．足首の外反動作
①エクササイズの特性
　足首の外反動作を強化するエクササイズ。足首の内反捻挫の再発予防に効果的。
②使用部位：腓骨筋群
③トレーニング動作
　1）ポジショニングと開始姿勢：床にすわって膝を曲げたまま両足をそろえて長座姿勢になり、つま先を少し上げた状態で、パートナーが足の

外側の部分に手を当てる（写真209）。
2）動作：パートナーが足の内側方向へ負荷をかけた状態で、つま先をできるだけ外側に開いていく（写真210）。十分につま先を開いたら、ゆっくりとつま先を内側に閉じながら開始姿勢に戻る。
④呼吸方法：息を吐きながらつま先を開き、息を吸いながらつま先を内側に閉じる。
⑤ポイント
1）動作中に膝が開かないように注意する。
2）できるだけ大きな動作を心がける。
⑥バリエーション
・チューブによる方法（写真211-1, 2）

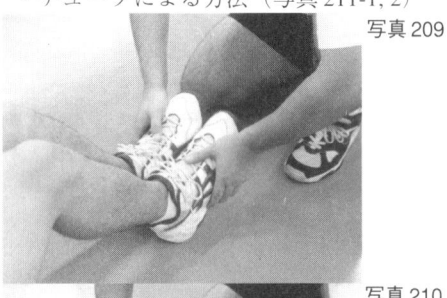

写真209

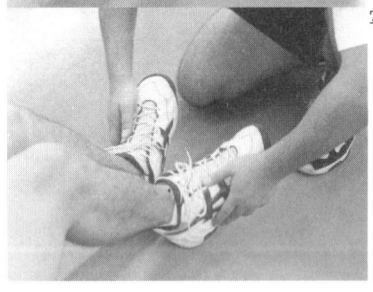

写真210

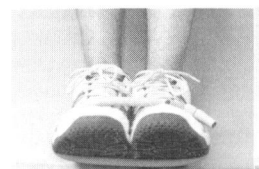

写真211-1, 2

（10）体幹のエクササイズ

a．シットアップ

①エクササイズの特性
腹部の筋群を強化するための最も基本的なエクササイズ。腹直筋とともに、股関節屈筋群も強化することができる。
②使用部位：腹直筋、腸腰筋
③トレーニング動作
1）ポジショニングと開始姿勢：腹筋台や床の上に仰向けになり、膝を直角程度に曲げて足部を固定する（写真212）。両手は頭の後ろに組んでおく。
2）動作：まず頭を起こし、みぞおちをへそに近づけるようにしながら背中全体を丸め（写真213）、次いで腰部を持ち上げて、上体が腹筋台や床から４５度程度になるところまで起きあがる（写真214）。上体を起こす動作は、後頭部→上背部→下背部の順に起こしていく。上体を起こしたら、逆の順序で下背部→上背部→後頭部の順で腹筋台や床の上に下ろし、開始姿勢に戻る。
④呼吸方法：息を大きく吐きながら上体を起こし、息を吸いながら開始姿勢に戻る。
⑤ポイント
1）膝を伸ばした状態で行なうと、腰椎の過伸展が起こったり、腹直筋よりも股関節屈筋群が働いてしまう。動作中には膝を曲げた状態を保つようにする。
2）呼吸はできるだけ大きく行う。特に、上体を起こすときには、息をできるだけ大きく吐くようにすると腰背部が丸めやすくなり、腹直筋を十分に収縮させることができる。
⑥バリエーション

写真212

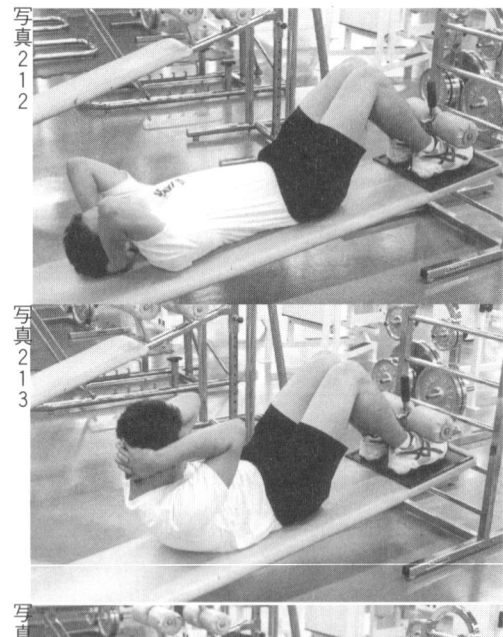

写真213

写真214

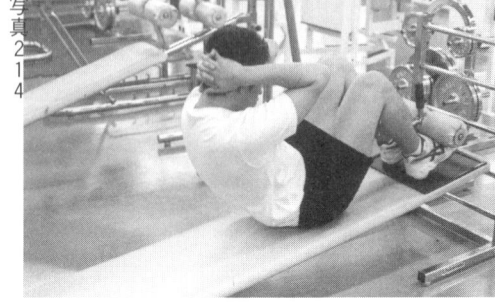

1）負荷を大きくしたい場合
  ・腹筋台の角度をつける（写真215）
  ・プレートを胸の前に抱える（写真216）
2）負荷を小さくしたい場合
  ・腹部に手を組む（写真217）、腹部に手をのせる（写真218）
  ・大腿部の後ろ側に手をそえて、手で上体を引き上げるようにして動作を行う（写真219）

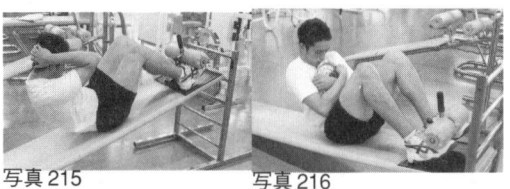

写真215　写真216
写真217　写真218
写真219

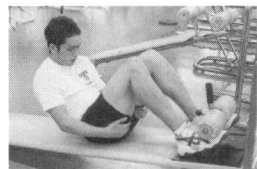

b．トランクカール
①エクササイズの特性
　股関節周辺の筋群をリラックスさせ、腹直筋のみを重点的に強化することを目的としたエクササイズ。腰痛の再発予防のトレーニングとしても効果的。
②使用部位：腹直筋
③トレーニング動作
1）ポジショニングと開始姿勢：腹筋台や床の上に仰向けになり、膝を直角程度に曲げて足部を固定する（写真220）。両手は胸の前にクロスさせて肩の上にのせておく。
2）動作：まず頭を起こし、みぞおちをへそに近づけるようにしながら背中全体を丸める（写真221-1, 2）。腰背部を十分に丸めて腹直筋を収縮させたら、ゆっくりと開始姿勢に戻る。
④呼吸方法：息を大きく吐きながら腰背部を丸め、息を吸いながら開始姿勢に戻る。
⑤ポイント
1）動作中に腰部が腹筋台や床から浮かないように注意する。

2）呼吸はできるだけ大きく行う。息をできるだけ大きく吐くようにすると腰背部が丸めやすくなり、腹直筋を十分に収縮させることができる。
⑥バリエーション
1）クランチ（写真222）：足を上げ、膝と股関節を直角にして動作を行う方法。トランクカールと同様に、股関節の筋群をリラックスさせた状態で腹直筋（特に上部）を強化することができる。

写真220
写真221-2
写真221-2　写真222

c．レッグレイズ
①エクササイズの特性
　シットアップやトランクカールは脚部を固定して動作を行うのに対し、レッグレイズは上体を固定し、脚部や骨盤を動かすことで腹直筋（特に腹直筋の下部）を強化することができる。
②使用部位：腹直筋、腸腰筋
③トレーニング動作
1）開始姿勢：腹筋台や床の上に仰向けになり、膝をやや曲げた状態で脚を少し持ち上げて開始姿勢をとる（写真223）。両手は腰の側面に置き、上体をしっかり固定する。
2）動作：まずゆっくりと膝と股関節を曲げて脚を上げ、次いで、へそをみぞおちに近づけるようにしてお尻を床から持ち上げて、背中全体を丸めるようにして上背部を起こす（写真224）。背

中全体を十分に丸めて、腹直筋を収縮させたら、ゆっくりとお尻と脚を下げて開始姿勢に戻る。
④呼吸方法：息を大きく吐きながら腰背部を丸め、息を吸いながら開始姿勢に戻ります。
⑤ポイント
1）できるだけ反動を用いないようにし、ゆっくりとした動作で行う。
2）動作中には脚が床に着かないように注意する。

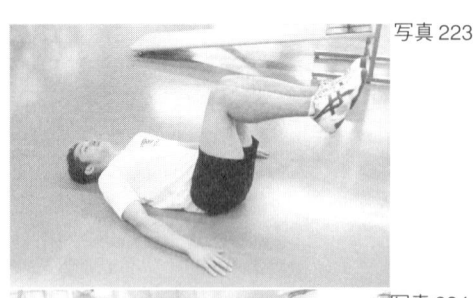

写真223

写真224

d．ライイングサイドベンド
①エクササイズの特性
　上体を横に傾ける動作や体幹の固定力を強化するためのエクササイズ。
②使用部位：外腹斜筋、内腹斜筋
③フォーム
1）ポジショニングと開始姿勢：ローマンベンチや高さのあるフラットベンチに臀部より下の部分を固定し、横向きになる。手を頭の後ろに組んで、上体を下に倒して開始姿勢をとる（写真225）。
2）動作：へそのあたりが動作の回転軸になるように意識しながら、上体をできるだけ上方へ持ち上げていく（写真226）。上体を十分に上げきったら、動作をコントロールしながらゆっくりと開始姿勢に戻る。
④呼吸方法：息を吐きながら上体を上げ、息を吸いながら開始姿勢に戻る。

⑤ポイント
動作中には骨盤が動かないように注意する。

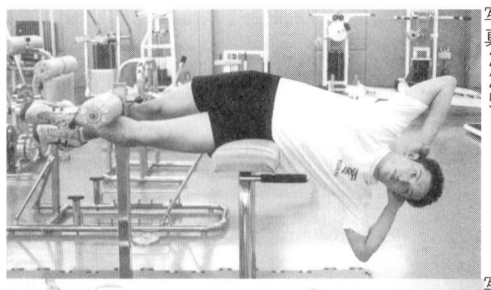

写真225

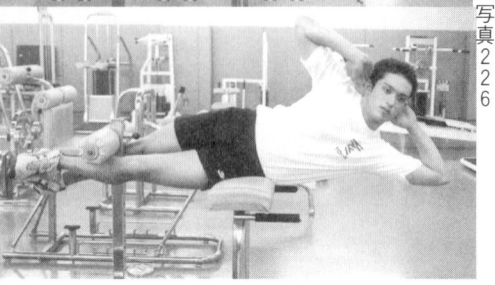

写真226

e．ダンベルサイドベンド
①エクササイズの特性
　上体を横に傾ける動作や体幹の固定力を強化するためのエクササイズ。ダンベルを持った側と反対側の体側の筋肉を強化することができる。
②使用部位：外腹斜筋、内腹斜筋
③フォーム
1）開始姿勢：左右どちらかの手にダンベルを持ち、反対側の手は頭の後ろに固定して直立し、ダンベル側に上体を倒して開始姿勢をとる（写真227）
2）動作：上体をダンベルを持った側の反対側に倒し、ダンベルを上げていく（写真228）。十分に上体を曲げきったら、ゆっくりと開始姿勢に戻る。
④呼吸方法：息を吐きながら上体を倒してダンベルを上げ、息を吸いながら開始姿勢に戻る。
⑤ポイント
動作中には骨盤が動かないように注意する。

写真227（左）、228

f．ツイスティングシットアップ

①エクササイズの特性

体幹のひねりの動作を強化するための基本的なエクササイズ。

②使用部位：外腹斜筋、内腹斜筋、腹直筋

③トレーニング動作

1）ポジショニングと開始姿勢：腹筋台や床の上に仰向けになり、膝を直角程度に曲げて足部を固定する。両手でプレートをしっかり保持し、ひねる方向と反対側の肩の上方に保持する（写真229）。

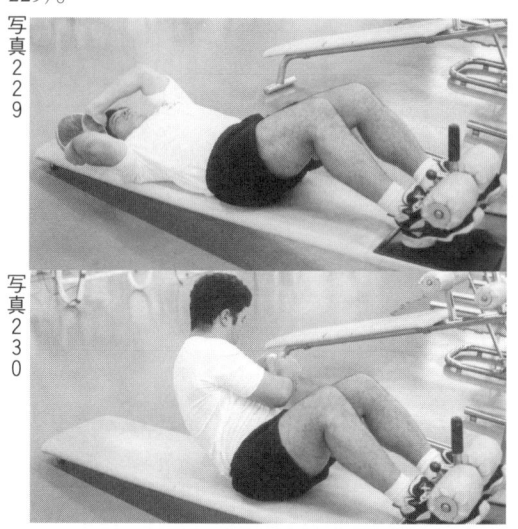

写真229

写真230

2）動作：ウエイトが上体を斜めに横切るようにして、上体をひねりながら起き上がる（写真230）。起き上がったら、動作をコントロールしながら開始姿勢まで上体をひねり戻す。

④呼吸方法：息を吐きながら上体を起こし、息を吸いながら開始姿勢に戻る。

⑤ポイント

1）体幹のひねりの動作の際、胴体の長軸がぶれないように注意する。

2）上体を下ろす動作の時には、腰が反らないように注意する。

3）臀部が腹筋台や床から浮いたり、膝が左右に動いたりしないように注意する。

⑥バリエーション

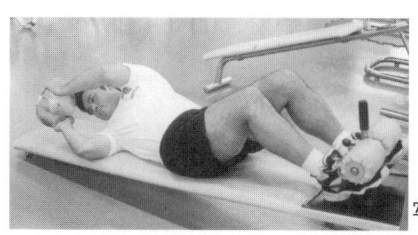

写真231

スタートの際にあらかじめひねる方向と反対側にひねっておくとより大きな範囲で動作を行うことができる（写真231）。

g．トランクツイスト

①エクササイズの特性

体幹のひねりの動作を強化するためのエクササイズ。姿勢を維持するのがややむずかしいため経験者向け。

②使用部位：外腹斜筋、内腹斜筋

③トレーニング動作

1）ポジショニングと開始姿勢：ローマンベンチや高さのあるフラットベンチに臀部より下の部分を固定して、横向きになる。胸の前にプレートを保持し、骨盤を固定した状態で、胸を下に向けて開始姿勢をとる（写真232）。

2）動作：姿勢をくずさないように注意しながら、胸が上方を向くまで体幹部をひねる（写真233）。十分にひねったら、動作をコントロールしながら開始姿勢に戻る。

④呼吸方法：息を吐きながら体幹をひねり、息を吸いながら開始姿勢に戻る。

⑤ポイント

動作中には体幹部のひねりの回転軸を保つようにし、上体が倒れないように注意する。

写真232

写真233

h．デッドリフト

①エクササイズの特性

上体の正しい姿勢を保ちながらバーベルを挙上する動作を行うことによって、大腿部や臀部とともに脊柱起立筋群などを総合的に強化するこ

とができる基本的な多関節エクササイズ。
②使用部位：大腿四頭筋、大臀筋、脊柱起立筋群
③トレーニング動作
1）ポジショニング：床に置いたバーベルの下に足を潜り込ませ、母趾球の上にバーがくるようにして直立する（写真234）。腰背部の姿勢保持と傷害予防のためトレーニングベルトを着用する。

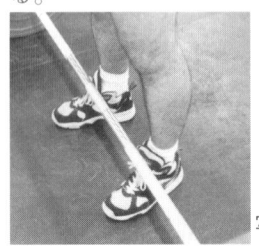

写真234

2）開始姿勢：腰背部の正しい姿勢を保ったまま、膝と股関節を曲げ、膝の外側からオルタネイトグリップでバーを握って開始姿勢をとる。（写真235-1, 2）。
3）動作：膝と股関節を同時に伸ばし、バーの軌道がすねと大腿部のすぐ近くを通過するようにして直立の姿勢までバーベルを挙上する（写真236-1, 2・237-1, 2）。バーベルを挙上したら、上体の姿勢を崩さずにバーベルをコントロールしながら開始姿勢に戻る。
④呼吸方法：開始姿勢で息を吸い、止めたままバーを持ち上げ、スティッキングポイントを過ぎたところで息を吐く。動作を反復する場合には、直立した時に息を吸い、止めたままバーベルを下ろして持ち上げ、スティッキングポイントを過ぎたところで息を吐くようにする。
⑤ポイント
1）動作中には、腹圧を高め、腰背部の自然なカーブを常に保つようにする。
2）バーの軌道が身体から離れないように注意する。
⑥補助の方法
　このエクササイズでは補助者を必要としない。

i．バックエクステンション
①エクササイズの特性
　脊柱起立筋群を重点的に強化するためのエクササイズ。
②使用部位：脊柱起立筋群、大臀筋
③トレーニング動作
1）ポジショニングと開始姿勢：ローマンベンチや高さのある台に脚部及び骨盤を固定し、うつ

写真235-1、2

写真236-1、2

写真237-1、2

ぶせになり、手を頭の後ろに組んで、腰背部を丸めて開始姿勢をとる（写真238）。
2）動作：背中全体が床と平行くらいになるまでゆっくりと上体を起こしていく（写真239）。上体を起こして、脊柱起立筋群を十分に収縮させたら、ゆっくりと動作をコントロールしながら開始姿勢に戻る。
④呼吸方法：息を吸いながら上体を起こし、息を吐きながら開始姿勢に戻る。
⑤ポイント
1）動作中には腰を反らせすぎないように注意する。
2）弾みを使用せずていねいな動きを心がける。
⑥バリエーション
1）負荷を強めたい場合には、ウエイトを胸の前に保持して行う（写真240）
2）ライイングバックアーチ：ローマンベンチなどの器具を使用しない場合は、床にうつぶせに

なった姿勢から背中全体をゆっくりと反らせていく方法がある（写真241-1, 2）。

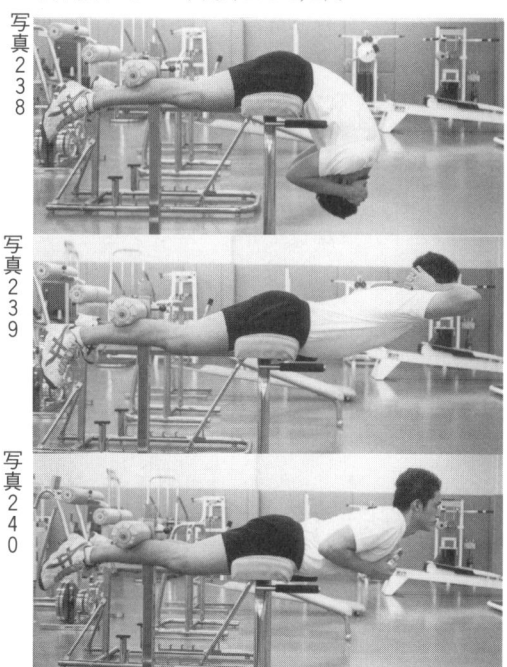

写真238

写真239

写真240

写真241-1、2

(11) 頸部のエクササイズ
a．ネックエクステンション
①エクササイズの特性
　頸部のエクササイズは、頸の傷害予防のために重要である。特に、ラグビーやアメリカンフットボールのようなコンタクトスポーツや格闘技などの選手にとっては欠かすことができないエクササイズである。
②使用部位：頭板状筋、僧帽筋
③フォーム

1）ポジショニングと開始姿勢：フラットベンチに首から上を出してうつ伏せになり、頭を下げて身体を固定する。パートナーは、トレーニング者の後頭部にタオルをのせ（滑り止めのため）、その上に両手を当てて負荷をかける準備をする（写真242）。
2）動作：パートナーの負荷抵抗を受けながら、一定のスピードでゆっくりと頭を持ち上げていく（写真243）。

写真242　　写真243

④呼吸方法：息を吸いながら頭を上げ、息を吐きながら開始姿勢に戻る。強い負荷で行う場合には開始姿勢で息を吸い、止めた状態で動作を行う。
⑤ポイント
1）パートナーは一定のスピードで動作が行われるように負荷を調節する。
2）動作の回転軸がぶれないように注意する。
⑥頸部の他のエクササイズ
1）ネックフレクション（写真244-1, 2）
頸部の屈曲動作の強化のためのエクササイズ。
胸鎖乳突筋の強化に効果的。
2）サイド・ネックフレクション（写真245-1, 2）
頸部の側屈動作の強化のためのエクササイズ。
僧帽筋や胸鎖乳突筋の強化に効果的。

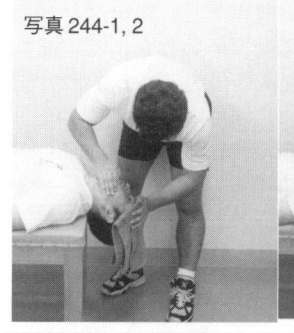

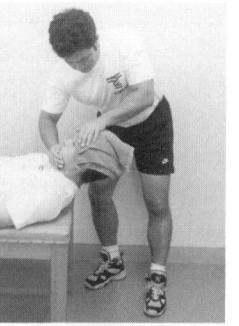

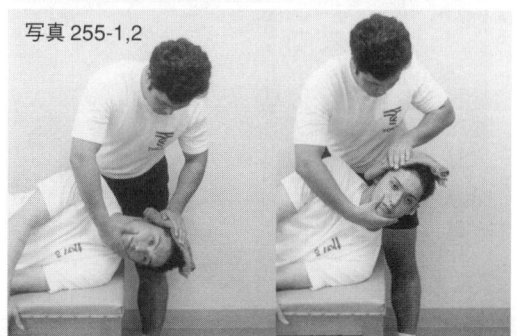

写真244-1, 2

写真255-1, 2

5．フリーウエイトやマシンを使用しないエクササイズ

　トレーニング器具がない場合や、合宿や遠征時に器具が使用できない場合には、チューブや体重負荷、パートナーの負荷抵抗（マニュアルレジスタンス）等を利用することによって、ある程度のトレーニング効果を得ることができます。

（1）チューブによるエクササイズ
【使い勝手のよいチューブが市販】（写真246）

　チューブトレーニングとは、筒状（チューブ）または帯状（バンド）のラバーを負荷として用いるトレーニングのことを指します。
　チューブを使ったトレーニングは、手軽にお金をかけずにできる筋力強化の手段として、従来から行われてきました。以前は、自転車の古チューブが多く利用されてきましたが、最近はトレーニング専用のチューブが比較的安価で市販されるようになってきています。商品化されているチューブには、引っ張った時の張力（負荷）によって数種類に色分けされているものや、用途によってアタッチメントが付いたものなどがあり、自転車のチューブを使っていた頃と比べると格段に使い勝手がよくなっています。
　チューブが1本あれば、全身のほとんどの部位や動きに対して負荷をかけることが可能です。通常の方法では負荷をかけにくい小さな筋肉や特殊な動きについても、チューブを用いることによって、効率よく強化することができます。また、非常に小さな負荷に設定したり、負荷の微妙な調節も可能なため、けがをした後のリハビリテーションや、日頃の練習で強化しにくい部位の筋力トレーニングにも効果的といえます。
　また、バーベルやダンベル、体重を使用したトレーニングでは、負荷は常に重力の方向にしか加わらないのに対し、チューブトレーニングでは、あらゆる方向に調節することが可能です。

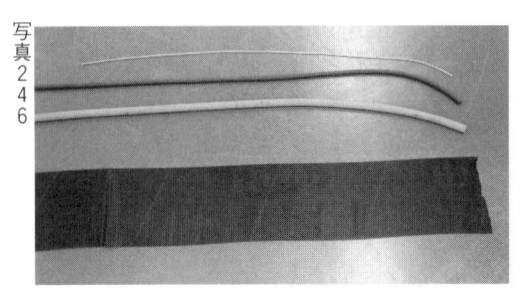

写真246

【負荷抵抗の特徴を考慮する】

　チューブは、その材質の特性上、引っ張れば引っ張るほど張力（負荷抵抗）が大きくなります。従って、チューブによるトレーニングの動作では、スタート時に最も負荷が小さく、引っ張るに従って負荷が大きくなり、フィニッシュの時に負荷が最も大きくなります。実際にトレーニングを行う際には、チューブのこのような負荷の特徴を十分生かしたトレーニングを行うことが大切です。
　例えば、ジャンプをする時には、直立姿勢からいったんしゃがみ込み、床を蹴って上方に跳んでいきますが、足で床をキックして床から足が離れるまでの間には、からだの重心は加速しながら移動していきます。この動作の際に、ウエストの部分にチューブをつけて負荷を加えた場合、加速が抑制されてブレーキが加わるとともに、沈み込んだポジションの時よりも、足が床から離れる時の方が大きな負荷抵抗がかかることになり、実際の動作における負荷のかかり方とは異なってしまいます。
　チューブトレーニングを行う際には、トレーニングの目的やシーズン、選手のレベル等に応じてうまく使い分けることが必要です。

【負荷を上手に調節してトレーニング効果を高めよう】

　実際にチューブトレーニングを行う際には、筋力アップや傷害予防といったトレーニング目的や、現在の筋力レベルなどを考慮して負荷を調節することが必要となってきます。筋力アップを目的とした場合には、正しい動作で8回から10回反復したときつく感じる程度、傷害予防やリハビリテーションを目的とした場合には、15回から20回程度反復したときに筋肉に張りを感じる程度を目安とするとよいでしょう。ただし、けがをした後の競技復帰のためにトレーニングを行う場合には、傷害の状況によって負荷の大きさを正しく設定することが必要となるため、医師や専門家の指示を受けるようにして下さい。
　チューブトレーニングにおいて、負荷の大きさを調整する方法としては、まず、チューブそのものの張力（負荷抵抗）を変える方法があります。市販の適切な張力のチューブを購入するのが最もたやすい方法ですが、負荷の異なるチューブをいくつも用意するのは金銭的な負担

が大きくなってしまいます。そこで次のような工夫をしてみると良いでしょう。

まず、トレーニング動作のスタート時のチューブの長さを変えてみます。同じチューブでも、短く持てば負荷が大きくなり、長く持てば負荷が小さくなります。また、負荷を大きくしたい場合には、チューブを2重や3重にし、負荷を小さくしたい場合には、チューブを縦に半分や3分の1などに切って用いる方法もあります。なお、チューブをあまり細くしたり、古くなったりすると切れやすくなる危険がありますので、注意して下さい。

【チューブによる代表的なエクササイズ】
①シーティッドロウ
　両脚を前に伸ばして足にチューブを引っかけ、膝を軽く曲げた状態で両手でチューブを引く。広背筋の強化に効果的（写真247-1, 2）。

写真247-1, 2

②サイドレイズ
　両足でチューブの中央部を固定し、脚の前でクロスさせて両手にチューブを持って直立し、肘をわずかに曲げた状態で肘が肩の真横にくるように腕を側方に持ち上げる。三角筋の強化に効果的（写真248-1, 2）。

③肩の内旋・外旋
　肩のけがの予防やリハビリテーションに役立つエクササイズ。やや胸を張って肘を体側に付けた姿勢で、肘の高さに固定されたチューブを外側から内側へ（写真249-1, 2）、または内側から外側へと引く（写真250-1, 2）。この種目では、チューブを力強く引くのではなく、リラックスした状態で肩の深部の小さな筋肉のみを使用するように意識して動作を行う。20回から30回反復した後に筋肉に張りを感じる程度の負荷抵抗で行うようにする。

写真248-1, 2

写真249=1, 2

写真250-1, 2

④レッグカール
　大腿部の後面（ハムストリングス）の強化のた

めのエクササイズ。うつぶせになり、足首の部分にチューブをくくりつけ、チューブの端は膝を伸ばしたときにチューブのたるみがないように柱などにしっかりと固定して、ゆっくりと膝の曲げ伸ばしを行う。動作中にチューブがはずれやすいので、両足首にチューブを一周させてから固定する（写真251-1, 2）。

写真251-1, 2

⑤レッグエクステンション

大腿部の前面（大腿四頭筋）の強化のためのエクササイズ。イスに座ってレッグカールの要領で足首にチューブをくくりつけ、反対側をイスの脚に固定し、ゆっくりと膝を伸ばしてチューブを引っ張る（写真252-1, 2, 3）。

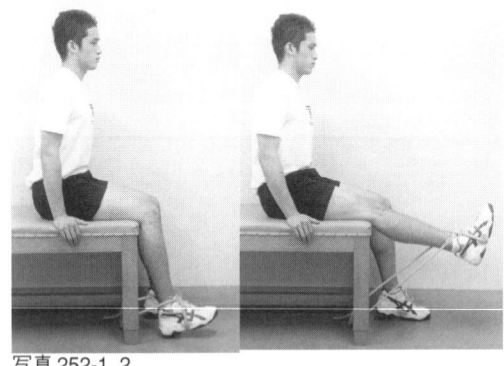

写真252-1, 2

（写真252-3）チューブの巻き方

⑥レッグレイズ（仰向け・横向き）

股関節周辺を強化するためのエクササイズ。膝のけがをした後のリハビリテーションとしても効果的。チューブを両膝の少し上に固定して片側の脚部を持ち上げるようにしてチューブを引っ張る動作を行う。仰向けの姿勢で動作を行った場合（写真253-1, 2）には、股関節の屈筋群が、横向きで動作を行った場合（写真254-1, 2）には、中殿筋の強化に役立ちます。

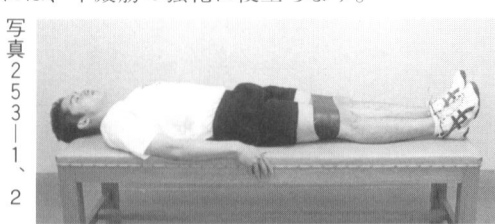

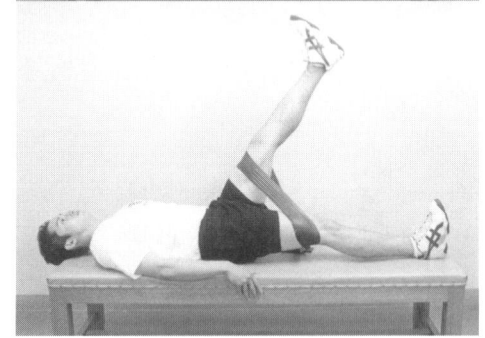

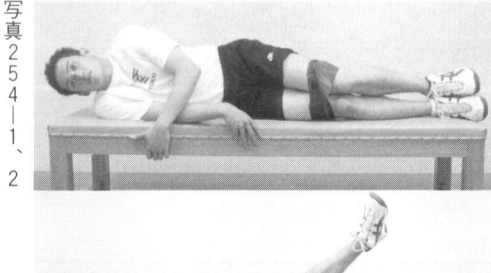

写真253-1、2

写真254-1、2

⑦足首の背屈

前脛骨筋の強化のためのエクササイズ。足首に8の字型にチューブをくくりつけてチューブを固定し、つま先を手前に引きつけるようにしてチューブを引っ張る動作を行う（写真255-1, 2）。

⑧足首の外反

足首の捻挫の予防やリハビリテーションのためによく行われる種目。長座姿勢になり、両足にチューブを一周するように巻きつけて、両足のつま先を外側に開く動作を行う。動作中には両膝が離れないように注意する（写真256-1, 2）。

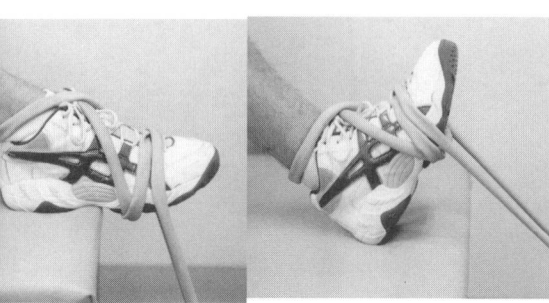

写真255-1, 2

写真256-1, 2

チューブによるエクササイズのポイント

①チューブは引っ張るほど負荷が強くなるため、フィニッシュ時の負荷の大きさを考慮してスタート時のチューブの張力を調整する。
②チューブの端を固定してトレーニングを行う場合には、動作中に固定した部分が外れないように注意する。
③老朽化したチューブは切れやすくなっているので、早めに新しいものと交換する。
④専門的動作のトレーニングを実施する場合には、チューブの負荷抵抗の特徴や負荷のかかる方向を十分考慮する。

（2）体重負荷によるエクササイズ

自分の体重を負荷にしたエクササイズを実施することによって、筋力強化の効果が得られるばかりでなく、自分の身体をコントロールする能力や、バランス能力、コーディネーション等を養うこともできます。年齢的に強い負荷をかけることができない中学生以下の選手にも効果的なトレーニングが数多くあります。
自重負荷トレーニングによる反復回数を調べることによって、体重に見合った筋力が身につけられているかどうかを把握することもできます。
筋力の強い選手の場合、体重負荷だけでは十分な負荷が得られない場合もあるので、次項で述べるパートナーの負荷などを組み合わせて適切な条件に調整して実施するとよいでしょう。

【体重負荷による代表的エクササイズ】
a．プッシュアップ（写真257-1, 2）

いわゆる腕立てふせ。肩幅よりやや広めの手幅で行う。動作中に腰が反ってしまったり、臀部が突き出たりしないように注意する。大胸筋、三角筋前部、上腕三頭筋の強化に役立ち、ベンチプレスと同じような効果を得ることができる。

負荷を強めたい場合には、脚を高くして行うと効果的（写真258）。また、負荷を弱めたい場合には、膝を床に付けた姿勢で動作を行う（写真259）。

写真257-1、2

写真258

写真259

b．チンニング（写真260-1, 2）
　広背筋の強化に効果的。動作については、168～169ページ参照。

写真260-1, 2

c．ディッピング（写真261-1, 2）
　大胸筋や上腕三頭筋の強化に効果的。動作については167～168ページ参照。

写真261-1, 2

d．リバースプッシュアップ（写真262-1, 2）
　脚を前に伸ばしたまま、ベンチに背中を向けて両手を固定し、身体の上げ下ろし動作を行う。上腕三頭筋の強化に効果的。

写真262-1, 2

e．クランチ（写真263-1, 2）
　腹直筋の重点的な強化に効果的。動作については191ページ参照。

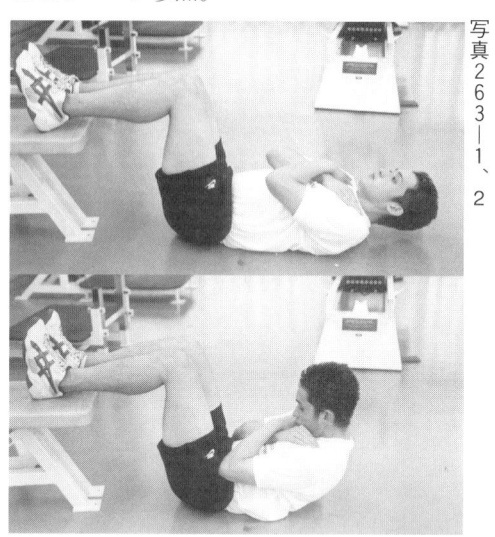

写真263-1、2

f．リバーストランクツイスト（写真264-1, 2, 3）
　床やマットに仰向けになって、両手を横に開いてからだを固定し、膝を軽く曲げた状態で両脚そろえたまま左右にひねる。背中が床から浮かないように注意する。ひねりの動作の強化や外腹斜筋、内腹斜筋の強化に効果的。

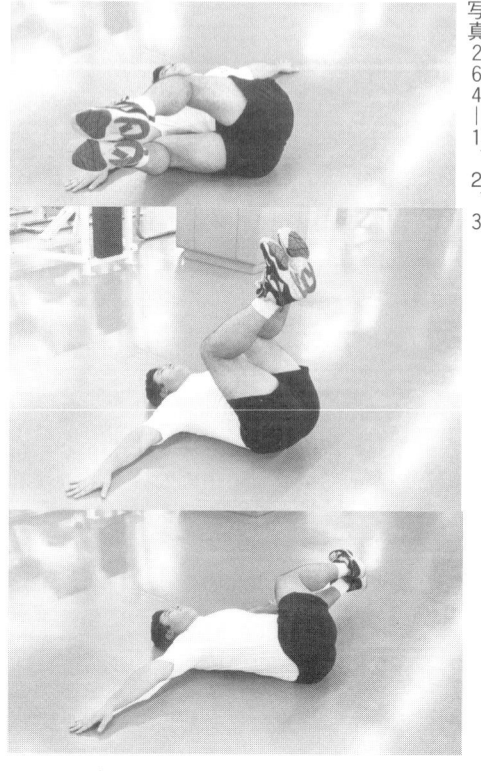

写真264-1、2、3

g. ライイングバックアーチ（写真265-1, 2）

脊柱起立筋群の強化に効果的。動作については194〜195ページ参照。

写真265-1、2

h. シングルレッグスクワット（写真266-1, 2）

片脚立ちになって、反対側の脚を曲げたままスクワット動作を行う。バランス能力の向上にも効果的。大腿四頭筋や大臀筋の強化に役立つ。

写真266-1、2

i. シッシースクワット（写真267-1, 2）

直立姿勢で壁や台などにつかまり、膝より上をまっすぐに伸ばしたまま、両膝を前方に出すようにしてスクワットを行う。大腿四頭筋を重点的に強化したい場合に効果的。

写真267-1、2

j. フォワードランジ（写真268-1, 2）

直立姿勢から片脚を一歩前に踏みだして沈み込み、もとの直立姿勢に戻る動作を左右交互に繰り返す。大腿四頭筋や大臀筋の強化、バランス能力やコーディネーションの向上などに効果的。

写真268-1, 2

k. サイドランジ（写真269-1, 2）

直立姿勢から片脚を側方に踏みだしてしゃがみ込み、もとの直立姿勢に戻る動作を左右交互に繰り返す。大腿四頭筋や大臀筋の強化、バランス能力やコーディネーションの向上などに効果的。

写真269-1, 2

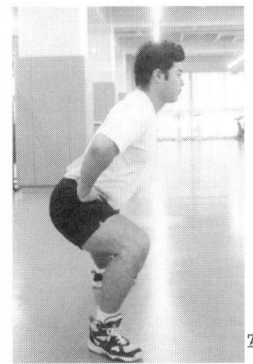

写真269-3

第10章　エクササイズテクニック

I．ステップアップ（写真270-1, 2）

　膝の高さよりやや低い高さの台の前に立ち、片脚で台の上に上り、反対側の脚から床に下りる動作を左右交互に繰り返す。大腿四頭筋や大臀筋の強化、バランス能力やコーディネーションの向上などに効果的。

写真270-1, 2

（3）パートナーの負荷によるエクササイズ

　パートナーの負荷を利用することによって、器具がなくてもトレーニング目的に応じた適切な負荷をかけることが可能となります。パートナーは、トレーニング動作が一定のスピードになるように負荷をうまく調整し、動作中に負荷が抜けたり、強すぎたりすることがないように注意します。慣れてくれば、トレーニング目的に応じて、動作スピードを調整し適度な加速や減速をつけることも可能となります。

　パートナーの負荷によるトレーニングでは、関節角度やトレーニング者の疲労に応じて負荷を微調整することができるほか、動作スピードの調整、ウエイトでは負荷をかけにくい動き（ひねりの動きなど）や各スポーツの専門的な動作のトレーニング、伸張性収縮を強調したトレーニング（ネガティブトレーニング）なども可能となります。また、パートナーからかけ声をかけてもらうことによって、より高いテンションでトレーニングを行うこともでき、さまざまな効果を得ることができるトレーニングといえます。ただし、トレーニング効果は、負荷を加えるパートナーのテクニックに左右されるため、効果を上げるためには、パートナー同士がこのトレーニング方法に熟練しておくことが必要となります。

【パートナーの負荷による代表的エクササイズ】

a．レジスティッド・プッシュアップ（写真271）

　プッシュアップ動作の際に、パートナーが背中に負荷をかけます。肩甲骨のあたりに負荷をかけるようにします。大胸筋、三角筋前部、上腕三頭筋の強化に効果的。

写真271

b．シーティッドロウ（写真272）

　パートナー同士で向き合って長座姿勢になり、タオル等を持って互いに引っ張り合う。広背筋の強化に効果的。

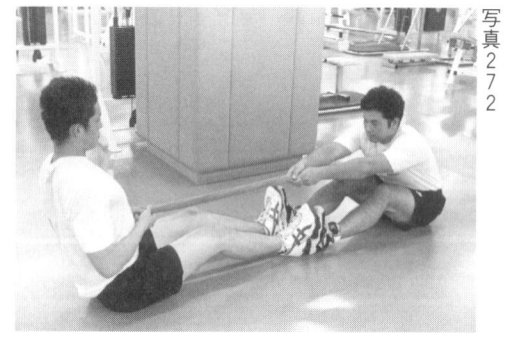

写真272

c．サイドレイズ（写真273）

　2人が向かい合って立ち、手首の部分に負荷をかけてサイドレイズの動作を行う。三角筋の強化に効果的。

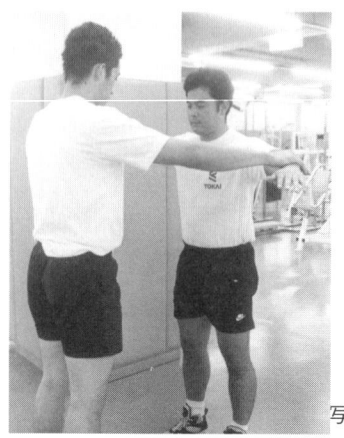

写真273

d．アームカール＆トライセプスエクステンション（写真274、275）

2人が向かい合って立ち、図のように互いにタオルを持って、一人はアームカールの動作、もう一人はトライセプスプレスダウンの動作を行う。アームカールでは上腕二頭筋、トライセプスプレスダウンでは上腕三頭筋の強化に効果的。

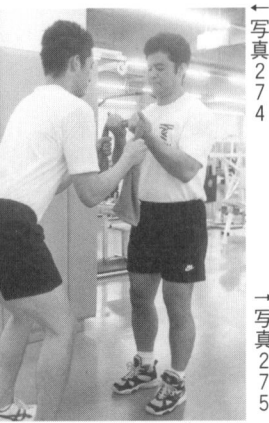

→写真274
→写真275 

e．レッグカール（写真276）

トレーニング者がベンチや床にうつ伏せになり、膝を曲げる動作を行う際にパートナーが足首に負荷をかける。膝を曲げきったら、パートナーの負荷に持ちこたえながらゆっくりと膝を伸ばしていく。ハムストリングスを重点的に強化したい場合に効果的。

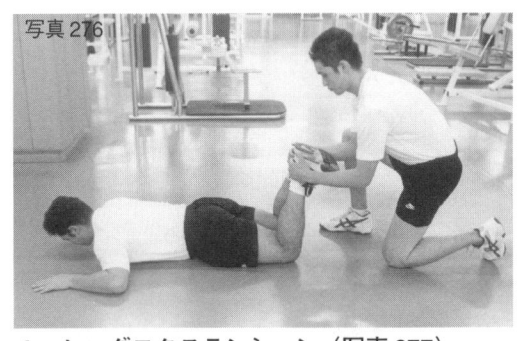

写真276

f．レッグエクステンション（写真277）

トレーニング者がイスやベンチにすわり、膝を伸ばす動作を行う際にパートナーが足首に負荷をかける。膝を伸ばしたら、パートナーの負荷に持ちこたえながらゆっくりと膝を曲げていく。大腿四頭筋を重点的に強化したい場合に効果的。

写真277

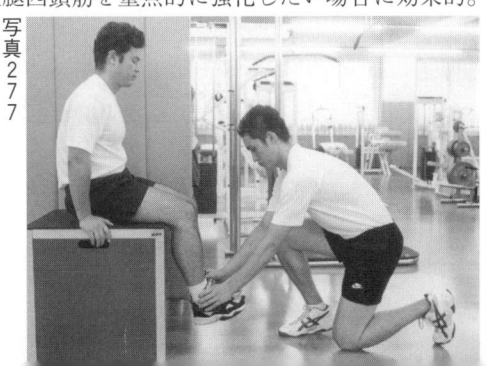

第10章　エクササイズテクニック

6．爆発的パワー向上のためのエクササイズ

瞬間的に大きなパワーを発揮する能力（爆発的パワー）を向上させるためのエクササイズとしては、フリーウエイトを用いたクイックリフト、各種ジャンプエクササイズ、メディシンボールを使用したエクササイズの主に3つが挙げられます。いずれも、トレーニングの目的を十分理解した上で、正しい動きで全力スピードで行うことが重要となります。

(1) クイックリフト

a．ハイプル（写真278－1、2）

スタートの姿勢から一気に胸までバーを引き上げるエクササイズ。パワークリーンのファーストプルとセカンドプルをマスターするために役立つ。手首や肘の可動範囲が狭く、パワークリーンの正しいキャッチ動作ができない選手は、このエクササイズを行うとよい。

写真278－1, 2

b．ハングクリーン（写真279-1, 2）

パワークリーンの動作を膝上から行う。股関節の伸展動作のパワーを利用してバーベルの挙上動作を行うエクササイズ。

写真279－1, 2

c．プッシュプレス（写真280－1, 2, 3・写真281－1, 2, 3））
　スクワットジャンプの動作を利用して、バーベルを肩から上に挙上する。

写真280－1, 2, 3　　写真281－1, 2, 3

d．スナッチ（写真282－1, 2・写真283－1, 2）
　スタートの姿勢から頭上まで一気にバーベルを挙上する。キャッチの際に、軽くしゃがみ込む方法と両脚を前後に開脚する方法がある。

写真282－1, 2

写真283－1, 2

（2）ジャンプ系エクササイズ
a．スクワットジャンプ（写真284－1, 2）
　軽いバーベルをかついで浅くしゃがんでから、上方へ全力ですばやくジャンプする。しゃがんでからジャンプ動作への切り返しを休まずに行うと効果的。

写真284－1, 2

b．ラテラルホップ（写真285-1, 2, 3）

片脚で左右にジャンプ動作を行う。着地時にバランスを崩さないように注意する。負荷を強めたい場合はダンベルを持って行う。

c．ラテラルジャンプ（写真286-1, 2, 3）

両脚をそろえて左右へのジャンプ動作を行う。負荷を強めたい場合は、ダンベルを持って行う。

d．ステップアップジャンプ（フロント・サイド）

膝よりやや低い高さの台に片脚をのせ、台にのせた脚で上方に全力でジャンプ動作を行う。台に対して前向きで行うフロントステップアップジャンプ（写真287-1, 2, 3）と横向きで行うサイドステップアップジャンプ（写真288-1, 2, 3）がある。

写真285-1, 2, 3／ラテラルホップ

写真286-1, 2, 3／ラテラルジャンプ

写真287-1、2、3／フロントステップアップジャンプ

写真288－1, 2, 3

（3）メディシンボールによるエクササイズ

メディシンボールとは、1～5kg程度のトレーニング用のボールであり、上肢や体幹のパワーを向上させるためのプライオメトリックトレーニングの手段としてよく用いられています。バーベルやダンベルでは実施が難しいさまざまな動作や方向のトレーニングをすばやい動きで行うことができるため、スポーツ選手の専門的なパワーやスピードの向上や、正しい動きづくりのためにも役立ちます。

a．トランクローテーション（写真289-1, 2）

体幹のひねりの動きづくりのためのエクササイズ。骨盤を固定した状態で胸郭をひねるようにして行う。

b．ツイストランジ（写真290）

体幹をひねりながらランジ動作を行う。体幹のひねりの動きづくりとともに、下半身との動きのコーディネーション、バランス能力などの向上にも効果的。

写真290

c．ツイストスロー（写真291-1, 2）

パートナーにトスされたボールを身体の側方でキャッチし、下半身をしっかりと固定した状態で、上体のひねりとひねり戻しを利用してボールを投げる。

d．シットアップスロー（写真292-1, 2, 3, 4）

膝を曲げて床に仰向けになり、パートナーが投げたボールを上体をやや浮かせた姿勢で頭上でキャッチし、背中を床につけて頭上で振りかぶり、すばやく切り返して腕を振って上体を起こしながらボールを投げる。

e．パワードロップ（写真293-1, 2, 3）

床に仰向けになり、胸の上にパートナーがボー

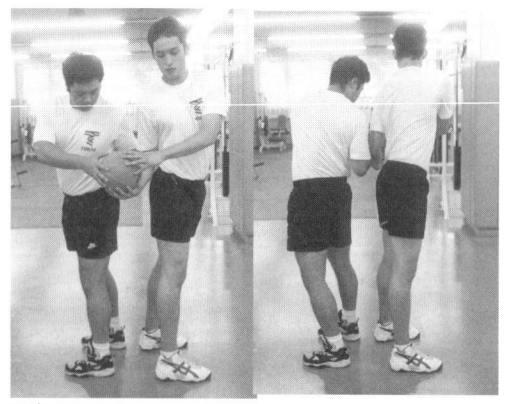

写真289-1, 2

第10章　エクササイズテクニック

写真291-1, 2

写真292-1, 2, 3, 4

写真293-1, 2, 3

207

ルを落下させ、キャッチしたらすばやく切り返してボールを胸の上に高く投げ上げる。

f．チェストパス（写真294-1, 2）

2人で向かい合って立ち（長座姿勢でもよい）、パートナーが胸をめがけて投げたボールをキャッチし、すばやく切り返してパートナーの胸にボールを投げる。プッシュ動作のパワー向上に効果的。

写真294－1, 2

g．オーバーヘッドスロー（写真295-1, 2）

2人で向かい合って立ち、頭上にボールを振りかぶってできるだけすばやくパートナーにボールを投げる。

写真295-1, 2

h．バックスロー（写真296-1, 2）

両手にボールを持ってしゃがんだ姿勢から、すばやく動作を切り返して頭越しに後方へできるだけ遠くへボールを投げる。

写真296－1, 2

i．フォワードスロー（写真297-1, 2）

両手にボールを持ってしゃがんだ姿勢から、すばやく動作を切り返して前方へできるだけ遠くへボールを投げる。

写真297－1, 2

7．中学生のためのエクササイズ

中学生の段階では、強い負荷をかけず、正しい動作の習得や傷害予防を目的にトレーニングを行います。身体各部位にバランスよくトレーニング刺激が与えられるように5〜10種目程度を選択し、ゆっくりとした正しい動作で20回以上楽に反復できるくらいの余裕のある重量で、10〜15回、各エクササイズについて2〜3セットずつ行います。1回のトレーニングは、3

０分くらいで終わる程度の内容にとどめておくようにします。以下に、中学生の段階でも安全に実施できるエクササイズを挙げておきます。

中学生にも推奨できるエクササイズ例

・プッシュアップ（P199、写真２５７）
・チンニング（P168、写真１１２、１１３）
・サイドレイズ（P175、写真１４１、１４２）
・ダンベルカール（P178、写真１５９〜１６２）
・トライセプスキックバック（写真２９８）
・スクワット（P155〜159）
・フォワードランジ（P201、写真２６８）
・サイドランジ（P201、写真２６９）
・カーフレイズ（P187、写真１９８、１９９）
・トランクカール（P191、写真２２０、２２１）
・バックエクステンション（P195、写真２３８、２３９）

１回のトレーニングで５〜10種目、いずれもごく軽い負荷で１０〜１５回、２〜３セット程度実施する。

写真298－1、2

イラスト／印度更紗
モデル／菊地　真也
　　　　湯浅　康弘
　　　　鈴木健太郎
　　　　佐名木宗貴

主な筋肉名称（前面）

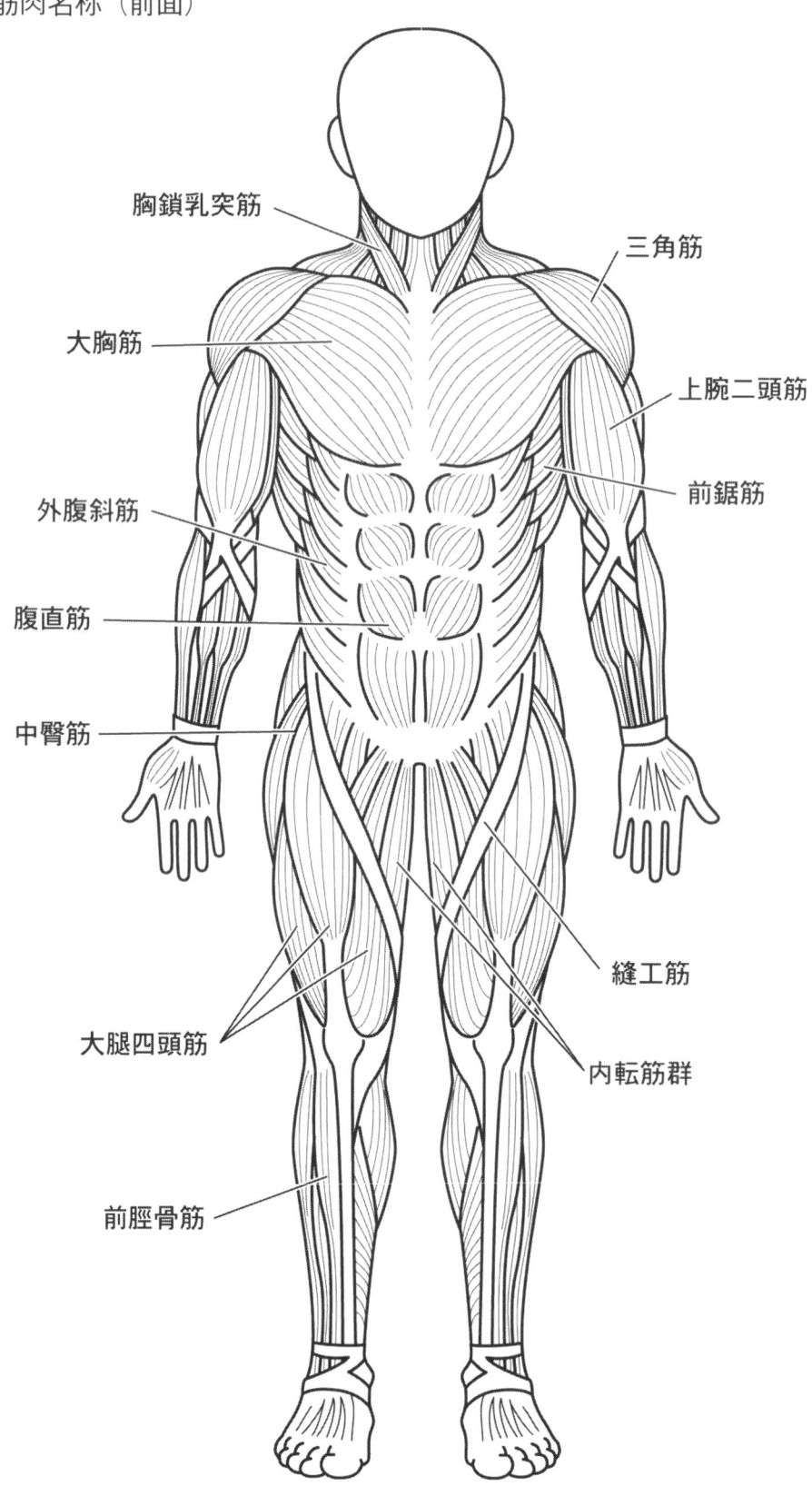

- 胸鎖乳突筋
- 三角筋
- 大胸筋
- 上腕二頭筋
- 前鋸筋
- 外腹斜筋
- 腹直筋
- 中臀筋
- 縫工筋
- 大腿四頭筋
- 内転筋群
- 前脛骨筋

巻末資料

主な筋肉名称（背面）

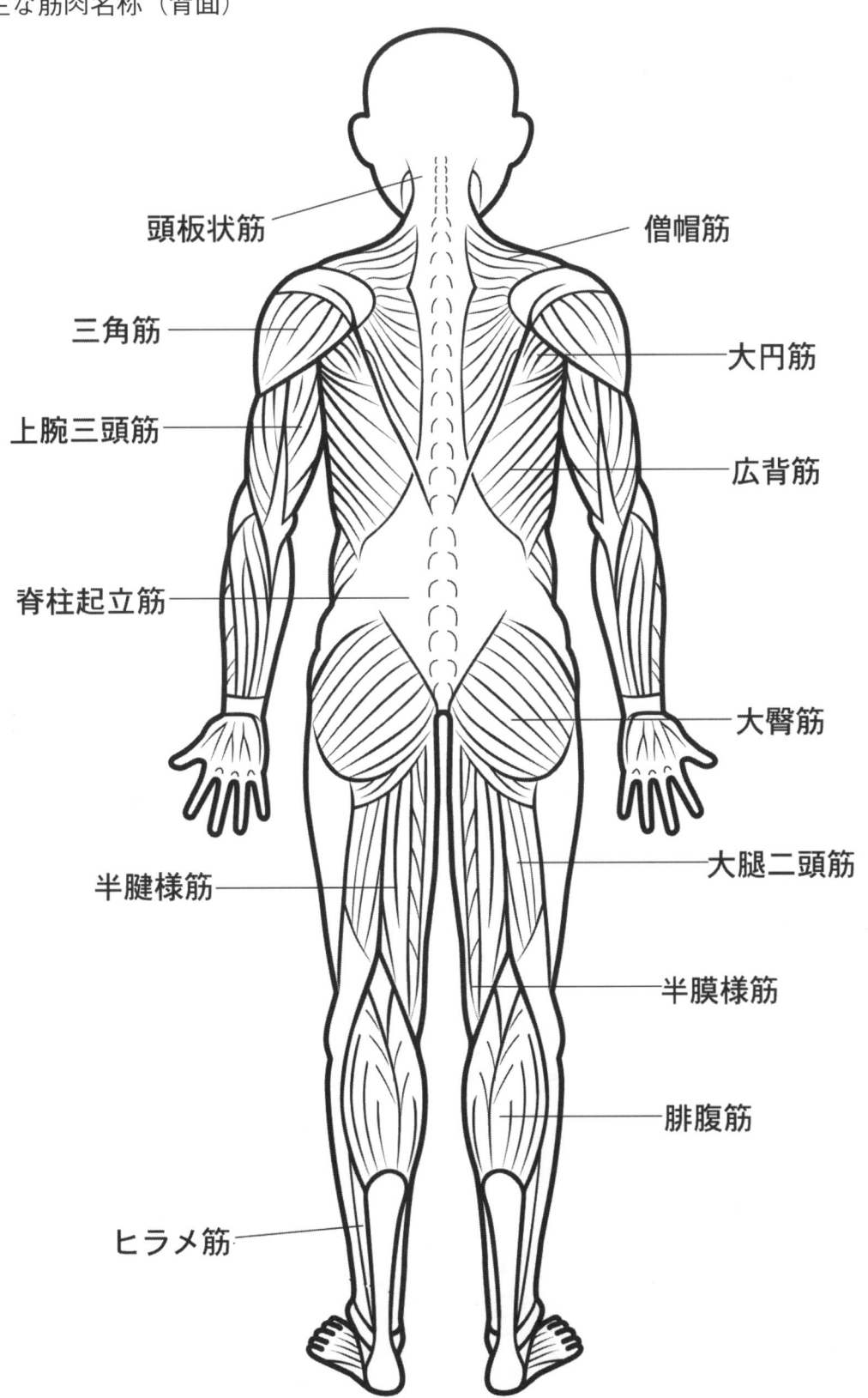

- 頭板状筋
- 僧帽筋
- 三角筋
- 大円筋
- 上腕三頭筋
- 広背筋
- 脊柱起立筋
- 大臀筋
- 半腱様筋
- 大腿二頭筋
- 半膜様筋
- 腓腹筋
- ヒラメ筋

形態・体力測定　個人データの年間推移

氏名：	クラブ名：	身長：　　　cm
番号：	ポジション：	

実施日	／　／	／　／	／　／	／　／

形　態

体重	kg（　　kg）	kg（　　kg）	kg（　　kg）	kg（　　kg）
体脂肪率	%（　　%）	%（　　%）	%（　　%）	%（　　%）
首囲	cm（　　cm）	cm（　　cm）	cm（　　cm）	cm（　　cm）
胸囲	cm（　　cm）	cm（　　cm）	cm（　　cm）	cm（　　cm）
腹囲	cm（　　cm）	cm（　　cm）	cm（　　cm）	cm（　　cm）
臀囲	cm（　　cm）	cm（　　cm）	cm（　　cm）	cm（　　cm）
大腿囲（右）	cm（　　cm）	cm（　　cm）	cm（　　cm）	cm（　　cm）
大腿囲（左）	cm（　　cm）	cm（　　cm）	cm（　　cm）	cm（　　cm）
下腿囲（右）	cm（　　cm）	cm（　　cm）	cm（　　cm）	cm（　　cm）
下腿囲（左）	cm（　　cm）	cm（　　cm）	cm（　　cm）	cm（　　cm）
上腕囲（右）	cm（　　cm）	cm（　　cm）	cm（　　cm）	cm（　　cm）
上腕囲（左）	cm（　　cm）	cm（　　cm）	cm（　　cm）	cm（　　cm）

筋　力

ベンチプレス	kg（　　kg）	kg（　　kg）	kg（　　kg）	kg（　　kg）
ベンチプレス体重比	（　　）	（　　）	（　　）	（　　）
スクワット	kg（　　kg）	kg（　　kg）	kg（　　kg）	kg（　　kg）
スクワット体重比	（　　）	（　　）	（　　）	（　　）
パワークリーン	kg（　　kg）	kg（　　kg）	kg（　　kg）	kg（　　kg）
パワークリーン体重比	（　　）	（　　）	（　　）	（　　）
チンニング回数	（　　）	（　　）	（　　）	（　　）
握力	右 kg（　　kg）／左 kg（　　kg）	右 kg（　　kg）／左 kg（　　kg）	右 kg（　　kg）／左 kg（　　kg）	右 kg（　　kg）／左 kg（　　kg）
背筋力	kg（　　kg）	kg（　　kg）	kg（　　kg）	kg（　　kg）

敏捷性

シャトルラン	（　　）	（　　）	（　　）	（　　）
反復横跳び	（　　）	（　　）	（　　）	（　　）

パワー

垂直跳び	cm（　　cm）	cm（　　cm）	cm（　　cm）	cm（　　cm）
立ち幅跳び	cm（　　cm）	cm（　　cm）	cm（　　cm）	cm（　　cm）

スピード

10mダッシュ	（　　）	（　　）	（　　）	（　　）
30mダッシュ	（　　）	（　　）	（　　）	（　　）

柔軟性

長座位体前屈	cm（　　）	cm（　　）	cm（　　）	cm（　　）

※（　）内にはチーム平均値を記入する

主要エクササイズの1RM推定表

1RM	2RM	3RM	4RM	5RM	6RM	7RM	8RM	9RM	10RM	12RM
100%	95.0%	92.5%	90%	87.5%	85%	82.5%	80%	77.5%	75%	70%
200.0	190.0	185.0	180.0	175.0	170.0	165.0	160.0	155.0	150.0	140.0
195.0	185.0	180.0	175.0	170.0	165.0	160.0	155.0	150.0	147.5	137.5
190.0	180.0	175.0	170.0	165.0	160.0	155.0	152.5	147.5	142.5	132.5
185.0	175.0	170.0	167.5	162.5	157.5	152.5	147.5	142.5	137.5	130.0
180.0	170.0	165.0	162.5	157.5	152.5	147.5	145.0	140.0	135.0	125.0
175.0	167.5	162.5	157.5	152.5	150.0	145.0	140.0	135.0	130.0	122.5
170.0	160.0	157.5	152.5	147.5	144.5	140.0	135.0	132.5	127.5	120.0
165.0	157.5	152.5	147.5	145.0	140.0	135.0	130.0	127.5	122.5	115.0
160.0	152.5	147.5	145.0	140.0	135.0	130.0	127.5	125.0	120.0	112.5
155.0	147.5	142.5	140.0	135.0	132.5	127.5	125.0	120.0	115.0	107.5
150.0	142.5	137.5	135.0	130.0	127.5	122.5	120.0	117.5	112.5	105.0
145.0	137.5	135.0	130.0	127.5	122.5	120.0	115.0	112.5	107.5	100.0
140.0	132.5	130.0	125.0	122.5	120.0	115.0	112.5	107.5	105.0	97.5
135.0	127.5	125.0	120.0	117.5	115.0	110.0	107.5	105.0	100.0	95.0
130.0	122.5	120.0	117.5	112.5	110.0	107.5	105.0	100.0	97.5	90.0
125.0	120.0	115.0	112.5	110.0	105.0	102.5	100.0	97.5	92.5	87.5
120.0	115.0	110.0	107.5	105.0	102.5	100.0	97.5	92.5	90.0	85.0
115.0	110.0	105.0	102.5	100.0	97.5	95.0	92.5	90.0	87.5	80.0
110.0	105.5	100.0	100.0	97.5	92.5	90.0	87.5	85.0	82.5	77.5
105.0	100.0	97.5	95.0	92.5	90.0	87.5	85.0	80.0	77.5	72.5
100.0	95.0	92.5	90.0	87.5	85.0	82.5	80.0	77.5	75.0	70.0
95.0	90.0	87.5	85.5	82.5	80.0	77.5	77.5	72.5	70.0	67.5
90.0	85.0	82.5	80.0	77.5	77.5	75.0	72.5	70.0	67.5	62.5
85.0	80.0	77.5	77.5	75.0	72.5	70.0	67.5	65.0	62.5	60.0
80.0	75.0	75.0	72.5	70.0	67.5	65.0	65.0	62.5	60.0	57.5
75.0	70.0	70.0	67.5	65.0	65.0	60.0	60.0	57.5	55.0	52.5
70.0	67.5	65.0	62.5	60.0	60.0	57.5	57.5	55.0	52.5	50.0
65.0	62.5	60.0	57.5	57.5	55.0	52.5	52.5	50.0	47.5	45.0
60.0	57.5	55.5	55.0	52.5	50.0	50.0	47.5	47.5	45.0	42.5
55.0	52.5	50.0	50.0	47.5	47.5	45.0	45.0	42.5	42.5	37.5
50.0	47.5	45.0	45.0	42.5	42.5	40.0	40.0	37.5	37.5	35.0

※換算表は、パワークリーン・スクワット・ベンチプレスのみに適用できます

パーセンテージチャート(1)

単位：kg

重量	40%	45%	50%	55%	60%	65%	70%	75%	80%	85%	90%	95%
30.0	12.5	12.5	15.0	17.5	17.5	20.0	20.0	22.5	25.0	25.0	27.5	27.5
32.5	12.5	15.0	17.5	17.5	20.0	20.0	22.5	25.0	25.0	27.5	30.0	30.0
35.0	15.0	15.0	17.5	20.0	20.0	22.5	25.0	25.0	27.5	30.0	30.0	32.5
37.5	15.0	17.5	20.0	20.0	22.5	25.0	25.0	27.5	30.0	32.5	35.0	35.0
40.0	15.0	17.5	20.0	22.5	25.0	25.0	27.5	30.0	32.5	35.0	35.0	37.5
42.5	17.5	20.0	22.5	22.5	25.0	27.5	30.0	32.5	35.0	35.0	37.5	40.0
45.0	17.5	20.0	22.5	25.0	27.5	30.0	32.5	32.5	35.0	37.5	40.0	42.5
47.5	20.0	22.5	25.0	25.0	27.5	30.0	32.5	35.0	37.5	40.0	42.5	45.0
50.0	20.0	22.5	25.0	27.5	30.0	32.5	35.0	37.5	40.0	42.5	45.0	47.5
52.5	20.0	22.5	27.5	30.0	32.5	35.0	37.5	40.0	42.5	45.0	47.5	50.0
55.0	22.5	25.0	27.5	30.0	32.5	35.0	37.5	40.0	45.0	47.5	50.0	52.5
57.5	22.5	25.0	30.0	32.5	35.0	37.5	40.0	42.5	45.0	47.5	52.5	55.0
60.0	25.0	27.5	30.0	32.5	35.0	40.0	42.5	45.0	47.5	50.0	55.0	57.5
62.5	25.0	27.5	32.5	35.0	37.5	40.0	45.0	47.5	50.0	52.5	55.0	60.0
65.0	25.0	30.0	32.5	35.0	40.0	42.5	45.0	47.5	52.5	55.0	57.5	62.5
67.5	27.5	30.0	35.0	37.5	40.0	45.0	47.5	50.0	55.0	57.5	60.0	65.0
70.0	27.5	32.5	35.0	37.5	42.5	45.0	50.0	52.5	55.0	60.0	62.5	67.5
72.5	30.0	32.5	37.5	40.0	42.5	47.5	50.0	55.0	57.5	62.5	65.0	70.0
75.0	30.0	32.5	37.5	42.5	45.0	47.5	52.5	55.0	60.0	62.5	67.5	70.0
77.5	30.0	35.0	40.0	42.5	47.5	50.0	55.0	57.5	62.5	65.0	70.0	72.5
80.0	32.5	35.0	40.0	45.0	47.5	52.5	55.0	60.0	65.0	67.5	72.5	75.0
82.5	32.5	37.5	42.5	45.0	50.0	52.5	57.5	62.5	65.0	70.0	75.0	77.5
85.0	35.0	37.5	42.5	47.5	50.0	55.0	60.0	62.5	67.5	72.5	77.5	80.0
87.5	35.0	40.0	45.0	47.5	52.5	57.5	60.0	65.0	70.0	75.0	77.5	82.5
90.0	35.0	40.0	45.0	50.0	55.0	57.5	62.5	67.5	72.5	75.0	80.0	85.0
92.5	37.5	42.5	47.5	50.0	55.0	60.0	65.0	70.0	75.0	77.5	82.5	87.5
95.0	37.5	42.5	47.5	52.5	57.5	62.5	67.5	70.0	75.0	80.0	85.0	90.0
97.5	40.0	45.0	50.0	52.5	57.5	62.5	67.5	72.5	77.5	82.5	87.5	92.5
100.0	40.0	45.0	50.0	55.0	60.0	65.0	70.0	75.0	80.0	85.0	90.0	95.0
102.5	40.0	45.0	52.5	57.5	62.5	67.5	72.5	77.5	82.5	87.5	92.5	97.5
105.0	42.5	47.5	52.5	57.5	62.5	67.5	72.5	77.5	85.0	90.0	95.0	100.0
107.5	42.5	47.5	55.0	60.0	65.0	70.0	75.0	80.0	85.0	90.0	97.5	102.5
110.0	45.0	50.0	55.0	60.0	65.0	72.5	77.5	82.5	87.5	92.5	100.0	105.0
112.5	45.0	50.0	57.5	62.5	67.5	72.5	80.0	85.0	90.0	95.0	102.5	107.5
115.0	45.0	52.5	57.5	62.5	70.0	75.0	80.0	85.0	92.5	97.5	102.5	110.0
117.5	47.5	52.5	60.0	65.0	70.0	77.5	82.5	87.5	95.0	100.0	105.0	112.5
120.0	47.5	55.0	60.0	65.0	72.5	77.5	85.0	90.0	95.0	102.5	107.5	115.0
122.5	50.0	55.0	62.5	67.5	72.5	80.0	85.0	92.5	97.5	105.0	110.0	115.0
125.0	50.0	57.5	62.5	67.5	75.0	80.0	87.5	92.5	100.0	105.0	112.5	117.5
127.5	50.0	57.5	65.0	70.0	77.5	82.5	90.0	95.0	102.5	107.5	115.0	120.0
130.0	52.5	57.5	65.0	70.0	77.5	85.0	90.0	97.5	105.0	110.0	117.5	122.5
132.5	52.5	60.0	67.5	72.5	80.0	85.0	92.5	100.0	105.0	112.5	120.0	125.0
135.0	55.0	60.0	67.5	75.0	80.0	87.5	95.0	100.0	107.5	115.0	120.0	127.5
137.5	55.0	62.5	70.0	75.0	82.5	90.0	95.0	102.5	110.0	117.5	122.5	130.0
140.0	55.0	62.5	70.0	77.5	85.0	90.0	97.5	105.0	112.5	120.0	125.0	132.5
142.5	57.5	65.0	72.5	77.5	85.0	92.5	100.0	107.5	115.0	120.0	127.5	135.0
145.0	57.5	65.0	72.5	80.0	87.5	95.0	100.0	107.5	115.0	122.5	130.0	137.5
147.5	60.0	67.5	75.0	80.0	87.5	95.0	102.5	110.0	117.5	125.0	132.5	140.0
150.0	60.0	67.5	75.0	82.5	90.0	97.5	105.0	112.5	120.0	127.5	135.0	142.5

パーセンテージチャート(2)

単位：kg

重量	40%	45%	50%	55%	60%	65%	70%	75%	80%	85%	90%	95%
152.5	60.0	67.5	77.5	85.0	90.0	100.0	107.5	115.0	122.5	130.0	137.5	145.0
155	62.5	70.0	77.5	85.0	92.5	100.0	107.5	115.0	125.0	132.5	140.0	147.5
157.5	62.5	70.0	80.0	87.5	95.0	102.5	110.0	117.5	125.0	135.0	142.5	150.0
160	65.0	72.5	80.0	87.5	95.0	105.0	112.5	120.0	127.5	135.0	145.0	152.5
162.5	65.0	72.5	80.0	90.0	97.5	105.0	112.5	120.0	130.0	137.5	145.0	155.0
165	65.0	75.0	82.5	90.0	100.0	107.5	115.0	122.5	132.5	140.0	147.5	157.5
167.5	67.5	75.0	83.8	92.5	100.0	107.5	117.5	125.0	135.0	142.5	150.0	160.0
170	67.5	77.5	85.0	92.5	102.5	110.0	120.0	127.5	135.0	145.0	152.5	160.0
172.5	70.0	77.5	85.0	95.0	102.5	112.5	120.0	130.0	137.5	147.5	155.0	162.5
175	70.0	77.5	87.5	97.5	105.0	112.5	122.5	130.0	140.0	147.5	157.5	165.0
177.5	70.0	80.0	87.5	97.5	105.0	115.0	125.0	132.5	142.5	150.0	160.0	167.5
180	72.5	80.0	90.0	100.0	107.5	117.5	125.0	135.0	145.0	152.5	162.5	170.0
182.5	72.5	82.5	90.0	100.0	110.0	117.5	127.5	135.0	145.0	155.0	165.0	172.5
185	75.0	82.5	92.5	100.0	110.0	120.0	130.0	137.5	147.5	157.5	165.0	175.0
187.5	75.0	85.0	92.5	102.5	112.5	120.0	130.0	140.0	150.0	160.0	167.5	177.5
190	75.0	85.0	95.0	105.0	115.0	122.5	132.5	142.5	152.5	162.5	170.0	180.0
192.5	77.5	87.5	95.0	105.0	115.0	125.0	135.0	145.0	155.0	165.0	172.5	182.5
195	77.5	87.5	97.5	107.5	117.5	127.5	135.0	147.5	155.0	165.0	175.0	185.0
197.5	80.0	87.5	97.5	107.5	117.5	127.5	137.5	147.5	157.5	167.5	177.5	187.5
200	80.0	90.0	100.0	110.0	120.0	130.0	140.0	150.0	160.0	170.0	180.0	190.0
202.5	80.0	90.0	100.0	110.0	120.0	130.0	140.0	150.0	162.5	172.5	182.5	192.5
205	82.5	92.5	102.5	112.5	122.5	132.5	142.5	152.5	165.0	175.0	185.0	195.0
207.5	82.5	92.5	102.5	115.0	125.0	135.0	145.0	155.0	165.0	177.5	187.5	197.5
210	85.0	95.0	105.0	115.0	125.0	135.0	147.5	157.5	167.5	177.5	190.0	200.0
212.5	85.0	95.0	105.0	117.5	127.5	137.5	147.5	160.0	170.0	180.0	190.0	202.5
215	85.0	97.5	107.5	117.5	130.0	140.0	150.0	160.0	172.5	182.5	192.5	205.0
217.5	87.5	97.5	107.5	120.0	130.0	140.0	152.5	162.5	175.0	185.0	195.0	207.5
220	87.5	100.0	110.0	120.0	132.5	142.5	155.0	165.0	175.0	187.5	197.5	210.0
222.5	90.0	100.0	110.0	122.5	132.5	145.0	155.0	167.5	177.5	190.0	200.0	212.5
225	90.0	100.0	112.5	122.5	135.0	145.0	157.5	167.5	180.0	190.0	202.5	212.5
227.5	90.0	102.5	112.5	125.0	135.0	147.5	160.0	170.0	182.5	192.5	205.0	215.0
230	92.5	102.5	115.0	125.0	137.5	150.0	160.0	172.5	185.0	195.0	207.5	217.5
232.5	92.5	105.0	115.0	127.5	140.0	150.0	162.5	175.0	185.0	197.5	210.0	220.0
235	95.0	105.0	117.5	130.0	140.0	152.5	165.0	177.5	187.5	200.0	212.5	222.5
237.5	95.0	107.5	117.5	130.0	142.5	155.0	165.0	177.5	190.0	200.0	215.0	225.0
240	95.0	107.5	120.0	132.5	145.0	155.0	167.5	180.0	192.5	205.0	217.5	227.5
242.5	97.5	110.0	120.0	132.5	145.0	157.5	170.0	180.0	195.0	205.0	217.5	230.0
245	97.5	110.0	122.5	135.0	147.5	160.0	170.0	182.5	195.0	207.5	220.0	232.5
247.5	100.0	112.5	122.5	135.0	147.5	160.0	172.5	185.0	197.5	210.0	22.5	235.0
250	100.0	112.5	125.0	137.5	150.0	162.5	175.0	187.5	200.0	212.5	225.0	237.5
252.5	100.0	115.0	125.0	137.5	150.0	165.0	175.0	190.0	202.5	215.0	227.5	240.0
255	102.5	115.0	127.5	140.0	152.5	165.0	177.5	190.0	205.0	217.5	230.0	242.5
257.5	102.5	115.0	127.5	140.0	155.0	167.5	180.0	192.5	205.0	217.5	230.0	245.0
260	105.0	117.5	130.0	142.5	155.0	170.0	182.5	195.0	207.5	220.0	235.0	247.5
262.5	105.0	117.5	130.0	145.0	157.5	170.0	182.5	197.5	210.0	222.5	235.0	250.0
265	105.0	120.0	132.5	145.0	160.0	172.5	185.0	197.5	212.5	225.0	237.5	252.5
267.5	107.5	120.0	132.5	147.5	160.0	175.0	187.5	200.0	215.0	227.5	240.0	255.0
270	107.5	120.0	135.0	147.5	162.5	175.0	190.0	202.5	215.0	230.0	242.5	257.5
272.5	110.0	122.5	135.0	150.0	162.5	177.5	190.0	205.0	217.5	230.0	245.0	260.0

トレーニング動作のチェックシート

エクササイズ名：ベンチプレス　　　　　日付：　／　／

実施者名：　　　　　　　　コーチ名：

総合ポイント　　　／２０

1. 器具のセッティングと準備（　　／４）

　☐ラックの高さが正しく調節されている

　☐プレートのつけはずしを両側から同時に行い、バーベルの左右にプレートが均等に装着されている

　☐バーベルにカラーを装着している

　☐補助者がついている

2. 開始姿勢（　　／６）

　☐ラックに対する身体のポジションが正しくできている（目がバーの真下）

　☐頭、肩と上背部、臀部をシートにつけ、両足を床につけている

　☐グリップの幅は適切である（肩幅よりやや広く）

　☐グリップの握り方は適切である

　☐ラックからバーベルをはずす際に補助者がサポートしている

　☐バーベルが肩の真上に位置し、腕が床と垂直になっている

3. 動作と軌道（　　／６）

　☐バーが胸骨中央部に軽く触れるまで下ろされている

　☐胸の上でバウンドさせたり、腰を強く反らせていない

　☐動作中手首が正しい角度に保たれている

　☐肘がつねにバーの真下に位置し、前腕が床と垂直に保たれている

　☐バーの軌道が自然なカーブを描いている

　☐バーを挙上した時、肩が上方に上がっていない

4. 動作スピードとテンポ、呼吸（　　／４）

　☐動作スピードはコントロールされ一定のテンポを保っている

　☐ウエイトを下ろす時脱力していない

　☐動作中に正しい呼吸法が守られている（開始姿勢で息を吸い、スティッキングポイントを通過した後に息を吐く）

　☐全体の動作がよどみなく行われ、不必要な部位の力みがない

トレーニング動作のチェックシート

エクササイズ名：スクワット　　　　　日付：　／　／

実施者名：　　　　　　　コーチ名：

総合ポイント　　　／17

1. 器具のセッティングと準備（　　／4）

    □スクワットラックと補助バーの高さが正しく調節されている

    □プレートのつけはずしを両側から同時に行い、バーベルの左右にプレートが均等に装着されている

    □バーベルにカラーを装着している

    □補助者がついている

2. 開始姿勢（　　／4）

    □バーをかつぐ際にバーの真下に入っている

    □適切な手幅でバーを握り、正しいポジションにかついでいる

    □スタンスの幅とつま先の方向が適切である（両足はに開き、つま先はやや外側に向けられている）

    □視線は正面に向けられている

3. 動作と軌道（　　／5）

    □臀部を後方に突き出すようにしてしゃがんでいる

    □大腿の上端部が床と平行になるところまでしゃがんでいる

    □しゃがんだ時、膝がつま先の真上に位置している

    □しゃがんだ時、かかとが床から離れていない

    □脊柱はつねに正しい姿勢を保っている

4. 動作スピードとテンポ、呼吸（　　／4）

    □動作スピードがコントロールされ一定のテンポを保っている

    □ウエイトを下ろす時、脱力していない

    □動作中に正しい呼吸法が守られている（開始姿勢で息を吸い、スティッキングポイントを通過した後に息を吐く）

    □全体の動作がよどみなく行われ、不必要な力みがない

トレーニング動作のチェックシート

エクササイズ名：デッドリフト　　　　　日付：　／　／

実施者名：　　　　　　　　コーチ名：

総合ポイント　　　　／17

1. 器具のセッティングと準備（　　／3）

    ☐デッドリフトの実施に適した衝撃吸収性にすぐれた床の上で行われ、周囲の安全が確保されている

    ☐バーベルの左右にプレートが均等に装着されている

    ☐バーベルにカラーを装着している

2. 開始姿勢（　　／6）

    ☐両足のすねをバーに近づけ、バーの真下に母指球がくるように立っている

    ☐スタンスの幅とつま先の方向が適切である（両足は腰幅に開き、つま先はやや外側に向けておく）

    ☐視線は正面またはやや上方に向けられている

    ☐グリップは肩幅よりやや広めに握り、腕は両膝の外側にきている

    ☐肩はバーの真上

    ☐脊柱の正しい姿勢が保たれ、腰が丸まったり反りすぎたりしていない

3. 動作とバーの軌道（　　／4）

    ☐バーを上げる動作時、下ろす動作時において、股関節と膝関節が同時に伸展及び屈曲を行っている。

    ☐動作中に、脊柱全体が直立時の正しい姿勢に保たれている

    ☐動作中に肩はバーの上方にあり、肘が伸ばされている

    ☐動作中にバーはすね、膝、太ももの前面部のすぐ近くを通過している

4. 動作スピードとテンポ、呼吸（　　／4）

    ☐動作スピードはコントロールされ一定のテンポを保っている

    ☐ウエイトを下ろす時に、脱力したり姿勢が崩れたりしていない

    ☐動作中に正しい呼吸法が守られている（開始姿勢で息を吸い、スティッキングポイントを通過中に息を吐く）

    ☐全体の動作がよどみなく行われ、不必要な力みがない

巻末資料

トレーニング動作のチェックシート

エクササイズ名：パワークリーン　　　　　日付：　／　／

実施者名：　　　　　　　　　　コーチ名：

総合ポイント　　　／２２

1. 器具のセッティングと準備（　／3）
   □パワークリーンの実施に適した衝撃吸収性にすぐれた床で行われ、周囲の安全が確保されている
   □バーベルの左右にプレートが均等に装着されている
   □バーベルにカラーを装着している

2. 開始姿勢（　／6）
   □両足のすねをバーに近づけ、バーの真下に母指球が位置している
   □スタンスの幅とつま先の方向が適切である（両足は腰幅に開き、つま先はやや外側に向ける）
   □視線は正面に向けられている
   □グリップは肩幅か肩幅よりやや広めに握り、腕が両脚の外側に位置している
   □肩はバーの真上かやや前方に出るようにする
   □腰背部は反ったり丸めたりせず、脊柱の正しい姿勢が保たれている

3. ファーストプル（　／4）　バーが床または膝下から膝上まで
   □床を蹴り、中等度のスピードで股関節と膝を同時に伸展させている
   □腰は正しい姿勢に保たれている
   □肩はバーの上方にあり、肘は伸ばされている
   □バーの軌道が、すねや膝、大腿部の前面のすぐ近くを通過している

4. セカンドプル（　／2）　バーが大腿部から肩の高さまで
   □肘をのばしたまま肩をすくめ、次いで肘を真横に開いてバーを鎖骨に引きつけている
   □バーを鎖骨の高さまで挙上した時、膝と股関節を十分に伸展させ、つま先立ちになっている

5. キャッチ（　／2）　バーを受け止める
   □肘を横から前方に回転させ手首を返しながら、バーを三角筋前部の鎖骨の上に保持している
   □バーをキャッチした時、腰が反っていない

6. バーを下ろす動作（　／1）
   □バーはまず大腿部へ下ろし、次いでスタートのポジションへとコントロールしながら下ろしている

7. 全体の動きと呼吸（　／4）
   □身体各部位が協調的かつ爆発的に使われている
   □動作に不必要な部位の力みがない
   □動作全体を通じて脊柱が正しい姿勢に保たれている
   □動作中に正しい呼吸法が守られている

ウエイトトレーニング関連主要書籍リスト

１．筋力トレーニングの基礎理論に関する書籍
1)浅見俊雄：スポーツトレーニング、朝倉書店、１９８５年
2)トレーニング科学研究会編：レジスタンストレーニング、朝倉書店、１９９４年
3)石井直方：レジスタンストレーニング、ブックハウスエイチディ、１９９９年
4)石井直方：みんなのレジスタンストレーニング、山海堂、２０００年
5)勝田茂：運動と筋の科学、朝倉書店、２０００年
6)金子公宥：パワーアップの科学、朝倉書店、１９８８年
7)金久博昭：筋のトレーニング科学、高文堂出版社、１９８９年
8)山田茂、福永哲夫編著：生化学、生理学からみた骨格筋に対するトレーニング効果、ナップ、１９９６年
9)山田茂、福永哲夫編著：骨格筋・運動による機能と形態の変化、ナップ、１９９７年

２．ウエイトトレーニングの基礎知識と実技に関する書籍
1)猪崎恒博著：筋力スポーツトレーニングバイブル、西東社、１９９８年
2)田内敏男著：ストレングスブックⅠ、ブックハウスエイチディ、１９８８年
3)川島英博監修：基礎から始めるウエイトトレーニング、高橋書店、1995年
4)川島英博著：筋力トレーニングスポーツ動作別トレーニング、日本文芸社、1995年
5)窪田登：スポーツマンのための筋力トレーニング、ベースボールマガジン社、１９８９年
6)栗山節郎監修：トレーニング用語辞典、森永製菓健康事業部、１９９０年
7)トーマス・R・ベックレー、ロジャー・W・アール：フィットネスウエイトトレーニング、森永製菓健康事業部、１９９５年
8)森川靖監修：筋力パワーアップブック、成美堂出版、１９９６年
9)森永製菓健康事業部：ウイダートレーニングバイブル、１９９７年
10)National Strength and Conditionong Association: Essentials of Strength Training and Conditioning Second Edition, Human Kinetics, 2000.
11)Thomas R. Baechle, Barney R. Groves: Weight Training Step to Success, Second Edition, Human Kinetics, 1998.
12)Zatiorsky: Science and Practice of Strength Training, Human Kinetics, 1995.

３．ウエイトトレーニングの指導・運営に関する書籍
1)ブックハウス・エイチディ：特集・筋力トレーニング、Sportsmedicine Quarterly、No２２、１９９８年
2)ブルーノ・ポーレット著、関口他訳：筋力トレーニングマニュアル、大修館書店、１９９３年
3)Everett Aaberg: Resistance Training Instruction, Human Kinetics, 1999.

4．競技別ウエイトトレーニング、コンディショニング

1) A．R．ヴィアーナ、J．E．ヒゲイラ著：ブラジルサッカーのフィジカルトレーニング、大修館書店、１９９８年
2) ＮＳＣＡジャパン編：サッカーがうまくなるためのからだづくり、森永製菓健康事業部、１９９４年
3) ＮＢＡ所属コンディショニングコーチ共著、西尾嘉洋訳：ＮＢＡコンディショニング、日刊スポーツ新聞社、１９９８年
4) 大橋二郎、池田誠剛、沼澤秀雄、掛水隆：サッカーフィットネスの科学、東京電気大学出版局、１９９８年
5) スティーブン・R・レバーソン、ハーベイ・B・サイモン：テニス・フィットネス、ベースボールマガジン社、１９９３年
6) 窪田登：武道のための筋力トレーニング、ベースボールマガジン社、１９９１年
7) 友末亮三：テニスのパワーアップトレーニング、大修館書店、１９９０年
8) 廣田彰、飯野佳孝：目で見るバドミントンの技術とトレーニング、大修館書店、１９９４年
9) 森永スポーツ＆フィットネスリサーチセンター編：選手の潜在能力をひらくウイダーシステム野球、森永製菓健康事業部、１９９６年
10) 森永スポーツ＆フィットネスリサーチセンター編：選手の潜在能力をひらくウイダーシステムラグビー、森永製菓健康事業部、１９９７年
11) 森永スポーツ＆フィットネスリサーチセンター編：選手の潜在能力をひらくウイダーシステム格闘技、森永製菓健康事業部、１９９８年
12) ラグビーマガジン編集部：ジム・ブレアのラグビーフィットネス、ベースボールマガジン社、１９９３年
13) Bruno Pauletto: Strength Training for Football, Human Kinetics, 1993.
14) Bruno Pauletto: Strength Training for Basketball, Human Kinetics, 1994.
15) Buck Showalter: Complete Conditioning for Baseball, Human Kinetics, 1997.
16) E.J.Kreis: Speed-Strength Training for Football, Taylor Sports Publishing, 1992.
17) Greg Brittenham: Complete Conditioning for Basketball, Human Kinetics, 1996.
18) Pete Draovitch, Wayne Westcott: Complete Conditioning for Golf, Human Kinetics, 1999.
19) Peter Twist: Complete Conditioning for Ice Hockey, Human Kinetics, 1997.
20) Rick Pitino: Condeitioning for Basketball, Masters Press, 1993.
21) Tom Gullikson: Complete Conditioning for Tennis, Human Kinetics, 1998.
22) Tom House: Fit to Pitch, Human Kinetics, 1996.
23) Tom Osborne: Complete Conditioning for Football, Human Kinetics, 1998.
24) Tom Zupancic: Conditioning for Football, Masters Press, 1994.

５．プライオメトリックトレーニング、スピード・アジリティートレーニング

1) ジェームス・C・ラドクリフ、ロバート・C・ファレンチノス：爆発的パワートレーニングプライオメトリックス、ベースボールマガジン社、１９８７年
2) ジョージ・ディンティマン、ボブ・ワード、トム・テレズ：スポーツスピードトレーニング、大修館書店、１９９９年

3)日本ＳＡＱ協会：スピード養成ＳＡＱトレーニング、大修館書店、１９９９年
4)Donald A. Chu: Plyometric Exercise With The Medicine Ball, Bittersweet Publishing, 1989.
5)Donald A. Chu: Jumping into Plyometrics, Leisure Press, 1992.
6)Donald A. Chu: Explosive Power & Strength, Human Kinetics, 1996.
7)Frank Costello, E. J. Kreis: Sports Agility, Taylor Sports Publishing, 1993
8)Lee E. Brown, Vance A. Ferrigno, Juan Carlos Santana: Training for Speed, Agility, and Quickness, Human Kinetics, 2000.

６．若年者のウエイトトレーニングに関する書籍
1)アーノルド・シュワルツネッガー、チャールズ・ゲインズ：シュワルツネッガーのキッズフィットネス　１１～１４歳向け、日刊スポーツ新聞社、１９９６年
2)アーノルド・シュワルツネッガー、チャールズ・ゲインズ：シュワルツネッガーのキッズフィットネス　６～１０歳向け、日刊スポーツ新聞社、１９９６年
3)マイケル・イエシス著：子供のスポーツトレーニング、森永製菓健康事業部、１９９６年
4)Avery Faigenbaum, Wayne Westcott: Strength & Power for Young Athletes, Human Kinetics, 2000.
5)William J.Kraemer, Steven J.Fleck: Strength Training for Young Athletes, Human Kinetics, 1993.

７．ウエイトトレーニングのプログラムの作成、ピリオダイゼーションに関する書籍
1)Steven J. Fleck, William J. Kraemer: Designing Resistance Training Programs Second Edition, Human Kinetics, 1997.
2)Tudor O. Bompa: スポーツトレーニング・選手を育てるためのトレーニング計画、メディカル葵出版、１９８８年
3)Tudor O. Bompa: Periodization of Strength, Vertas publishing Inc, 1993.
4)Tudor O. Bompa: Periodization Training for Sports, Human Kinetics, 1999.

８．その他
1)福林徹監訳：競技復帰のためのリハビリテーショントレーニング、文光堂、１９９４年
2)福林徹監訳：スポーツ傷害予防のための最新トレーニング、文光堂、１９９７年
3)マンフレッド・ショーリッチ：スポーツマンのためのサーキットトレーニング、ベースボールマガジン社、１９９５年
4)Gary T. Moran, George H. Ncglynn: Cross Training for Sports, Human Kinetics, 1997.
5)Michael J. Alter: Sport Stretch, Human Kinetics, 1990.
6)Tudor O. Bompa, Lorenzo J. Cornacchia: Serious Strength Training, Human Kinetics, 1998.

さくいん

頭文字	語句	頁
あ	アイソキネティック	41
	アイソトニック	41
	アイソメトリック	41
	アキレス腱のストレッチング	138
	アクチン・フィラメント	39
	足首の外反（チューブ）	199
	足首の外反動作	189
	足首の背屈（チューブ）	198
	アジリティー	29
	アセンディング・ピラミッド法	69
	アミノ酸	40
	アームカール&トライセプスエクステンション	203
	ＲＭ法	66
	安静時心拍数	37
	安全管理	56
	安全対策	18
	アンダーハンドグリップ	144
い	移行期	100
	移行期	117
	維持期	111
	一定抵抗	50
	一般的筋力	27
	一般的準備期	99
	一般的適応症候群	96
	一般的テスト	121
	一般的ウェイトトレーニング	28
	一般的ウェイトトレーニング	60
	一般的パワー養成期	99
	インクラインベンチプレス	164
	インターナルローテーション	177
	インターバル	67
	インナー・マッスル	33
う	ウェイトスタック	56
	ウェイトスタック式マシン	49
	ウェイトリダクション法	68
	ウォーミングアップ	132
	腕の左右スイング	135
	腕の前後スイング	135
	ウルナ・フレクション	182
	運動パターン	79
	運動範囲	79
	運動部位	79
	運動方向	79
え	エクセントリック	41
	エクササイズの種類	62
	エクササイズの配列	65
	エクスターナルローテーション	176
	ＮＳＣＡ	22
	エネルギー供給機構	79
	エネルギー供給機構	82
お	オーバーハンドグリップ	144
	オーバーロード	30
	オーバーワーク	98
	オリンピックバー	160
	オリンピックバーベル	48
	オールアウト	102
	オルタネイトグリップ	144
か	開始時間（ウェイトトレーニングの）	61
	回復時間	37
	荷重エクササイズ	63
	片脚ツイスト	134
	下腿部とアキレス腱のストレッチング	141
	下腿部のストレッチング	138
	肩の内外旋	135
	可変抵抗	50
	カム方式	51
	カラー	48
	環境整備	12
き	拮抗筋	44
	拮抗筋	73
	脚の左右スイング	133
	脚の前後スイング	133
	休息時間	67
	競技的状態	96
	競技復帰	34
	競技力のピラミッド	26
	共働筋	44
	共働筋	73
	胸部と肩部のストレッチング	138
	期分け	96
	筋原線維	39
	筋持久力	66
	筋収縮タイプ	79
	筋線維	39
	筋肉痛	36
	筋肥大	26
	筋肥大	67
	筋肥大期	99
	筋肥大期	100
	筋力バランス	32
	筋力バランス	85
	筋力目標値	83
	筋力養成期	99
	筋力養成期	103
く	クイックリフト	48
	クイックリフト	65
	クイックリフト	203
	空気圧抵抗方式マシン	49
	クォータースクワット	159
	クランチ	200

223

	クリップ式カラー	49
	クーリングダウン	132
け	形態測定	124
	血圧	37
	血糖値	37
	ケーブル	55
	肩部と上背部、胸部のパートナーストレッチング	141
こ	高校生の段階的プログラム	89
	広背筋と上腕三頭筋のストレッチング	139
	広背筋のストレッチング	139
	股関節と大腿四頭筋のパートナーストレッチング	141
	股関節のストレッチング	137
	呼吸法	147
	腰回し	134
	固定筋(スタビライザー)	44
	コーディネーション	63
	コンセントリック	41
	コンセントレーションカール	178
	コンタクトスポーツ	31
	コンタクトプレー	29
	コンディショニングコーチ	24
	コンパウンドセット法	68
さ	最大挙上重量	65
	最大筋力	76
	最大筋力の向上	67
	最大パワー	66
	最大パワー	76
	最大反復回数	65
	サイドステップアップジャンプ	205
	サイド・ネックフレクション	195
	サイドランジ	184
	サイドランジ(体重負荷)	201
	サイドレイズ	175
	サイドレイズ(チューブ)	197
	サイドレイズ(マニュアルレジスタンス)	202
	サーキット法	67
	サムアラウンドグリップ	145
	サムレスグリップ	145
	三角筋後部のストレッチング	139
	30mダッシュ	128
し	試合期	34
	試合期	99
	試合期	111
	CSCS	22
	資格制度	22
	自己管理能力	11
	自己評価	15
	自己評価	123
	施設の設計	54

	シッシースクワット	201
	シットアップ	190
	シットアップスロー	206
	シーティッドカーフレイズ	188
	シーティッドロウ	171
	シーティッドロウ(チューブ)	197
	シーティッドロウ(マニュアルレジスタンス)	202
	CPT	22
	ジャイアントセット法	68
	ジャンプ系エクササイズ	204
	周期化	96
	重心移動エクササイズ	64
	10mダッシュ	128
	重量固定法	68
	授業	23
	主要エクササイズ	62
	主要エクササイズのテクニック	151
	準備期	99
	障害予防	31
	小筋群	73
	小筋群エクササイズ	63
	上体の側屈	135
	上体ひねり(前屈位)	134
	上体ひねり(立位)	134
	上腕三頭筋と体側のストレッチング	139
	ショルダーシュラッグ	176
	ショルダープレス	173
	シングルセット法	67
	シングルレッグカーフレイズ	188
	シングルレッグスクワット	201
	伸張性収縮	41
	心理的限界	44
	心理的限界	85
す	垂直跳び	37
	垂直跳び	128
	スキャモンの発育曲線	61
	スクワット	155
	スクワットジャンプ	204
	スタティックストレッチング	132
	スタティックストレッチング	135
	スタンダードグリップ	145
	スタンディングカーフレイズ	187
	スティッキングポイント	103
	スティッキングポイント	148
	スティッフレッグドデッドリフト	186
	ステップアップ	185
	ステップアップ(体重負荷)	202
	ステップアップジャンプ	205
	ストラップ	146
	ストレングスコーチ	22

	スナッチ 204		ダンベルフライ 166
	スーパーセット法 67		ダンベルベンチプレス 165
	スピード 29	ち	チーティング法 74
	スピードリフト 70		遅発性筋肉痛 103
	スピネーション 182		着地 29
	スポーツ外傷 31		中長期的サイクル 98
	スミスマシン 64		チューブによるエクササイズ 196
	スローリフト 70		超回復 34
せ	成長ホルモン 40		長期的構想 98
	生理的限界 44		長座位体前屈 129
	脊柱起立筋群 41		チンニング 168
	積極的休養 98		チンニング(懸垂腕屈伸) 200
	セットの組み方 67	つ	ツイスティング・シットアップ 193
	セット法 67		ツイストスロー 206
	前屈と上体ひねり 134		ツイストランジ 206
	全習的方法 80	て	ディセンディングピラミッド法 69
	漸進的過負荷の原則 45		ディッピング 167
	専門的ウェイトトレーニング 28		ディッピング（体重負荷） 200
	専門的ウェイトトレーニング 60		てこ 45
	専門的ウェイトトレーニング 80		データの集計 122
	専門的準備期 99		デッドリフト 193
	専門的テスト 121		デプスジャンプ 43
	専門的パワー 79		転化(特化) 97
	専門的パワー養成期 99		電磁抵抗方式マシン 49
	前腕屈筋群のストレッチング 138		臀部のストレッチング 136
	前腕伸筋群のストレッチング 138		臀部のパートナーストレッチング 140
そ	測定 120		テンポ 70
	測定時期 121	と	トゥーレイズ 189
た	第1試合期 117		動機づけ 13
	体幹のパートナーストレッチング 140		等尺性収縮 41
	大筋群 73		導線 53
	大筋群エクササイズ 63		等速性収縮 41
	体重負荷によるエクササイズ 199		等張力性収縮 41
	体側のストレッチング 139		導入期 99
	大腿四頭筋と下腿部のパートナーストレッ		導入期 100
	チング 141		特異性の原則 45
	大腿四頭筋と股関節のストレッチング . 137		トライセット法 68
	大腿四頭筋のストレッチング 137		トライセプス・プレスダウン 180
	ダイナミックストレッチング 132		トランクカール 191
	ダイナミックストレッチング 133		トランクツイスト 193
	第2試合期 117		トランクローテーション 206
	体力基盤 26		トレーナビリティー 28
	体力測定 124		トレーンニング記録 16
	多関節エクササイズ 62		トレーニングサイクル 106
	ダメージ 29		トレーニングセッション 97
	単関節エクササイズ 62		トレーニングテクニック 74
	短期的サイクル 98		トレーニング頻度 71
	短縮性収縮 41		トレーニング頻度 98
	タンパク質 38		トレーニングベルト 147
	ダンベル 48		トレーニングマシン 49
	ダンベル・サイドベンド 192		トレーニングシステム 74

な	内転筋群のストレッチング 137		フォームチェック 19
	内転筋群のパートナーストレッチング . 140		フォワードランジ 184
	ナローグリップ 145		フォワードランジ（体重負荷）............. 201
ね	ネガティブトレーニング 103		負荷の決定 65
	ネックエクステンション 195		腹腔内圧 147
	ネックフレクション 195		フックグリップ 145
は	パーセンテージチャート 106		プッシュアップ(腕立て伏仰臥位屈伸) 199
	ハイギアパワー 78		プッシュプレス 204
	ハイクリーン 160		部分荷重エクササイズ 63
	ハイプル 203		プライオメトリックトレーニング 29
	爆発的パワー 77		プライオメトリックトレーニング 43
	％(パーセント)法 65		フラットピラミッド 69
	バックエクステンション 194		プラットフォーム 160
	ハックスクワット 64		プーリー 55
	パートナーストレッチング 140		フリーウエイト 48
	パートナーの負荷によるエクササイズ . 202		フル(ダブル)ピラミッド法 69
	ハーフスクワット 159		プルオーバー(ベンドアームプルオーバー) .
	バーベル 48		 172
	バーベルカール 178		フルスクワット 159
	ハムストリングスのストレッチング 136		プレート 48
	ハムストリングスのパートナーストレッチ		プログラム作成 60
	ング 140		プログラムの分割 72
	パラレルグリップ 145		プログラムの変数 62
	パラレルスクワット 159		プロネーション 182
	パワー 28		フロントステップアップジャンプ 205
	パワークリーン 160		フロントレイズ 175
	パワードロップ 206		分習的方法 80
	パワー養成期 99	へ	ベーシックストレングス 27
	パワー養成期 110		ペック・デック 167
	バーンアウト 98		ベンチプレス 151
	ハングクリーン 203		ベントオーバーサイドレイズ 175
	反復横跳び 128		ベントオーバーロウ 170
ひ	非荷重エクササイズ 63	ほ	方向転換 29
	ピーキング期 99		補助エクササイズ 62
	ピーキング期 111		補助エクササイズのテクニック 164
	ピークコントラクション法 74		補助者 21
	微細な損傷 36		補助のテクニック 149
	膝回し 133	ま	マクロサイクル 97
	非重心移動エクササイズ 64		マニュアルレジスタンス 196
	ビックスリー 151		マルチセット法 67
	必要性 26		マルチパウンデッジ法 74
	ピボット方式 50		マンネリ化 102
	ピボットマシン 50	み	ミオシン・フィラメント 39
	評価 120		ミクロサイクル 97
	ピラミッド法 68	め	メゾサイクル 97
	ピラミッド法 108		メディシンボールによるエクササイズ . 206
	ピリオダイゼーション 96		メンテナンス 51
	疲労回復 37	も	目的別の条件決定 66
ふ	フィードバック 122		目標設定 15
	フォーストレップス法 74		目標設定 123
	フォーストレップス法 103		模倣的方法 80

ゆ	油圧抵抗方式マシン	49
よ	腰部と臀部のストレッチング	136
ら	ライイングサイドベンド	192
	ライイング・トライセプス・エクステンション	179
	ライイングバックアーチ	194
	ライイングバックアーチ	201
	ラジアル・フレクション	182
	ラットプルダウン	169
	ラテラルジャンプ	205
	ラテラルホップ	205
り	リストカール	181
	リバーストランクツイスト	200
	リバースプッシュアップ	200
	リバースリストカール	181
	リストオフ	151
	利用規約	57
る	ルーマニアンデッドリフト	187
れ	レイアウト	53
	レジスティッド・プッシュアップ	202
	レッグエクステンション	183
	レッグエクステンション(チューブ)	198
	レッグエクステンション(マニュアルレジスタンス)	203
	レッグカール	186
	レッグカール(チューブ)	197
	レッグカール(マニュアルレジスタンス)	203
	レッグプレス(45度レッグプレス)	183
	レッグレイズ(チューブ)	198
	レバレッジバー・エクササイズ	182
ろ	ローギアパワー	78
わ	ワイドグリップ	145
	１ＲＭ測定の手順	126
	ワンハンド・ダンベル・トライセプスエクステンション	179
	ワンハンドダンベルロウ	171

◎著者紹介

有賀誠司（あるが　せいじ）

１９６２年東京生まれ。
１９８７年東海大学大学院修士課程体育学研究科修了
１９９６年より東海大学スポーツ医科学研究所助手
現在、東海大学スポーツ医科学研究所助教授

　ウエイトトレーニングに関する研究・教育活動に従事するとともに、国内最大規模の東海大学トレーニングセンターにて、ヘッドストレングスコーチとして学内の３０競技団体、１,０００名以上のスポーツ選手のトレーニング指導・統括にあたっている。
　学外では、全日本柔道連盟強化スタッフとして男女強化選手のトレーニング指導・統括に携わるほか、日本トレーニング指導者協会の理事としても活動している。
　競技選手としては、１９９１年と１９９３年のボディビルアジア選手権で準優勝の成績を収めている。

競技スポーツのためのウエイトトレーニング

2001年6月30日　初版発行
2007年3月20日　第4版発行
著　者　有賀誠司
発行者　橋本雄一
発行所　（株）体育とスポーツ出版社
　　　　〒101-0054 東京都千代田区神田錦町２－９大新ビル４Ｆ
　　　　TEL 03-3291-0911 FAX 03-3293-7750
印刷所　株式会社シナノ
Ⓒ2007　S. ARUGA Printed in Japan
落丁・乱丁は小社にてお取り替え致します。

ISBN978-4-88458-136-7 C3075 ¥3000E